366 días de sabiduría
e inspiración en tu
búsqueda de Dios

MI BÚSQUEDA DIARIA

PRÓLOGO POR **RAVI ZACHARIAS**

A. W. Tozer

CASA CREACIÓN
Para vivir la Palabra

Para vivir la Palabra

MANTÉNGANSE ALERTA;
PERMANEZCAN FIRMES EN LA FE;
SEAN VALIENTES Y FUERTES.
—1 CORINTIOS 16:13 (NVI)

Mi búsqueda diaria por A. W. Tozer
Publicado por Casa Creación
Miami, Florida
www.casacreacion.com

ISBN: 978-1-941538-15-9
E-book ISBN: 978-1-955682-63-3

Desarrollo editorial: *Grupo Nivel Uno, Inc.*
Diseño interior y portada: *Grupo Nivel Uno, Inc.*

Publicado originalmente en inglés bajo el título:
My Daily Pursuit
Publicado por Bethany House a division of Baker Publishing Group
Grand rapids, Michigan, 49516, U.S.A.

Nota de la editorial: Aunque el autor hizo todo lo posible por proveer teléfonos y páginas de internet correctos al momento de la publicación de este libro, ni la editorial ni el autor se responsabilizan por errores o cambios que puedan surgir luego de haberse publicado.

Impreso en Colombia

22 23 24 25 26 LBS 9 8 7 6 5 4 3 2 1

Contenido

Prefacio

A menudo las dificultades de nuestros días nos sugieren una lucha intelectual, en cuanto a la afirmación y convicción de que no podemos conocer a Dios ni a la verdad. Pero si las preguntas con las que me he encontrado a lo largo de cuatro décadas de hablar en universidades e iglesias sirven como indicador, lo que creo es que la dificultad más profunda suele estar en el corazón.

Muchas veces recuerdo mi propio punto de inflexión: era todavía un adolescente y estaba en la cama de un hospital tras un intento de suicidio. Mi búsqueda de respuestas, tan difícil, cuando me acosaba la desesperanza me había llevado por ese trágico camino. Pero allí, en la sala del hospital, alguien llegó con la Biblia y me la leyó en voz alta; y por primera vez las respuestas directas de Dios me llegaron al corazón, ese corazón que buscaba sin encontrar. La profunda conciencia de que es posible conocer a Dios personalmente me llevó a indagar tal afirmación con determinación y sinceridad.

Cada tanto me venían a la mente las palabras del himno de Charles Wesley: «¿Cómo en su sangre pudo haber...?»:

> Mi alma, atada en la prisión, anhela redención y paz.
> De pronto vierte sobre mí la luz radiante de su faz.
> Cayeron mis cadenas, vi mi libertad ¡y le seguí!
> ¡Jesús es mío! Vivo en él. No temo ya condenación.
> Él es mi todo, vida, luz, justicia, paz y redención.
> Me guarda el trono eternal, por él, corona celestial.

> En ese momento, con una simple oración de confianza, la transformación de un corazón desesperado en uno pleno de significado se hizo realidad en mi vida.

Unos años más tarde encontré la distinguida voz pastoral de A. W. Tozer en sus escritos. Hablaba sobre el más grande de los temas al que puede elevarse la mente, la mayor cuestión que pueda abrazar un corazón: el estudio de Dios mismo. La voz de Tozer era singular en su tiempo; obtuve muchos de sus libros para releerlos una y otra vez. Obras como *La búsqueda de Dios* y *El conocimiento del Dios santo* desplegaron ante mis ojos realidades que transformaron mi vida.

Esas verdades llegaron a mí en el momento justo, en el tiempo indicado, pero a la misma vez eran atemporales para quien tuviera hambre de conocer a Dios. Así, sus palabras siguen hablando con poder y ternura en nuestros días, y dejan en mí dos pasiones gemelas de plenitud y legítima hambre de Dios. Una de sus afirmaciones en *La raíz de los justos* resuena con tanta verdad, en su advertencia a la Iglesia sobre nuestra naturaleza de niños correteando por los pasadizos del reino mirándolo todo pero sin detenernos a aprender y conocer el valor de nada. Tozer nos brinda la clase de pausa correcta para que aprendamos el valor de la reflexión profunda en las nobles verdades.

Es por tanto que con gran entusiasmo presentamos más textos de Tozer, hasta ahora inéditos. Dentro de este libro tal vez reconozca un tono familiar acerca de temas como la adoración —a la que él se refería como la joya faltante en la iglesia—, la santidad y la grandeza de Dios. Encontrará pensamientos sabios y útiles que le harán reflexionar, como por ejemplo: «La adoración es para sentirla en el corazón y no me disculpo por utilizar la palabra "sentir"... Si despertaras una mañana con un brazo insensibilizado llamarías al médico porque sabes con seguridad que cualquier cosa que no sienta nada, muerta está». Tozer, en otro pasaje, observa: «El Dios de la iglesia evangélica es tan pequeño que podemos metérnoslo en el bolsillo». Son palabras solemnes que, sin embargo, nos recuerdan que una vida transformada drásticamente por un encuentro con el Cristo resucitado no puede sino sentir hambre y sed de Dios, como no la siente por ningún otro: «¿Qué sería de este día sin vivir en la consciente presencia del Dios Todopoderoso? No quiero vivir ningún día en que no la sienta».

Es para mí un gran privilegio presentar a. W. Tozer a una nueva generación, además de acoger a sus lectores de siempre, con un nuevo volumen de sus lecturas diarias. Agradezco la publicación de estos textos y sé que también usted los guardará como un tesoro. Tozer realmente fue uno de los grandes exploradores de esas verdades que son indispensables si queremos elevarnos por encima de la futilidad de nuestros días. La recompensa en tesoros imperecederos será proporcionalmente directa a la disciplina de estudio del lector.

Ravi Zacharias
Fundador y presidente de *Ravi Zacharias International Ministries*

Introducción

La gran pasión de A. W. Tozer, o tal vez debiera decir obsesión, era buscar a Dios y seguirle a diario. No había nada que fuese más importante que su búsqueda diaria para estar con Dios. Ni la familia, ni los amigos. Adorar a Dios era el llamamiento más grande en la vida de Tozer.

Durante su ministerio, Tozer fue el principal orador en muchas conferencias sobre la Biblia. En una de ellas en particular, a punto de iniciarse el culto, Tozer no se había presentado todavía. Como pensaba que llegaría un poco más tarde, el director empezó el servicio, creyendo que Tozer estaría allí en pocos minutos. Pero a medida que avanzaba el servicio y no había señales de Tozer, el hombre se puso algo nervioso. Al fin, cuando llegó el momento en que tenía que exponerse el sermón, Tozer no había llegado todavía; por lo que, a último momento, lo reemplazó otra persona, para desilusión de muchos.

A la mañana siguiente, el director encontró a Tozer y le preguntó con sencillez dónde había estado la noche anterior: «¿Por qué no acudió a su cita?»

Tozer, con una mirada distante, le dijo: «Tenía una cita más importante». Tiempo después, el hombre se enteró de que Tozer había pasado toda la noche de rodillas ante Dios. Lo más importante en su vida era estar en la presencia de Dios.

Tozer vivió en Chicago la mayor parte de su ministerio, con un plan de trabajo muy ocupado y muchas personas que buscaban su consejo y su oración; gente como Billy Graham y el senador Mark Hatfield, por nombrar algunos. Tozer tenía una forma singular de eludir las interrupciones cuando necesitaba estar a solas con Dios. Cuando sentía que empezaba a incomodarse era el momento de dejar atrás al mundo y estar a solas con Dios.

Solía abordar un tren rumbo al oeste, temprano por la mañana. Elegía un vagón Pullman [que cuenta con una cama] para tener privacidad, y pasaba las siguientes cuatro horas allí. Aislado en ese sitio, pasaba su tiempo ante Dios. En esa época, por dicha, no había teléfonos celulares; por lo que Tozer gozaba de toda la privacidad que quería para pasar cuatro horas a solas con Dios, sin interrupciones. Al llegar a su destino, simplemente, tomaba el tren rumbo al este y volvía a Chicago. Pasaba cuatro horas más a solas con Dios. Con la Biblia abierta sobre su regazo, aquietaba su corazón ante Dios y esperaba que le hablara para refrescar su espíritu.

En un viaje similar a esos con destino a Texas, Tozer escribió el primer borrador del clásico devocional *La búsqueda de Dios*, que bien podría explicar el impacto que tuvo ese libro en el cristianismo en general. La búsqueda de Dios no era para Tozer cuestión de conveniencia sino de pasión. No podía comenzar su día sin pasar tiempo valioso a solas y en presencia de Dios.

Muchas veces, en esos momentos, tomaba un himnario y empezaba su devocional con Dios cantando un himno en voz baja. Preparaba su alma con esos grandes himnos de la iglesia que tanto le gustaban. Los himnos eran importantes para él porque le permitían expresarle a Dios lo que estaba en lo profundo de su corazón y de su alma. Era raro el día en que no meditara en alguno de los grandes himnos de la iglesia.

Debido a su apasionado deseo de estar en presencia de Dios, Tozer estaba dispuesto a hacer lo que hiciera falta para buscarle cada día. Este libro, *Mi búsqueda diaria,* constituye un microcosmos de la usual búsqueda de Tozer. Aquí encontrará los componentes de su cotidiana búsqueda de Dios.

Estos devocionales se recopilaron a partir de sermones del Dr. Tozer en audio. No son citas de obras suyas ya publicadas. Representan lo que me gusta llamar «Tozer en conversación». Su estilo de predicador era muy coloquial, como si estuviera hablando con una persona, desnudando ante ella su corazón y la pasión que había en él.

El objetivo principal de este devocionario es despertar esa misma pasión por Dios en los corazones de los cristianos sinceros. Oro porque Tozer le inspire en su búsqueda diaria.

James L. Snyder

Mi búsqueda diaria

1 de enero

Porque su estrella hemos visto en el oriente,
y venimos a adorarle.
MATEO 2:2

Para el cristiano, la adoración es el principio y el final de todo. Cualquier cosa que interfiera con la adoración íntima a Dios tiene que resolverse y descartarse como corresponda. Recuerde que, por sobre todas las cosas, la adoración es una actitud, un estado de ánimo, una acción sostenida. No se trata de una actitud física sino de la acción interior del corazón hacia Dios. Lo más potente que nos otorga Dios Todopoderoso a quienes confiamos en Él es que podamos adorarle. Por desdicha, nos hemos convertido en cualquier otra cosa, menos en adoradores. El pecado le roba a Dios ese placer prístino de la adoración de quienes Él creó a su imagen. Por medio del milagro del nuevo nacimiento, ya no estamos alienados de Dios, y por medio de su expiación somos hechos amigos de Dios, devueltos a la esfera de la adoración.

Cada día es un llamado especial para que todos adoremos a Dios.

Despierta, alma mía, al gozo del día y canta alabanzas a tu Redentor.
SAMUEL MEDLEY (1738-1799)

Mi Padre celestial, comienzo este día en gozosa adoración.
Me has llamado y yo te respondo en alabanza y adoración.
En el nombre de Jesús, amén.

2 de enero

Y mi lengua hablará de tu justicia y de tu alabanza todo el día.
SALMOS 35:28

La adoración concreta y materializa una cantidad de factores espirituales y emocionales. Adorar es sentir en el corazón. Y no me disculpo por usar la palabra «sentir». Porque como cristianos, no hemos de ser individuos sin sentimientos. Por supuesto que no pienso que debamos seguir únicamente lo que indiquen nuestros sentimientos, pero creo que si no hay sentimientos en nuestros corazones, es porque estamos muertos.

Es cierto que depender únicamente de nuestros sentimientos representa un peligro.

Si usted despertara una mañana con el brazo insensibilizado llamaría al médico, porque sabe con seguridad que cualquier cosa que no sienta nada, muerta está.

La adoración verdadera es, entre otras cosas, un sentimiento del corazón expresado de manera adecuada. Usted puede adorar a Dios en la manera que le resulte mejor, sintiéndolo en el corazón y expresando esa humildad y la grata sensación del amor extasiado. Permita que su corazón adore al Dios que ama y que le ama.

Pronto vendrá el día encantador.
Cuando a casa me llevará mi amado Señor
Y allí veré su rostro.
SAMUEL MEDLEY (1738-1799)

Oh, ven, querido Señor, y llena mi corazón con el bendito deseo de estar en tu presencia. Elevo mi corazón, anhelando el resplandor de tu bendito rostro. Amén.

3 de enero

Y el uno al otro daba voces, diciendo: Santo, santo, santo,
Jehová de los ejércitos; toda la tierra está llena de su gloria.
ISAÍAS 6:3

Al adorar a Dios nos humillamos, aunque también nos deleitamos, invocando una sensación de temor reverencial y maravilloso asombro. El asombro y la maravilla son lo que siempre encontramos en presencia del Espíritu Santo. La dificultad que hay con esto en nuestros días es que todo el mundo está seguro de todo. El hombre orgulloso no puede adorar a Dios, como tampoco puede el presuntuoso diablo.

Sin misterio no puede haber adoración. Es que si puedo entender a Dios, entonces no puedo adorarle. Nunca me arrodillaré para decir: «Santo, santo, santo» ante lo que mi mente pueda comprender. Sin embargo, cuanto más conozco de Dios, menos entiendo de Él.

Es en presencia del Espíritu Santo que empiezo a reconocer la realidad de mi condición pecaminosa. El apóstol Pablo dijo: «¡Ay de mí!» Isaías el profeta clamó: «¡Ay de mí!» al entrar en la presencia de Dios. Es que experimentaban la misteriosa maravilla de aquel que nos es incomprensible.

¡Todo esto es misterio! ¡El Inmortal muere!
¿Quién puede explorar su extraño designio?
CHARLES WESLEY (1707-1788)

Padre nuestro que estás en los cielos, vengo a ti, adorando el misterio que eres.
Cuanto más te conozco, más quiero conocerte en toda la belleza de tu santidad.
En el nombre de Jesús oro. Amén.

4 de enero

Príncipes me han perseguido sin causa,
Pero mi corazón tuvo temor de tus palabras.
Me regocijo en tu palabra
Como el que halla muchos despojos.
SALMOS 119:161-162

He tratado de entender lo que han sido los reavivamientos a lo largo de los años. Y llegué a la siguiente conclusión: los reavivamientos han sido un otorgamiento repentino del espíritu de adoración, allí donde la gente adora a Dios y de repente, el espíritu de adoración desciende sobre ellos. No es algo orquestado, es algo que Dios otorga; donde esté su presencia, habrá un reavivamiento de inmediato. La adoración siempre es resultado de la presencia de Dios.

Aquello que puedo explicar jamás me maravillará, nunca me llenará de asombro, fascinación ni admiración. La presencia de ese misterio, el más antiguo; de esa inefable majestad que los filósofos llamaron *mysterium tremendum*, pero que —como hijos de Dios— conocemos y clamamos: «Padre nuestro que estás en los cielos», debiera estar presente en la iglesia en nuestros días. Sin esto no puede haber adoración genuina.

Solamente la adoración que fluye de la majestuosa y manifiesta presencia de Dios es aceptable al Dios y Padre de nuestro Señor Jesucristo.

El Padre oye orar,
A su querido Ungido,
Él no puede rechazar
La presencia de su Hijo.
CHARLES WESLEY (1707-1788)

Anhelo, oh, Majestad en lo alto, que tu bendita presencia me asombre al punto que adore en silencio y con temor. Tu preciosa Palabra me deja estupefacto. En el nombre de Jesús, amén.

5 de enero

Me regocijaré en tus estatutos;
no me olvidaré de tus palabras.
SALMOS 119:16

Hace muchos años vivía en Francia Blas Pascal, uno de los más grandes matemáticos de su época. En su adolescencia escribió libros avanzados sobre álgebra que dejarían atónito al matemático más erudito. Fue también un gran filósofo y un pensador.

El 23 de noviembre de 1654 conoció a Dios entre las 10:30 y las 12:30 de la noche, y anotó su experiencia en una hoja de papel. Cosió el documento a su abrigo cuidadosamente y cada vez que se lo cambiaba, le pegaba el papel. Lo llevó consigo hasta que murió, para que de alguna manera le recordara aquella experiencia.

Esa noche en que Pascal tuvo aquella intensa visión —y que al instante registrara la experiencia en una notita a sí mismo—, sus palabras fueron: «Fuego. Dios de Abraham, Dios de Isaac, Dios de Jacob, no de filósofos ni de eruditos...» y citó al final el Salmo 119:16: «No me olvidaré de tus palabras. Amén».

Esa fue la declaración extática de un hombre que había pasado dos horas maravillosas en la presencia de su Dios.

Dios vio más allá de la grandeza y los logros de Pascal, y se adhirió a su vida para que durante dos horas seguidas Pascal solo pudiera caracterizar lo que le pasó como un «fuego».

Abre ahora la fuente cristalina
Donde fluyen las aguas que sanan;
Que el fuego y la columna de nube
Me guíen todo el camino.
WILLIAM WILLIAMS (1717-1791)

Oh, Dios, enciende mi corazón con fuego desde lo alto.
Inflámame con un fuego inextinguible, que me guíe a lo largo de todo mi viaje.
Te lo pido en el nombre de Jesús. Amén.

6 de enero

Exaltado seas sobre los cielos, oh Dios;
Sobre toda la tierra sea tu gloria.
SALMOS 57:5

Tal vez una de las razones por las que hoy no tengamos tanta confianza en cuanto al carácter de Dios sea porque nuestra opinión acerca de Él no es lo suficientemente elevada. A Dios lo han reducido, rebajado, modificado, editado, cambiado y enmendado al punto que ya no es el Dios que Isaías vio, «alto y sublime».

Como Dios se ha reducido en la mente de las personas, ya no pueden tener esa ilimitada confianza en su carácter que solía distinguirse entre los cristianos. Se requiere confianza para respetar. Uno no puede respetar a un hombre en quien no confía. Si eso lo aplicamos a Dios, diremos que si no lo respetamos no podemos adorarlo. No se puede tener confianza en Dios puesto que donde no hay respeto tampoco puede haber adoración. La adoración en la iglesia tiene altibajos; estos dependen de la opinión que se tenga de Dios: elevada o baja; de modo que tenemos que empezar por Dios, donde todo comienza.

Dios no necesita que lo rescatemos, aunque nosotros sí; y tenemos que rescatar nuestros conceptos, que han caído tan bajo que son pisoteados, para que pueda reinar una vez más esa confianza plena en Él.

¡Alaben al Señor, cielos, adórenle!
Alábenle, ángeles en lo alto;
Sol y luna, regocíjense ante Él.
Alábenle, estrellas de luz, todas.
EDWARD OSLER (1798-1863)

Querido Padre celestial, cuanto más medito en ti más se eleva mi alma en adoración. Permite que llegue a lo alto de tu cielo y me regocije en ti. Amén.

7 de enero

Cantad alabanzas, oh cielos, y alégrate, tierra;
y prorrumpid en alabanzas, oh montes; porque Jehová ha consolado a su pueblo,
y de sus pobres tendrá misericordia.
ISAÍAS 49:13

Para adorar dignamente a Dios tal como lo desea, debo tener absoluta confianza en Él. No puedo sentarme con cualquier persona y disfrutar de su compañía si tengo razones para temer que busca engañarme, tenderme una trampa, aprovecharse de mí. Mi comunión con Dios tiene que basarse en el respeto y la confianza. Tengo que confiar en Dios antes de poder estar en comunión con Él; así, cuando acudo a Dios, tengo que elevar mi afecto y mi confianza hacia Él. En la presencia de Dios tengo que estar sin dudas, sin nerviosismo, sin preocupaciones ni temor de que me engañe, me mienta, deje que caiga, ni de que me permita que haga el mal. Tengo que estar tan convencido de Dios al punto que pueda entrar en su presencia con absoluta confianza, y decir: «Dios es verdadero y todos los hombres mentirosos».

Confiado en Él me acerco hoy
Confiado en Él me acerco hoy
Clamando «Abba, Padre» estoy.
CHARLES WESLEY (1707-1788)

Querido Padre, solo pensar en ti hace que mi corazón salte de alegría en un cántico de alabanza. Mi corazón te canta en la vigilia de la noche. Amén.

8 de enero

Al único y sabio Dios, nuestro Salvador, sea gloria y majestad, imperio y potencia, ahora y por todos los siglos. Amén.
JUDAS 1:25

Es perfectamente posible respetar a alguien pero no admirarlo. Por lo tanto, es probable que alguien sienta remotamente cierto respeto teológico por Dios y, aun así, no admire lo que ve, no lo admire a Él.

Hay algo en lo que reflexiono a menudo: cuando Dios hizo al hombre a su imagen, le dio la capacidad de apreciar y admirar a su Creador.

Suelo meditar en eso en los siguientes términos: hay al menos dos clases de amor: el amor por gratitud y el amor por la excelencia. Ahora bien, podríamos amar a Dios porque le agradecemos, o podríamos ir más allá y amarlo por lo que Él es.

Es posible que el amor comience por gratitud, sin embargo, hay un nivel de amor superior, y es el amor por la excelencia. El primero puede amar a Dios a partir de un profundo sentimiento de gratitud por lo que Dios ha hecho. Pero, por encima de ello, está el amor por la excelencia. Cuando me enfoco en Dios y entro en comunión con su presencia, empiezo a participar de esa cualidad afectuosa que simplemente le ama por su excelencia. Él es todo lo que en realidad necesito.

¡Alábenle! ¡Alábenle!
Hablen de su excelente grandeza.
¡Alábenle! ¡Alábenle!
¡Con cántico alegre!
FANNY CROSBY (1820-1915)

Querido Dios y Padre de nuestro Señor Jesucristo, la excelencia de mi naturaleza revelada a mí en Jesucristo eleva mi corazón a los cielos, en alabanza y adoración. Que tu nombre se glorifique hoy en mi vida. Amén.

9 de enero

Entonces te deleitarás en Jehová; y yo te haré subir sobre las alturas de la tierra,
y te daré a comer la heredad de Jacob tu padre;
porque la boca de Jehová lo ha hablado.
ISAÍAS 58:14

Es raro el cristiano que de veras sabe cómo apreciar a Dios, sobre todo en su vida de oración.

Sin embargo, el libro de los Salmos y los evangelios están repletos de eso. Cristo lo hacía a menudo en presencia de sus discípulos y los apóstoles fueron modelo de ello a lo largo de su ministerio. No hay nada que conmueva con mayor gozo al corazón que cantar sobre la excelencia del Dios a quien servimos.

Me pregunto si será que no lo oímos tan a menudo porque somos estrictamente cristianos tipo San Nicolás. Miramos a Dios para armar el árbol de Navidad y para poner nuestros regalos debajo. Damos gracias a Dios por todos los dones que nos da, y debiéramos darle gracias. Es justo y apropiado hacerlo, pero se trata de un tipo de amor básico, elemental.

Como cristianos tenemos que ir más allá y entrar en la presencia de Dios, disfrutar de la infinita excelencia de Dios y admirarlo por lo que en verdad Él es. Este es el amor por la excelencia de Dios, cuando deseas permanecer en su presencia porque estás en presencia de la más completa e infinita excelencia.

¿Y qué podré yo darte a ti
A cambio de tan grande don?
Todo es pobre, todo ruin,
Toma ¡oh Dios! mi corazón.
ISAAC WATTS (1674-1748)

En tu precioso nombre, oh Dios, acudo a ti. Mi amor por ti me acerca a lo más profundo de tu corazón. Quiero simplemente maravillarme y deleitarme en tu presencia. Es lo único que quiero hacer. Amén.

10 de enero

De mañana sácianos de tu misericordia,
y cantaremos y nos alegraremos todos nuestros días.
SALMOS 90:14

Uno de los aspectos más deleitables de la lectura de la Biblia es que encontramos personas completamente fascinadas con Dios. Si lee el libro de los salmos, su corazón se conmoverá al encontrarse con la fascinación humana ante Dios.

Allí donde se conoce a Dios mediante la iluminación del Espíritu hay una fascinación, un entusiasmo moral inextinguible. Esa fascinación se aviva y refleja en la presencia y persona de Dios. Se enciende con el asombro y la maravilla de la inconcebible elevación, magnitud y esplendor de Dios.

Quiero empezar con Dios y terminar con Dios. Quiero saber que tendré mi final con Él, porque en Dios no hay final. Esta fascinación es el sentimiento de adoración del que provienen los himnos. Estos surgen a partir de ese sentimiento de admiración y fascinación ante Dios.

Quiero que la maravilla me encante, que me impacte, ante la inconcebible elevación, magnitud y esplendor moral de aquel a quien llamo «Padre nuestro que estás en el cielo».

Acaba así, por tanto, tu nueva creación;
Seamos ya por siempre puros, sin mancha alguna
Que veamos sin duda tu salvación perfecta,
Y que alcancemos todos en ti restauración.
Que así, de gloria en gloria seamos convertidos
Hasta cuando ocupemos el celestial lugar,
Y echemos a tus pies toda corona nuestra,
En prodigios, amor y alabanza sumidos.
CHARLES WESLEY (1707-1788)

Tu amor, oh Dios, me llena de extático deleite cuando pienso en él. Meditar en tu amor crea en mí insatisfacción ante este mundo. Ven, Señor Jesús, ven. Amén.

11 de enero

Tú guardarás en completa paz a aquel cuyo pensamiento en ti persevera; porque en ti ha confiado. Confiad en Jehová perpetuamente, porque en Jehová el Señor está la fortaleza de los siglos.

ISAÍAS 26:3-4

La adoración es un aspecto importante de mi adoración privada a Dios. No es algo que pueda lograrse por medio de algún esfuerzo humano sino que se vuelve incandescente por el fuego del Espíritu Santo en mi vida. Mi adoración a Dios tiene que ser ese sentimiento de temor reverencial, maravilla y adoración, amor, anhelo y espera en Dios.

David Brainerd murió en la casa de Jonathan Edwards cuando tenía 29 años. Durante su corta vida tuvo tal pasión por Dios que no había nada más que pudiera saciar su corazón. Se arrodillaba en la nieve y se ensimismaba tanto en la adoración, la oración y la intercesión que cuando terminaba la nieve se había derretido a su alrededor, formando un gran círculo. Necesitamos ese tipo de pasión. ¡Ah, si hubiera hombres y mujeres con tal anhelo de Dios que todo lo demás quedara en segundo lugar!

Quiero que mi adoración a Dios sea así de real. No quiero imitar rituales y elementos accesorios en mi adoración. Prefiero buscar esa pasión al adorar que esos hombres tuvieron. Quiero amar a Dios más que cualquier persona de mi generación.

Precioso Salvador,
Señor de las naciones,
¡Hijo de Dios e Hijo del Hombre!
¡Gloria y honor, alabanza y adoración
Sean a ti, ahora y siempre!

JESUITAS ALEMANES, 1677,
TRADUCIDO POR JOSEPH A. SEISS (1823-1904)

Amado Señor Jesús, vengo a ti porque me pediste que viniera. Con corazón tembloroso elevo mi voz, alabándote y adorándote. En tu precioso nombre, amén.

12 de enero

Oye, Israel: Jehová nuestro Dios, Jehová uno es.
Y amarás a Jehová tu Dios de todo tu corazón, y de toda tu alma,
y con todas tus fuerzas.
DEUTERONOMIO 6:4-5

A John Fletcher, contemporáneo de John Wesley, lo llamaban el Terrible Fletcher por su entusiasta pasión por Dios. Una pasión que no podía fabricarse porque provenía del corazón de Dios mismo. Fletcher solía arrodillarse en el piso de su pequeño cuarto. Cuando llegó al final de su vida y partió para estar con Dios, encontraron que sus rodillas habían dejado una concavidad sobre las tablas del piso donde desgastaron la madera. También hallaron que la pared del cuarto estaba manchada por su aliento mientras esperaba en Dios y le adoraba en la belleza de la santidad.

De eso se trata la adoración. «Amarás a Jehová tu Dios de todo tu corazón y de toda tu alma y con todas tus fuerzas...» Eso solo puede significar una cosa, que es adorar a Dios con todo el ser.

Nunca digo que «adoro» a alguien, como suelen decir algunos: «La adoro» o «lo adoro».

La adoración en mi caso está reservada para el único que la merece. Ante ninguna otra presencia puedo arrodillarme con temor reverencial, maravilla, anhelo, sintiéndome tan posesivo como para decir: «¡Mío, mío!»

Santo Dios, alabamos tu nombre;
Señor de todas las cosas, nos inclinamos ante ti;
Toda la tierra obedece a tu cetro;
Todo el cielo te adora.
Infinito es tu vasto dominio
Y eterno es tu reino.
IGNAZ FRANZ (1719-1790)

Oh Dios, te adoro en la belleza de la santidad.
No la mía, sino tu santidad, tal como me la revela el Señor Jesucristo. Amén.

13 de enero

Y me será a mí por nombre de gozo, de alabanza y de gloria,
entre todas las naciones de la tierra, que habrán oído todo el bien que yo les hago;
y temerán y temblarán de todo el bien y de toda la paz que yo les haré.
JEREMÍAS 33:9

Hay gente que es tan teológicamente correcta que cree que no es adecuado decir «mío». Al repasar los himnarios he visto que en algunos de ellos, los editores más insensibles tuvieron la audacia de editar con sus plumas y su fría tinta, los himnos de Wesley y Watts.

Quitaron los «yo», los «mí» y los «míos» para reemplazarlos por «nuestro», o «nosotros». Eran tan modestos que no podían imaginarse que uno dijera: «Yo amo al Señor».

Veamos cómo traducirían el conocido pasaje de las Escrituras: «El Señor es nuestro pastor, nada nos faltará. En verdes pasturas nos hace descansar...» Eso se llama cercanía.

Cuando has estado con el Señor en la soledad de tu alma y ambos, tú y Dios, llegan al punto en que no existe nadie más en el mundo, vemos la pasión por Dios que nos hace falta hoy. Es ese el tipo de amor que debo tener por Dios. Nunca seré capaz de amar a otro ser humano si no amo en verdad a mi Dios con una pasión tan intensa que nada pueda disminuirla.

Mi Pastor proveerá a mi necesidad:
Jehová es su nombre;
En frescas pasturas Él me alimenta,
Junto al río de agua viva.
ISAAC WATTS (1674-1748)

Mi pastor y mi Dios, confío que me proveerás todas las cosas que necesito.
Tu presencia elimina toda necesidad. En verdad, descanso en ti.
En el nombre de Jesús, oro. Amén.

14 de enero

Como el ciervo brama por las corrientes de las aguas,
así clama por ti, oh Dios, el alma mía.
SALMOS 42:1

Mi objetivo cada día es adorar a Dios más que nada. Es una adoración que debo derramar a los pies de Dios. Lo mismo sentía David cuando huía del rey Saúl.

Mientras estaba escondido en una cueva, en alguna parte, David echó de menos su hogar y dijo algo que un grupo de sus soldados oyó: «Oh, quisiera poder beber un poco de agua del viejo pozo de Belén».

Algunos de los que oyeron sus palabras se dirigieron hacia ese pozo y, arriesgando sus vidas, sacaron agua de él. Se la llevaron a David. Y estoy seguro de que no esperaban lo que sucedió luego.

David miró el agua, vio a los que se la habían llevado y al fin dijo: «No puedo beber el agua que me han traído puesto que les costó su vida». Luego, en un acto de reverencia tal como solo David podía hacerlo, derramó el agua ante el Señor su Dios.

Al igual que David, admiramos a Dios; lo amamos por su excelencia y deseamos derramarnos a sus pies en un amor que adora, que asombra y que actúa.

Canta, canta, alma mía,
A tu Rey y tu Señor,
Al que amante te dio vida
Te cuidó y te perdonó.
Canta, canta, alma mía,
Canta al poderoso Dios.
HENRY F. LYTE (1793-1847)

Amado Dios, vivo a tus pies en reverencia a ti.
Acepta mi vida, que derramo delante de ti.
Lo único que necesito eres tú.
Eres lo único que quiero. Oro en el nombre de Jesús. Amén.

15 de enero

Tributad a Jehová, oh hijos de los poderosos, dad a Jehová la gloria y el poder.
Dad a Jehová la gloria debida a su nombre;
adorad a Jehová en la hermosura de la santidad.
SALMOS 29:1-2

Nacimos para adorar a Dios. Si no lo adoramos en la belleza de su santidad, no estamos cumpliendo con la razón por la que nacimos. Comparto la idea de que la adoración es una experiencia placentera, maravillosa, que nos humilla y nos llena de temor reverencial, en diversos grados. No se necesita un edificio para adorar.

Si incendiaras el edificio de la iglesia y sacaras a toda la gente de sus instalaciones, no habrás perturbado la adoración cristiana en lo más mínimo. Si le impidieras a un cristiano la entrada al santuario de la iglesia no afectarías en nada su adoración. Llevamos nuestro santuario con nosotros. Jamás lo abandonamos.

No es que entremos a un edificio y allí empecemos a adorar a Dios. Si no estás adorando a Dios el lunes por la mañana como lo hiciste el día anterior, tal vez no lo adores en absoluto.

Cuando los cristianos pierden su amor por Dios, se enferman. La falta de adoración como algo natural, espontáneo y continuo es señal segura de enfermedad espiritual. Cuando una generación deja de practicar la adoración en cierta medida, afecta a la generación siguiente y a la que le sigue, hasta que el deseo real y abrumador de adorar a Dios se esfuma. Por lo tanto, la adoración que proviene de afuera, jamás podrá ser sincera ni verdadera.

Que toda carne guarde silencio, y con temor, temblorosa,
No medite en nada terrenal, porque con bendición en su mano
Cristo nuestro Dios a la tierra desciende
Exigiendo nuestro pleno homenaje.
GRIEGO DEL SIGLO IV, TRADUCIDO AL INGLÉS POR GERARD MOULTRIE

Amado Dios, acudo a ti con temor y temblor, sintiéndote tal como te me brindas. Haz que pueda conocerte en la belleza de tu bendita santidad. Amén.

16 de enero

Levántate, resplandece; porque ha venido tu luz,
y la gloria de Jehová ha nacido sobre ti.
ISAÍAS 60:1

En lo que respecta a la adoración, hay cristianos que si no tuvieran un calendario listo para usar no sabrían qué tienen que hacer. La adoración sincera no puede seguir las instrucciones de un calendario. Hasta nuestro Señor mismo afirmó que esas cosas no son importantes.

La adoración que se ve afectada por la presión externa es adoración que no agrada a Dios, y si no le place a Él, en realidad no nos es de beneficio.

Muchas cosas que hoy se entienden como adoración son simplemente momentos en que la gente se reúne para pasar un buen rato sin considerar que el propósito de la adoración es honrar a Cristo, exaltarle. Esa es la obra del Espíritu Santo que habita en nosotros. ¿Hace falta que señale que la persona que no es salva no puede adorar a Dios? ¿Es necesario que diga que solo quienes tienen dentro al Espíritu del Dios viviente podrán adorarlo de un modo que le agrade y le honre?

Al prestar atención a lo que me rodea, no puedo evitar un profundo suspiro cuando veo a las personas que avanzan como autómatas, en la observancia de fechas o de objetos referenciales, pensando que así están adorando a Dios.

¿Puedo oír a Dios diciendo: «Apartaos de mí, todos los hacedores de iniquidad; no los conozco»?

Gloria sea dada a aquel que nos amó,
Al que borró toda mancha de pecado;
Gloria sea dada a aquel que nos hizo
Reyes y sacerdotes han de reinar con Él;
Gloria, alabanza y bendición sean dadas
Al Cordero que una vez fue inmolado.
HORATIUS BONAR (1808-1889)

Perdóname, oh Dios, por entrar en tu presencia con descuido y sin pensar en aquel a quien estoy adorando. Purifica mi corazón de todas las cosas que hagan indigna mi adoración. En el nombre de Jesús, amén.

17 de enero

Dad a Jehová la gloria debida a su nombre;
adorad a Jehová en la hermosura de la santidad.
SALMOS 29:2

La adoración que agrada a Dios siempre concuerda con la naturaleza divina. Las Escrituras nos enseñan cómo adorar; es algo tan lógico y correcto que no podemos errar al hacerlo. Adoramos a Dios de acuerdo a lo que es, no según lo que no es.

El error básico de la idolatría yace en adorar a Dios de acuerdo a lo que no es. Jesús dijo en cuanto a los samaritanos: «Vosotros adoráis lo que no sabéis».

Los profetas del Antiguo Testamento eran fieles en señalar los aspectos de la vida que están en conflicto con la naturaleza de Dios. La tarea de ellos consistía en convocar al pueblo para que volviera a ajustarse a la naturaleza de Dios. La adoración que no está en armonía con la naturaleza de Dios no es aceptable para Él.

Por eso es importante en extremo que conozcamos a Dios; puesto que cuanto más lo conocemos a Él, tanto más empezamos a entender lo que somos y qué es lo que podemos hacer para agradarle. ¿No te abruma la idea de que en ti haya algo que se corresponde con algo de Dios que, en efecto, le agrada? ¿Quieres descubrir qué es y edificar tu vida en torno a ello?

Acudimos, oh Cristo, a ti,
Verdadero Hijo de Dios y hombre,
Por quien son todas las cosas,
En quien comenzó toda la vida.
Solo en ti vivimos y nos movemos
Y tenemos nuestra existencia en tu amor.
E. MARGARET CLARKSON (1915-2008)

Te busco, oh Dios, y anhelo conocerte; porque al conocerte empiezo a entender quién soy. Que mi adoración hoy te agrade como mereces. Amén.

18 de enero

Te alabaré, oh Jehová Dios mío, con todo mi corazón,
y glorificaré tu nombre para siempre.
SALMOS 86:12

Una de las cosas que nos cuesta entender es que a Dios no le afectan las propiedades de la materia. Ni el peso, ni el tamaño, ni el espacio le afectan. Esas son cosas que nos afectan a nosotros en mayor o menor grado; por lo tanto, es un error nuestro suponer que lo que nos afecta a nosotros también tiene que afectar a Dios. Tenemos la natural tendencia a tratar de bajar a Dios a nuestro nivel.

Cuanto más conocemos a Dios y entendemos su naturaleza, más empezamos a maravillarnos ante su inmensidad. Él es más grande que cualquier cosa que pudiéramos llegar a comprender. El cristiano a quien se le ha enseñado bien sabrá que el Dios al que adora no se ve afectado por ninguna de las cosas que nos afectan a los humanos.

Es bueno saber eso. Si influyeran en Dios las mismas cosas que influyen en mí, ¿cómo podría adorarle? ¿Cómo podría confiar en Él si le afectaran las mismas cosas que me afectan?

Al meditar con pesar en mi mortalidad, puedo mirar al cielo con un gozo asombroso, a aquel que es inmortal, invisible, el único Dios, consciente de que me ha invitado a ser partícipe de su naturaleza.

¡Oh, cómo amo a Jesús!
Al Dios invisible, al Rey inmortal,
Que habita en la altura y en la santidad;
Anciano de días, Señor sin igual,
Rendimos honores con sinceridad.
WALTER C. SMITH (1824-1908)

Adorado Padre celestial, te amo con un sentimiento profundamente arraigado en el corazón de tu amado Hijo, nuestro Señor y Salvador Jesucristo. Cuanto más te amo, más reposo en paz conmigo mismo. Amén.

19 de enero

Entonces dijo Dios: Hagamos al hombre a nuestra imagen, conforme a nuestra semejanza; y señoree en los peces del mar, en las aves de los cielos, en las bestias, en toda la tierra, y en todo animal que se arrastra sobre la tierra.

GÉNESIS 1:26

Dios nos hizo a su imagen; y, dado que nos creó a esa imagen, tengo una parte de mí que se parece a Dios. Me gustaría que todos los cristianos pudieran ver eso. El alma humana es lo más parecido a Dios que cualquier otra cosa que se haya creado.

¿Cómo puede ser eso, si hay tanto pecado en el mundo y tantas cosas que se oponen a Dios? La respuesta está en el pecado. El ser humano ha caído, pero no tanto como para que Dios no pueda restaurarnos y redimirnos. Para Dios es fácil hacer eso puesto que tiene material con el cual trabajar, ese con el que nos creó a su imagen.

Si el ser humano no hubiese sido creado a imagen de Dios, la redención no habría sido posible. Los que piensan en el ser humano como alguien que llegó al mundo sin un Creador, en verdad niegan la redención del hombre. Solo lo que fue creado a imagen de Dios puede ser restaurado por Él.

Parte de mi adoración cotidiana consiste en celebrar esa maravillosa verdad. Soy redimido porque he sido creado a imagen de Dios. Aunque el pecado haya intentado destruir esa imagen, la gracia de Dios es más grande que todos los pecados de la humanidad.

La cruz, rápidamente se erigió, ¡Aleluya, Aleluya!
Ahí está desafiando toda fuerza, ¡Aleluya, Aleluya!
Los vientos del infierno han soplado
El mundo su odio ha mostrado,
Pero aun así no la ha derribado,
¡Aleluya, Aleluya por la cruz!

HORATIUS BONAR (1808-1889)

Padre nuestro que estás en el cielo, santificado es tu nombre en mi corazón cuando te alabo. Me regocijo en mi salvación por Jesucristo mi Señor. Amén.

20 de enero

Yo soy Jehová tu Dios, que te hice subir de la tierra de Egipto;
abre tu boca, y yo la llenaré.
SALMOS 81:10

El alfarero se prepara para hacer una bella tetera; y mientras el torno gira, surge un problema y todo se rompe. Ya no será útil y no se ve siquiera como una tetera. No hay arte en eso, ni muestra el alma del artista. Su alma no puede estar allí puesto que se ha roto. Pero, para el alfarero, la solución es sencilla: vuelve a tomar el material, quita las partes que afearon su obra y hace otra vasija.

No podría hacer eso si trabajara con hierro o con piedra. Pero con arcilla sí puede, dado que trabaja con ese material. Podrá restaurar lo que se rompió usando el mismo material.

Dios nos creó a su imagen y, aunque no tengamos del todo claro cuál es esa imagen divina, sé que el alma humana se parece en algo a Dios. Al sucumbir a la tentación en el huerto el ser humano cayó, perdió el arte, la belleza, la santidad de Dios. Pero no perdió el potencial de volver a parecerse a Dios en las manos del divino Artista.

La redención consiste en tomar el material del ser humano caído mediante el misterio de la regeneración y la santificación, y restaurarlo para que vuelva a ser parecido a Dios, a Cristo. La redención no es solo para salvarnos del infierno, aunque es cierto que nos salva. Es para darnos forma, para que podamos volver a ser parecidos a Dios.

Cúmplase, oh Cristo, tu voluntad.
Solo tú puedes mi alma salvar.
Cual alfarero, para tu honor
Vasija útil hazme, Señor.
ADELAIDE A. POLLARD (1862-1934)

Amado Padre celestial, me entrego a la presión de tus dedos mientras haces de mí una vasija que te agrade. En el nombre de Jesús, amén.

21 de enero

Dios es Espíritu; y los que le adoran,
en espíritu y en verdad es necesario que adoren.
JUAN 4:24

Para adorar a Dios tenemos que hacerlo de manera correcta. La adoración tiene que ser espiritual. Y, en tal sentido, podríamos decir que sin el Espíritu Santo no podemos adorar a Dios. El Espíritu Santo es el único que puede guiar al corazón de manera correcta para adorar a Dios en forma aceptable. La mente humana no sabe cómo adorar a Dios de modo aceptable ni dirigirse en el rumbo correcto para hacerlo.

Es por eso que resulta tan importante que conozcamos al Espíritu Santo. Más de una vez me he arrodillado para pedirle perdón al Espíritu Santo por la forma en que la iglesia le ha tratado. Le hemos tratado sin cuidado. Le tratamos de tal modo que si lo hiciéramos con un invitado, este se iría triste y no volvería jamás.

Muchas iglesias le reconocen al iniciar y al concluir el servicio pero aparte de eso, no cuentan con su presencia. ¿Cuánta gente va a la iglesia el domingo por la mañana tomando en cuenta que el Espíritu Santo les hable?

Espíritu de Dios, desciende sobre mi corazón;
Despréndelo de la tierra, y muévete con cada uno de sus latidos.
Ven, desciende a mi debilidad, aunque eres tan potente,
Y haz que te ame como debo amarte.
GEORGE CROLY (1780-1860)

Espíritu Santo, bendita tercera persona de la Trinidad,
te honro como indispensable que eres en mi adoración a Dios.
Enséñame a conocerte como tú quieres. Amén.

22 de enero

Y de igual manera el Espíritu nos ayuda en nuestra debilidad;
pues qué hemos de pedir como conviene, no lo sabemos,
pero el Espíritu mismo intercede por nosotros con gemidos indecibles.
ROMANOS 8:26

La idea de que podemos adorar sin el Espíritu Santo no solo es errónea, también es peligrosa. La noción de que podemos poner al Espíritu Santo en un rincón, para ignorarlo, acallarlo, resistirnos a Él y, de todos modos, adorar a Dios de manera aceptable es una gran herejía que tenemos que corregir. Solamente el Espíritu Santo sabe cómo adorar a Dios de un modo aceptable.

Tenemos líderes de adoración que tratan de reemplazar al Espíritu Santo. Pienso que eso es reprensible. El que está ante una congregación y dirige la adoración tiene que ser alguien que se ha sometido a la refrescante obra del Espíritu Santo. La mejor preparación para la adoración no es el ensayo, sino la entrega, la rendición.

Algunos de nuestros mejores himnos fueron compuestos por hombres y mujeres tan completamente quebrantados ante Dios que lo único que les importaba era Él.

El apóstol Pablo declara que es imposible orar sin el Espíritu; por lo tanto, las oraciones más poderosas son las que oramos en el Espíritu. Del mismo modo, no podemos adorar sin el Espíritu Santo. Es hora de que la grey de Cristo vuelva a meditar en todo este asunto del lugar del Espíritu Santo en la iglesia de nuestro Señor Jesucristo.

Ven, bendita, santa, celestial Paloma, Espíritu de luz, vida y amor,
¡A nuestras almas revive! Ven con el poder de Pentecostés,
Ven como el Espíritu Santo con sus siete dones,
Y llena hoy nuestros corazones.
B. SIMPSON (1843-1919)

Padre celestial, te pido que me lleves a ese lugar en donde solo importas tú y que hagas lo que se requiera para que así sea. Te lo pido en el nombre de Jesús. Amén.

23 de enero

Y extendiendo el ángel de Jehová el báculo que tenía en su mano, tocó con la punta la carne y los panes sin levadura; y subió fuego de la peña, el cual consumió la carne y los panes sin levadura. Y el ángel de Jehová desapareció de su vista.

JUECES 6:21

Mi analizada opinión es que para adorar a Dios como debemos, es necesario que nos quebrantemos.

Ejemplo de ello es Israel. Israel seguía tratando de adorar a Dios después de que el fuego abandonara el lugar santísimo y la gloria de la *shekiná* ya no estaba allí. Sin fuego, sin luz y sin presencia Israel seguía adorando vana, fútilmente, olvidando que el Espíritu Santo de la adoración se había retirado hacía tiempo ya. Es que estaba tan acostumbrada a la práctica del ritual de la adoración que no se daba cuenta de que ya no estaba adorando en realidad a Jehová.

Los hijos de esos padres tal vez adoren al Dios de sus progenitores pero, en su mayoría, solo siguen paso a paso el ritual que vieron cumplir a sus padres miles de veces. ¿Dónde está la gloria? ¿Dónde está el fuego? ¿Dónde el quebranto ante la posible presencia de Dios?

Creo que es hora de que la iglesia vuelva a meditar en todo este asunto de la adoración. La espiritualidad es uno de los ingredientes de la adoración; por tanto, sin espiritualidad no podemos adorar a Dios de manera que sea agradable a sus ojos. No importa cuánto adoremos, si la adoración no le es aceptable, en vano adoramos; lo mejor será no intentarlo.

¡Lléname! ¡Lléname! Santo Espíritu de Dios
Mueve mi ser con tu poder ¡Oh, Santo Espíritu, lléname!
¡Oh, Santo Espíritu de Dios! Dame tu gran poder
Enciende el fuego de tu amor muy dentro de mi ser.

EDWIN HATCH (1835-1889)

Espíritu Santo, fuego divino, derrite la dureza de mi corazón,
que me impide sentir la plenitud de tu presencia.
En el nombre de Jesús, amén.

24 de enero

Y se manifestará la gloria de Jehová, y toda carne juntamente la verá; porque la boca de Jehová ha hablado.

ISAÍAS 40:5

La única forma de deshacernos de las formalidades y la doble intención en nuestra adoración es adorar con sinceridad. Es fácil caer en la formalidad y en la falsedad cuando adoramos. Si mi adoración no es sincera, y solo sigo a mis emociones, ni siquiera estoy adorando.

Gran parte de lo que hoy llamamos adoración no es tal cosa. Y en efecto, francamente, hay mucho que solo se basa en la superstición. Si murmuras las palabras adecuadas en el momento justo, tendrás buena suerte. Si haces tal o cual movimiento con los dedos, tendrás buena suerte.

La buena suerte no tiene absolutamente nada que ver con la adoración, pero tiene todo que ver con la carnalidad y la sensualidad. No hay lugar para ello en la adoración a Dios.

Mi adoración a Dios debe basarse en mi sinceridad, no en buscar algo más que sumar a mi vida; debe basarse en acudir ante la presencia de Dios. De eso se trata la adoración. La gente habla de bendiciones, y su definición es de lo más carnal.

La bendición de la adoración es acudir con sinceridad ante la presencia de Dios, consciente de que en su presencia eres bienvenido, tanto como lo es Él en presencia tuya.

Jesús, nuestro único gozo has de ser tú,
Y tú serás nuestro único premio.
Jesús, sé nuestra gloria
Ahora y por toda la eternidad.

BERNARD DE CLAIRVAUX (1090-1153)

TRADUCIDO AL INGLÉS POR EDWARD CASWALL (1814-1878)

Querido Dios y Padre de nuestro Señor Jesucristo, te honro como Dios verdadero y te adoro con la sencillez de mi sinceridad. Gloria a ti sea hoy en mi vida. En el nombre de Jesús, amén.

25 de enero

Así que, cualquiera que se humille como este niño,
ése es el mayor en el reino de los cielos.
MATEO 18:4

Jesús desea que seamos tan sinceros como los niños, sobre todo en lo que respecta a nuestra adoración.

Es una sinceridad que tenemos que cultivar en nuestras vidas, y cultivarla en oración de modo que nuestra adoración sea aceptada por el Dios Todopoderoso. Nuestra preparación al acudir a su presencia tiene que ver con cultivar la sencillez en nuestras vidas. Es decir, librarnos de todo lo que pueda ser obstáculo en nuestras vidas en cuanto a la sincera devoción al Señor Jesucristo.

Si pudiéramos hacer una pausa y creer que todo lo que nos lo impida es pecado, y luego librarnos de ello con la sinceridad que el momento requiera, estaremos encaminados para acudir ante la presencia de Dios.

Es terrible pasar la vida entera haciendo ofrendas al Todopoderoso y al fin ¡descubrir que las ha rechazado todas! ¿Cuánta gente llegará al final de su vida para darse cuenta de que nada de lo que ha hecho es aceptable a Dios?

Día a día tenemos que despojarnos de todo lo que nos impida acudir de modo aceptable ante la presencia de Dios.

Oigo al Salvador, que dice:
«Tu fuerza es pequeña;
Niño débil, observa y ora,
Encuentra en mí tu todo».
ELVINA M. HALL (1822-1889)

Oh, Dios, vengo ante ti con la sencillez de un niño sabiendo que ante ti soy como nada. Te pido que seas mi todo hoy. En el nombre de Jesús, amén.

26 de enero

Y Jehová iba delante de ellos de día en una columna de nube para guiarlos por el camino, y de noche en una columna de fuego para alumbrarles, a fin de que anduviesen de día y de noche. Nunca se apartó de delante del pueblo la columna de nube de día, ni de noche la columna de fuego.

ÉXODO 13:21-22

Nuestra gran verdad bíblica es que Dios lo hizo todo con un propósito. El objetivo de Dios al crear al hombre fue tener a alguien adecuada y suficientemente equipado para que le adorara. El propósito del hombre era satisfacer el corazón de Dios y agradarle, pero el pecado cortó ese camino y ahora la humanidad no logra cumplir con el fin para el que fue creada.

El ser humano es como una nube sin agua: no produce lluvia. Es como el sol que no calienta, como las estrellas que no iluminan, como el árbol que ya no da fruto, como el pájaro que ya no canta, como el arpa silenciada que ya no produce música.

La verdad es que Dios quiere que le adoremos y que, al hacerlo, hagamos aquello para lo que fuimos creados. Cuando Adán pecó, rompió su comunión con Dios. Su corazón se desató del de Dios, por lo que la voz de Adán murió en su garganta. En el frescor del día, Dios lo buscó y lo llamó: «Adán, ¿dónde estás?» Dios buscaba que Adán, que había pecado, lo adorara.

Tu gracia en todo tiempo he menester:
¿Quién otro al tentador podrá vencer?
¿Qué otro amante guía encontraré?
En sombra o sol, Señor, conmigo sé.

HENRY F. LYTE (1793-1847)

En tu presencia, oh Señor Dios, me inclino en adoración reverencial. En mi adoración te descubro, pero también puedo descubrirme tanto a mí como a mi propósito. En el nombre de Jesús, amén.

27 de enero

Después de esto miré, y he aquí una puerta abierta en el cielo;
y la primera voz que oí, como de trompeta, hablando conmigo, dijo:
Sube acá, y yo te mostraré las cosas que sucederán después de estas.
APOCALIPSIS 4:1

Hay dos aspectos de la fe en la vida del cristiano que son cruciales.

Una es que somos tan malos como Dios dice que somos. Si no tengo fe en la Palabra de Dios respecto de mi maldad, jamás voy a arrepentirme. Y si no me arrepiento, no tengo oportunidad de cambiar; pero si no cambio, jamás llegaré a ese lugar de comunión con Dios que Él desea. Debo aceptar lo que Dios dice acerca de mí como verdad inmutable. Por tanto, estoy en el camino que lleva al cambio.

El otro aspecto es que somos tan amados por Dios como Él dice que lo somos. Si no creemos que nos quiere tanto como lo afirma, nunca entraremos en su presencia ni le ofreceremos la adoración que anhela.

Si todos pudiéramos de repente pasar por un puro y alegre bautismo de fe —en que Dios nos quiere, nos desea y anhela que le adoremos, le admiremos y le alabemos—, nos transformaríamos en el pueblo más radiante y feliz del continente americano.

Dios nos creó para que le adoremos; por lo tanto, si no lo hacemos, fallamos en cumplir el propósito para el cual fuimos creados.

Alábenle a Él que reina en lo alto
En majestad suprema,
Al que entregó a su Hijo a la muerte,
¡Para redimir al hombre!
WILLIAM H. CLARK

Padre mío que estás en el cielo, mi pecado está siempre delante de mí y, si no fuera por la maravillosa gracia que derramas sobre mí, no podría entrar en tu presencia. ¡Aleluya por la cruz! Amén.

28 de enero

No hay santo como Jehová;
porque no hay ninguno fuera de ti,
y no hay refugio como el Dios nuestro.
1 SAMUEL 2:2

Al buscar a Dios en santa adoración debo tener algo muy en claro. No se puede adorar a Dios como lo deseemos. Aquel que nos creó para que adoremos también decretó de qué forma hemos de adorarle. Dios no acepta cualquier clase de adoración.

Dios ha rechazado toda la adoración de la humanidad en nuestra condición actual. Aunque quiere que le adoremos y nos manda e invita a hacerlo, Dios rechaza y condena toda la adoración de la humanidad.

En esta tierra prevalecen, al menos, cuatro tipos de adoración y Dios las rechaza a todas: la adoración de Caín, la adoración samaritana, la adoración pagana y la adoración a la naturaleza.

Abel le ofreció a Dios un sacrificio de sangre, en tanto que Caín se presentó con un sacrificio sin sangre y le ofreció al Señor flores, frutos y lo que crecía en la tierra. Esa adoración se basaba en una errónea impresión del tipo de Dios que Él es. Caín acudió a adorar a Dios basándose en su propia imaginación. Dios acepta la adoración solo cuando es pura y aceptable para el Espíritu Santo.

¡Alaben al Salvador todos los que le conocen!
¿Quién puede decir cuánto le debemos?
Con gozo, entreguémosle
Todo lo que somos y tenemos.
THOMAS KELLY (1769-1855)

Te alabo, oh Dios y Padre del Señor Jesucristo porque tú solo eres digno de mi alabanza y mi adoración. Te las ofrezco hoy en sacrificio.
En el nombre de Jesús, amén.

29 de enero

Porque por gracia sois salvos por medio de la fe; y esto no de vosotros, pues es don de Dios; no por obras, para que nadie se gloríe.
EFESIOS 2:8-9

Hoy la iglesia está enferma a causa de un error horrendo: los humanos ocupan una relación con Dios que en verdad no están ocupando. Hay quienes ponen su esperanza en una relación con Dios que en verdad no existe.

La maldición de la religión es que propaga ideas como esa.

La creencia dice que todos somos hijos de Dios y cuando decimos: «Oh Dios y Padre de la humanidad», ello incluye a todos los seres humanos. La Biblia no enseña, sencillamente, que Dios sea el Padre de toda la humanidad.

En cierta ocasión Jesús acusó a los fariseos de ser hijos del diablo: «Vosotros sois de vuestro padre el diablo». Eso no encaja con el tono religioso de muchos en nuestros días. Ellos dicen que todos somos una gran familia.

Con eso, menosprecian la obra de la redención. Si el ser humano tiene una relación tan armoniosa con Dios, ¿por qué tuvo que morir Jesús en la cruz? ¿Cuál es el propósito de la redención?

Otro de los errores que se propaga con este tipo de pensamientos es que el ser humano está bien tal como está. Si el hombre está en tal armonía con Dios, ¿por qué, entonces, no hay concordia entre los seres humanos?

Lo que la religión enseña no lo demuestran los hechos de la historia.

Mi esperanza se basa en nada menos que
En la cruz y la justicia de Jesús.
No me atrevo a confiar en el dulce cuadro,
Sino que me apoyo completamente en el nombre de Jesús.
EDWARD MOTE (1797-1874)

Mi Padre celestial, te agradezco por la maravillosa gracia del Señor Jesucristo que me ha llevado a estar en comunión contigo. No conozco más gozo que el de tu compañía. Amén.

30 de enero

Hice pacto con mis ojos; ¿Cómo, pues, había yo de mirar a una virgen?
JOB 31:1

Hay una idea en la actualidad que parece ir tomando fuerza y es que el pecado no es tan grave como algunos imaginamos. Hay todo tipo de formas de presentar excusas por el pecado y, tal vez, la mejor de ellas sea llamarlo con otro nombre.

Para algunos, el pecado no es más que un error. Por ejemplo, actuaron con buenas intenciones pero algo sucedió, por lo que cometieron un error. Después de todo, nadie es perfecto.

El problema está en que ser perfectos no tiene nada que ver con no pecar.

Cuando minimizamos la gravedad del pecado, estamos en disputa con la Biblia en su totalidad. No importa si vas al Antiguo Testamento o al Nuevo, el pecado siempre se presenta en la Biblia como algo terrible. Los sacrificios en el Antiguo Testamento ponen énfasis en lo que Dios piensa del pecado. Si lees sobre todos los sacrificios del Antiguo Testamento, te cansarás. A Dios no le gusta el pecado en absoluto.

Tengo que ver el pecado y pensar en él como lo hace Dios. Cuando busco la Palabra de Dios, el Espíritu Santo me muestra lo terrible que es el pecado para Dios.

Dios rechaza la adoración que no se fundamenta en la sangre redentora del Señor Jesucristo.

Señor Jesús, debo pedirte esto con humildad;
Y espero, bendito Señor, a tus pies, en la cruz,
Por fe, que me purifiques cuando veo fluir tu sangre.
Lávame y seré más blanco que la nieve.
JAMES L. NICHOLSON (1828-1896)

Amado Señor Jesús, hoy te alabo por el poder purificador de tu sangre. Vengo a ti, no en mis propias fuerzas, sino en la fuerza purificada de tu gracia redentora. Amén.

31 de enero

Así que la fe es por el oír, y el oír, por la palabra de Dios.
ROMANOS 10:17

El hereje no necesariamente querrá enseñar que no existe la Trinidad, o que Dios no creó el universo, o que no hay juicio. La misma palabra «hereje» significa: el que elige.

Los samaritanos eran herejes porque elegían determinadas partes de la Biblia. Tenían el Pentateuco y lo aceptaban, pero rechazaban a David, Isaías, Jeremías, Ezequiel, Daniel, 1 y 2 Reyes y Cantar de cantares. Rechazaban toda la Escritura con excepción del Pentateuco.

Los samaritanos incluso fueron más allá: tradujeron el Pentateuco.

Uno puede traducir lo que quiera para comprobar lo que quiera. Lo único que hay que decir es que sabe griego o hebreo y después de eso, hará lo suyo. Los samaritanos tradujeron el antiguo Pentateuco de modo que demostrara que Samaria era un lugar de adoración. Debido a eso, eran muy hostiles con los judíos, que afirmaban que Jerusalén era el lugar para adorar a Dios.

Los samaritanos aceptaban la Biblia, pero solo la parte que querían. Cuando buscas qué elegir porque te conviene, puedes creer lo que sea. Recuerda, la Palabra de Dios es la Biblia toda, completa.

Oh, envía tu Espíritu Señor,
Para que descienda sobre mí,
Que toque mis ojos y me haga ver;
Muéstrame la verdad escondida en tu Palabra
Y revelada en tu Libro,
Allí te veo, Señor.
ALEXANDER GROVES (1842-1909)

Oh, Santo Espíritu, abre mis ojos hoy
Para que pueda ver lo que tienes para mí.
Que no vea los caminos que me apartan de ti.
En el nombre de Jesús, amén.

1 de febrero

Me acordé, oh Jehová, de tus juicios antiguos, y me consolé.
SALMOS 119:52

Hoy abunda la herejía; la gente solo cree lo que quiere. Los herejes ponen énfasis en determinadas palabras o frases para poder seguir con sus vidas, aceptando unas y rechazando otras, haciendo una cosa y rechazando otra. Los herejes escogen y eligen lo que quieren de la Palabra de Dios.

El aspecto más peligroso de la herejía es que en muchos aspectos lo que creen es bueno. No se trata de lo que eligen creer sino más bien de lo que se niegan a creer. Eso es lo que hace que la herejía sea tan peligrosa. Porque si todo fuera malo, no tendrían demasiada influencia en la iglesia evangélica de hoy.

Lo que empeora las cosas es que te dicen que puedes aceptar, creer y, al hacerlo, eso te lleva por determinado camino que al fin te aparta de toda la verdad. Para que sea Palabra de Dios, hace falta la verdad en su totalidad. Uno no puede aceptar una rebanada de verdad y desligarla del resto de la Biblia.

Los evangélicos deben cuidarse de no elegir lo que prefieren ignorando otras cosas y poniendo así en riesgo el poder de la Palabra de Dios.

Señor, haz que la iglesia,
De tu luz resplandor,
Mantenga en las naciones
Tu celestial fulgor.
Levanta mensajeros
Que anuncien tu verdad,
Y muchos logren verte
Allá en la eternidad. Amén.
WILLIAM W. HOW (1823-1897)

Tu verdad, oh Dios, es mi alimento y mi bebida de cada día.
Mi alma tiene hambre, que solo tu Palabra puede saciar.
En el bendito nombre de Jesús, amén.

2 de febrero

Confirma tu palabra a tu siervo, que te teme.
SALMOS 119:38

Ralph Waldo Emerson cruzaba un campo tras la lluvia, mientras el sol se reflejaba en los charcos de agua que quedaban en el prado. De repente, su mente se elevó a un lugar de tanta felicidad que tuvo temor. Dijo que se sentía tan feliz que estaba temeroso.

Emerson era simplemente un poeta pagano; por otro lado, en la adoración de nuestros días hay mucho que no es más que poesía pagana y adoración a la naturaleza.

La religión tiene mucho de poesía. Me gusta la poesía si es buena, pero el problema es encontrar poesía buena. La religión hace relucir la poesía más que cualquier otra ocupación de la mente. Y en la religión hay muchas cosas que son muy bellas. Por ejemplo, el gran disfrute de contemplar lo divino y lo sublime. La concentración de la mente en la verdad siempre produce una gran sensación de placer.

Eso es lo que llamamos adoración a la naturaleza. Por cierto, la naturaleza tiene en sí misma una sensación de belleza y exaltación. Me gusta disfrutar de la naturaleza y pasar algún tiempo en quietud. No hay nada de malo en ello. El problema surge cuando la gente confunde la adoración a la naturaleza con la verdadera adoración.

Tu naturaleza, Señor de la gracia imparte;
Que venga con premura de lo alto,
Escribe tu nuevo nombre sobre mi corazón,
Tu nuevo, mejor nombre de amor.
CHARLES WESLEY (1707-1788)

Acudo a ti, oh Padre, sabiendo que mi verdadero gozo viene de ti.
Tu presencia es el gran deleite de mi experiencia diaria.
Oro en el nombre de Jesús, amén.

3 de febrero

Y los sacerdotes desempeñaban su ministerio; también los levitas, con los instrumentos de música de Jehová, los cuales había hecho el rey David para alabar a Jehová porque su misericordia es para siempre, cuando David alababa por medio de ellos. Asimismo los sacerdotes tocaban trompetas delante de ellos, y todo Israel estaba en pie.

2 CRÓNICAS 7:6

Como sucede con muchos, me encanta la música religiosa. Hay quienes confunden esa música con la verdadera adoración puesto que suele elevar el corazón casi hasta arrobarnos. La música puede elevar nuestros sentimientos hasta extasiarnos. Tiene un efecto en nosotros que hace que sea lleguemos a un estado de elevación y felicidad con una vaga noción de Dios, imaginando que estamos adorándolo a Él cuando en realidad no lo estamos haciendo.

Simplemente, disfrutamos la música. Es algo que Dios ha puesto en nosotros y que ni siquiera el pecado ha podido eliminar.

No creo que haya poesía en el infierno. No puedo creer que en la terrible podredumbre moral del mundo haya alguien que pueda crear metáforas y símiles. No concibo que alguien, en ese terrible lugar que llamamos infierno, pueda irrumpir en cánticos.

No hay poesía ni música en el infierno, pero en la tierra sí las hay, e incluso en quien no es salvo puesto que esa persona fue creada a imagen de Dios. La música entonces es el remanente residual de esa imagen, que hace que la persona irrumpa en cántico.

Del rescate de su sangre hoy puedo cantar,
En mi alma hay paz y reposo, y calmo espero
Libre ya de toda duda para poder clamar,
Que redimido soy por la sangre del Cordero.

RUSSELL K. CARTER (1840-1928)

A ti, oh Dios, sea toda alabanza. Me arrodillo ante ti y elevo mi corazón en alabanza y adoración. Alabo tu nombre en mi vida hoy. En el nombre de Jesús, amén.

4 de febrero

Aclamad a Dios con alegría, toda la tierra.
Cantad la gloria de su nombre;
poned gloria en su alabanza.
SALMOS 66:1-2

Aunque la gente haya perdido a Dios en su pensamiento, sigue con la capacidad para apreciar lo sublime. Ciertos hombres del mundo, han escrito libros que elevan a la persona a lo más alto y sublime, y disfruto cuando los leo.

He leído libros sobre poesía que me han elevado a lo que algunos llaman el tercer cielo. Admito que ya no hay muchos de esos libros. Hoy se publica tanta poesía mala. Pero también hay poesía buena, incluso hay gran poesía. Podría pasar un día entero meditando en algunos de los grandes poetas y su obra.

Por supuesto, con la poesía viene la música. Hay tantas cosas sublimes y hermosas en el mundo que se reflejan en la música. Es que la música es belleza que el oído reconoce. Es maravilloso sentarse, recostado y con los ojos cerrados, a escuchar la música de alguna gran orquesta.

El problema con lo sublime que nos ofrece el mundo, por hermoso que sea, es que no logra elevarnos lo suficientemente. Sostengo que pasar una hora de rodillas, meditando en alguno de los salmos de David, te elevará al plano mismo en el que está Dios.

¡Alabadle! ¡Alabadle!
Jesús, ¡nuestro redentor bendito!
Resuenan los portales celestiales con hosannas
¡Jesús, Salvador, reina por los siglos de los siglos!
FANNY J. CROSBY (1820-1915)

Amado Señor Jesús, te amo y pido en oración que tu voluntad se cumpla en mi vida hoy. Elévame a ese lugar de absoluta adoración y alabanza. Amén.

5 de febrero

Cantad a Jehová cántico nuevo; cantad a Jehová, toda la tierra.
Cantad a Jehová, bendecid su nombre; anunciad de día en día su salvación.
SALMOS 96:1-2

Lo sublime no es solo para los oídos, también es para los ojos. Junto con los grandes poetas y músicos tenemos a los grandes artistas del mundo. El ojo puede reconocer la belleza, pero cuando el corazón no ve ni oye nada sino que solo siente, esa belleza es entonces la música del corazón.

Al visitar alguna ciudad grande, cuando tengo una tarde libre, disfruto visitando algún museo. Disfruto al ver las grandes obras maestras de artistas que recibieron su talento de Dios. En algunas pinturas hay un grado de lo sublime que me eleva, por lo que podría pasar muchísimo tiempo observándolas.

Pero con todo, a pesar de que todos podemos hacer lo mismo y disfrutarlo, podemos no estar adorando a Dios ni ser aceptados por Él. Hasta el pagano que rechaza a Cristo puede disfrutar lo sublime en la obra de los poetas, los músicos y los artistas, pero nunca llegará a adorar a Dios como Él desea que le adoremos.

Lo sublime en alguna gran pintura me eleva, pero hasta cierto punto. La Palabra de Dios puede elevarme mucho más allá, hasta la misma presencia de Dios.

Oh, que tuviera lenguas mil
Del Redentor cantar
La gloria de mi Dios y Rey,
Los triunfos de su amor.
CHARLES WESLEY (1707-1788)

Nuestro Padre celestial, dedico mi lengua solo a cantar tu alabanza cada día.
Te pido que pueda elevar tu nombre ante la congregación.
En el precioso nombre de Jesús, amén.

6 de febrero

Mi corazón está dispuesto, oh Dios; cantaré y entonaré salmos; ésta es mi gloria. Despiértate, salterio y arpa; despertaré al alba.
SALMOS 108:1-2

Hay algo en el ser humano que quiere adorar a Dios. El problema es que el hombre quiere adorarlo de la forma que mejor le convenga. Es por eso que Dios rechaza a los que lo adoran de esa manera. Nuestro Señor Jesús dijo que Dios es espíritu y quienes le adoran tienen que adorarle en espíritu y en verdad. Esa palabrita, «tienen» es la que aclara el panorama. No hay nada más que sea aceptable para Dios. Si le adoramos, tenemos que hacerlo tal como Él desea que le adoremos.

Aquí no hay tolerancia, no hay mentalidad abierta ni nada de eso, sino un hecho claro y contundente, de modo que quien adore a su manera sea rechazado por completo.

Para que nuestra adoración sea auténtica tiene que empezar por Dios, jamás por el hombre. Es que no fue el ser humano el que creó la adoración o la desarrolló. La adoración viene exclusivamente de Dios. Y lo que no venga de Dios no es ni genuino ni auténtico. La adoración comienza por Dios, penetra el corazón humano, y luego vuelve al Dios que lo empezó todo. La adoración sincera mantiene ese ciclo divino.

Cristo, cuya gloria llena los cielos,
Cristo, la única luz verdadera,
Sol de justicia, levántate,
Triunfo sobre las sombras de la noche;
Aurora de lo alto, acércate;
Estrella matutina, surge en mi corazón.
CHARLES WESLEY (1707-1788)

Oh Dios, Padre mío, tu presencia llena mi corazón con tal gloria que me abruma. Lléname de ti hasta que ya no quede nada de mí. En el nombre de Jesús, amén.

7 de febrero

Mi alma tiene sed de Dios, del Dios vivo;
¿Cuándo vendré, y me presentaré delante de Dios?
SALMOS 42:2

Hay algo que no aceptaré ni toleraré siquiera: que alguien que no conoce realmente a Dios me diga cómo adorarlo. Mi adoración a Dios empieza cuando me arrodillo con la Biblia abierta y mi corazón anhelando a Dios.

Me niego a seguir la naturaleza poeta que me instruye sobre cómo adorar a Dios porque sé que proviene del punto de vista humano. Estoy seguro de que puede ganarse mucho con la meditación, con la autoimagen y todo lo que esté relacionado con ello. Pero no tendré nada que ver con esas cosas.

Mi adoración comienza con Dios. Es el Dios de Abraham, Isaac y Jacob, no el Dios de los filósofos ni el de los científicos, ni el de los poetas ni el de los músicos.

No estoy en contra de los sentimientos, pero pueden ser muy peligrosos. Porque pueden equivocarse. En cambio, si pudiera llamarlo de alguna manera, sé que el producto final es un sentido abrumador de la presencia de Dios y podrás decir que es un sentimiento si quieres, pero el sentimiento se centra en la presencia de Dios. Con los sentimientos solamente jamás llegaré a la presencia de Dios y en eso es que erramos. Cualquiera puede manipular nuestros sentimientos y con ello controlar nuestra adoración. Yo quiero que solamente Dios pueda hacer eso en mi vida.

Como el ciervo clama por las corrientes de las aguas,
Después del calor de la persecución,
Así clama mi alma, oh Dios por ti
Y por tu refrescante gracia.
NAHUM TATE (1652-1715) Y NICHOLAS BRADY (1659-1726)

Amado Padre, le doy la espalda a todo; mi anhelo es por ti y la plenitud de tu presencia en mi vida hoy. Guíame, oh, guíame junto a las aguas frescas de tu gracia. En el nombre de Jesús, amén.

8 de febrero

Jesús le dijo: Yo soy el camino, y la verdad,
y la vida; nadie viene al Padre, sino por mí.
JUAN 14:6

Jesús dejó bien en claro que solo hay una forma de adorar a Dios. Para ello solamente puedo hacerlo a través del Señor Jesucristo.

Por eso necesito saber quién es ese Jesús, no quién dice la gente que es. Porque pueden estar equivocados o tener mala información. Oigo gente que habla de un Jesús que no reconozco. Estoy seguro de que su información no proviene del Nuevo Testamento.

No puedo entrar realmente en la presencia de Dios si no estoy con el Señor Jesucristo. Por eso necesito tener una relación con aquel que se llama Cristo. Preciso saber quién es, por lo que necesito una comunicación personal con Él. Hay mucha gente que intenta adorar a Dios sin Jesucristo.

No cederé en esto, ni un ápice. Solo hay una forma de acudir a la presencia de Dios y es a través de Jesucristo. Sí, podrás adorar sin Jesús, pero no estarás adorando al Dios de la Biblia.

Te adoramos, Señor Cristo,
Nuestro Salvador y Rey,
A ti en adoración te traemos
Nuestra fuerza y nuestra juventud.
Llena nuestros corazones para que el mundo vea
Tu vida en nosotros, y así acuda a ti. Amén.
E. MARGARET CLARKSON (1915-2008)

Oh, Cristo, te alabo elevando mi corazón.
Anhelo conocerte, no por boca de otros.
Fortalece mi corazón para que te conozca en toda tu plenitud. Amén.

9 de febrero

Hermanos, ciertamente el anhelo de mi corazón,
y mi oración a Dios por Israel, es para salvación.
Porque yo les doy testimonio de que tienen celo de Dios,
pero no conforme a ciencia.
ROMANOS 10:1-2

Con frecuencia oigo orar a algún predicador que, confieso, hace que mi corazón se encoja de pena. Temen insultar a alguna religión o herir los sentimientos de alguien cuando mencionan a Jesús en sus oraciones. Después de todo, no podemos ofender a un ateo que no cree en Dios, ¿verdad?

No creo tener pasta de político, porque hay que tratar de agradar a todos. No es lo mío. Estoy decidido a mantenerme firme en la verdad, no importa quién tenga objeciones o se ofenda por ello.

Muchos piensan que están adorando a Dios porque se sienten bien, porque los felicitan o les dicen que han hablado bien. Si yo hiciera algo así, sé que estaría violando mi comisión como hijo de Dios y predicador de la Palabra. Jamás podría pararme y dar todo un discurso que intente agradar a todos los presentes.

Dondequiera que estoy, y sea lo que sea que haga, espero y pido en oración a Dios que con audacia sostenga y hable del Jesús real del Nuevo Testamento. Se ofenda quien se ofenda.

¡Estad por Cristo firmes!
Soldados de la cruz;
Alzad hoy la bandera
En nombre de Jesús.
Es vuestra la victoria
Con Él por Capitán,
Por Él serán vencidas
Las huestes de Satán.
GEORGE DUFFIELD (1818-1888)

Oh, Padre de nuestro Señor y Salvador Jesucristo. No busco la aprobación del hombre, sino la obediencia a tu mandamiento. Busco cumplir el deber que me diste. Tu mandamiento es mi deleite. En el nombre de Jesús, amén.

10 de febrero

Fíate de Jehová de todo tu corazón, y no te apoyes en tu propia prudencia. Reconócelo en todos tus caminos, y él enderezará tus veredas.
PROVERBIOS 3:5-6

El que adora a Dios debe someterse a la verdad, porque de otro modo no podrá adorarle. Podrá escribir poemas, pensamientos elevados al ver el amanecer, Podrá hacer todo tipo de cosas, pero si no es por fe, no puede adorar a Dios.

Para adorar a Dios uno debe admitir quién es Dios, que Él es quien dice ser y que es lo que dice que es. Por tanto, uno debe reconocer que Cristo es quien Él dice que es y lo que dice que es.

Y para ir un paso más allá uno debe admitir la verdad acerca de uno mismo: que es tan grande pecador como Dios dice que somos.

Temo que en su mayoría la gente adora la adoración, sin darse cuenta.

Solo el de espíritu renovado puede adorar a Dios de manera aceptable. Eso significa que tiene infundido el espíritu de la verdad, lo cual es obra del Espíritu Santo en su vida.

No sé cómo te sientes al respecto, pero yo podría estar en comunión con Dios mientras camino en la calle, sin ninguna otra atracción. Mi adoración es comunión con el Cristo que está en mí, y también está sentado en el trono en lo alto.

Oh bendita comunión, divina relación,
Nuestro esfuerzo es débil, ellos en gloria resplandecen.
Pero todos somos uno en ti, porque tuyos somos todos,
¡Aleluya! ¡Aleluya!
WILLIAM W. HOW (1823-1897)

Amado Señor Jesús, tu comunión es más dulce cada día. Anhelo conocerte y estar en comunión contigo cada día. Elevo mi corazón, en alabanza y adoración. Amén.

11 de febrero

Bienaventurado aquel cuya transgresión ha sido perdonada,
y cubierto su pecado.
Bienaventurado el hombre a quien Jehová no culpa de iniquidad,
y en cuyo espíritu no hay engaño.
SALMOS 32:1-2

El pecado ha hecho que me sea imposible saber cómo he de adorar a Dios si la verdad no me ilumina y aclara mi entendimiento. Tengo en mi mano el Libro, el único libro que me ilumina. Aquí está la luz que alumbra a todo el que la lea.

Jesucristo es la luz que ilumina a cada uno que nace en este mundo; la luz del corazón humano y la luz de este Libro armonizan. Cuando los ojos del alma miran el Libro de Dios, y entran en la Palabra viva de Dios, entonces conocemos la verdad y podemos adorar a Dios en espíritu y en verdad.

En el Antiguo Testamento el sacerdote no podía ofrecer sacrificios si no estaba ungido con aceite, símbolo del Espíritu de Dios. Nadie puede adorar a partir de su propio corazón. Y, sin embargo, buscamos entre las flores, los nidos de las aves y las tumbas, buscamos por todas partes. No puedo adorar a Dios desde mi propio corazón.

Solo el Espíritu Santo sabe adorar a Dios de manera aceptable; Él refleja la gloria de Dios. El Espíritu viene a nosotros y vuelve a reflejar a Dios, pero si no nos llega al corazón, no podrá reflejar a Dios y, en consecuencia, no habrá adoración. ¡Qué grande, amplia, maravillosa y grandiosa es la obra de Cristo!

Allí está el Salvador,
Que muestra sus heridas y sus manos traspasadas;
¡Dios es amor! Lo sé, lo siento;
Jesús llora: Él me ama.
CHARLES WESLEY (1707-1788)

Precioso Señor Jesús, te he buscado en el mundo y, entre las cosas de este, en la naturaleza, pero te encontré en tu Palabra; por lo cual me regocijo. Amén.

12 de febrero

De modo que si alguno está en Cristo, nueva criatura es; las cosas viejas pasaron; he aquí todas son hechas nuevas.
2 Corintios 5:17

Estoy bastante cansado, francamente, de los que alzan la bandera del cristianismo como camino para dejar de fumar, beber o romper con los malos hábitos del mundo. ¿Es eso el cristianismo? ¿Una forma de dejar atrás un mal hábito? Por supuesto que la regeneración nos purifica y que el nacer de nuevo nos hace justos. Pero si el cristianismo solo fuera eso, ¿qué pasaría con la persona cuya vida no anda mal?

El propósito de Dios con la redención es restaurarnos para que volvamos al divino imperativo de la adoración. Fuimos creados para adorar pero el pecado destruyó esa capacidad. En la cruz, Jesucristo nos redimió y nos devolvió a la posición en la que podemos adorar y entrar en comunión con Dios Todopoderoso.

Mi vida limpia es solo un derivado de mi conversión. Tal vez mi vida me mostró que necesitaba un cambio drástico, pero no fue ese el propósito de mi conversión. La esencia de la conversión es llevarme a la relación correcta con Dios, a estar en comunión con Él.

Me regocijo, no por mi vida limpia, sino por la comunión que tengo con Cristo. Por eso el cristianismo vale la pena.

Una vez lejos de Dios y muerto en pecado
Mi corazón no podía ver la luz
Más en la Palabra de Dios la hallé
Ahora Cristo vive en mí.
Daniel W. Whittle (1840-1901)

Querido Padre celestial, te doy gracias por los maravillosos cambios en mi vida, que por tu redención han sido posibles. Pero mucho más que eso, te alabo por Cristo, que vive en mí cada día. En el precioso nombre de Jesús. Amén.

13 de febrero

Entonces Jehová Dios formó al hombre del polvo de la tierra, y sopló en su nariz aliento de vida, y fue el hombre un ser viviente.
GÉNESIS 2:7

Lo que me distingue de todas las otras cosas que Dios ha creado es mi comunión diaria, minuto a minuto, con Dios. Hay personas que comparan al hombre con los animales. Y por mucho que lo intenten, no logran explicar por qué el hombre es la única criatura que adora a Dios. Es la adoración lo que nos lleva a la comunión con Dios.

Los metodistas conquistaron el mundo con su gozosa religión porque, ante todo, eran adoradores. Cuando dejaron de serlo, su religión dejó de tener el efecto y el poder que tenía.

Si lo miramos desde ese ángulo, el cristianismo es impreciso, amplio y abarcador. Sin embargo, el cristianismo asume la naturaleza completa de Dios. Dios desea regenerarme para que pueda adorarle de manera aceptable a sus ojos.

Sí, la redención limpió mis pecados. Pero el propósito de esa purificación es llevarme a la comunión con Dios. No hay nada más importante que eso. Nada que pueda precederlo. La redención me ha devuelto al lugar del favor de Dios, y ese favor ha establecido una comunión íntima con Dios.

¡Oh! Poder inmensurable, inefable amor,
Mientras los ángeles se deleitan al cantarte con celestial fulgor,
Y la humilde creación, aunque con más débil cantar,
Con verdadera adoración su canto te ha de ensalzar.
ROBERT GRANT (1779-1838)

Dios eterno, vengo ante ti en el precioso nombre del Señor Jesucristo. Mi corazón está lleno de eterno anhelo por tu presencia. Hoy, otórgame el honor de tu presencia. Amén.

14 de febrero

No tuvieron sed cuando los llevó por los desiertos; les hizo brotar agua de la piedra; abrió la peña, y corrieron las aguas.

ISAÍAS 48:21

Dios te ha creado para que le adores y cuando el fundamentalismo perdió su poder para adorar, inventó la parafernalia religiosa para sentirse feliz. Por eso es que la detesto, predico contra esa parafernalia y todos estos años la he criticado tanto. Algunos van entendiendo mi posición, aunque antes temían decir algo o criticar tanta charlatanería. Hay ventrílocuos, con marionetas en la falda, que se suponen que adoran a Dios. Dicen que sirven al Señor pero su gozo está solo en la carne.

El manantial del Espíritu Santo es efervescente, no tienes que hacer nada para que se presente. Los que adoran a Dios han de hacerlo en espíritu y en verdad. Las aguas plateadas del Espíritu Santo que surgen del corazón redimido y purificado de quien adora a Dios, son dulces, bellas para Dios tanto como el más hermoso diamante que puedas encontrar.

Esta generación necesita redescubrir la adoración. Por mi parte, me comprometo a hacer todo lo que pueda por lograr que las personas, y los jóvenes en particular, se aparten de todo lo superfluo y ornado, y lleguen al lugar de adoración del Dios vivo, del modo en que Él desea y espera que le adoren.

Toda mi vida he suspirado por agua de algún fresco manantial
Que enfriara el ardor que siento por la sed que hay dentro de mí.
¡Aleluya!, le he encontrado.
¡Aquel por quien mi alma imploraba!
Jesús satisface mi anhelo; por su sangre ahora soy salva.

CLARA T. WILLIAMS (1858-1937)

Querido Señor Jesús, nunca dejes que te falle en la adoración. Que ella sea mi mayor prioridad y que pueda adorarte conforme a tu verdad. Amén.

15 de febrero

Y a todo lo creado que está en el cielo, y sobre la tierra, y debajo de la tierra,
y en el mar, y a todas las cosas que en ellos hay, oí decir:
Al que está sentado en el trono, y al Cordero, sea la alabanza,
la honra, la gloria y el poder, por los siglos de los siglos.
APOCALIPSIS 5:13

Tengo pasión por conocer a Dios. Lo que he descubierto es que Él nunca hace nada sin un propósito. El gran propósito central de Dios en toda su rica y dorada gloria, es hacer adoradores de quienes eran sus enemigos.

Hacer que quienes le daban la espalda ahora vuelvan sus rostros hacia Él. Persuadir a esos seres morales que habían olvidado cómo adorar, para que se vuelvan en sublime adoración, ante la presencia del Dios Trino.

El propósito principal de Cristo en la redención no fue salvarnos del infierno, sino salvarnos para que adoremos al Dios viviente. La adoración es la ocupación normal de los seres morales. Los seres morales adoran a Dios de manera tan natural y normal como lo hacen las aves que trinan.

Mira en la Biblia y verás que cada vez que se nos brinda un vistazo del cielo, la gente adora a Dios. El pecado destruyó esa pasión natural pero Jesucristo, por medio de su obra redentora en la cruz, nos restauró a esa maravillosa pasión que llamamos adoración. Toda la atmósfera del cielo cuando lleguemos allí, será de adoración, y solo el corazón redimido será capaz de unirse a ella.

«Digno es el Cordero», las multitudes celestiales cantan,
Delante del trono, sus alabanzas levantan;
«Digno es el Cordero» de abrir el libro;
Digno es el Cordero que fue crucificado.
JOHNSON OATMAN (1856-1922)

Oh, Dios del cielo, te adoro aquí en la tierra con una pasión inspirada
por tu santo libro. Anhelo ver tu rostro y espero paciente ante ti.
En el nombre de Jesús, amén.

16 de febrero

Diciendo: ¡Bendito el rey que viene en el nombre del Señor; paz en el cielo, y gloria en las alturas!
LUCAS 19:38

Si solo pudiéramos echar un vistazo al cielo y oír lo que sucede allí, veríamos y oiríamos al cielo todo y a sus habitantes adorando a Dios. Hay personas que esperan ir al cielo y vivir en una bella mansión. Sospecho que algunos se llevarán la gran desilusión, cuando vean que toda la atmósfera del cielo y el propósito absoluto del cielo es adorar y admirar al Señor Dios Todopoderoso.

En los evangelios vemos el momento en que Jesús se acerca a Jerusalén, y la multitud de discípulos se regocija y alaba a Dios en voz alta, por sus grandes obras, las que ellos habían visto.

Algunos de los fariseos que estaban en la multitud le dijeron a Jesús que reprendiera a sus discípulos, pero Jesús les dijo que si estos callaban las piedras clamarían a Dios.

Es un imperativo moral, hermano, hermana, que Dios tenga quien le adore, así tenga que levantar a las piedras para que hablen, clame y canten.

«Digno es el Cordero»,
Que hombres y ángeles canten,
«Digno es el Cordero»,
Óiganse aleluyas;
Que cuando esta vida pase,
Sobre aquella orilla dorada,
«Digno es el Cordero»,
Por siempre cantaremos.
JOHNSON OATMAN (1856-1922)

Nuestro Padre celestial, mi corazón se regocija al ver que todo el cielo se une a nosotros para cantar tus alabanzas. ¡Alabado sea el Señor! Amén.

17 de febrero

Y al día siguiente madrugaron, y ofrecieron holocaustos,
y presentaron ofrendas de paz; y se sentó el pueblo a comer y a beber,
y se levantó a regocijarse.
ÉXODO 32:6

La adoración pertenece al cielo y a todas las criaturas que son seres morales. No es de las abejas, de las aves que vuelan ni de los gusanos que se arrastran, sino de todos los seres con percepción moral e inteligencia. Nuestras lenguas han de ocuparse en adorar a Dios, de modo que si no lo hacemos, le ofendemos.

La adoración es la joya faltante en la iglesia evangélica de hoy. Es que se ha vestido de todo tipo de cosas para entretener, para ser amena. Por eso afirmo que el entretenimiento es la maldición de la iglesia. Es lo que usa el diablo para reemplazar a la adoración. Oh, si los cristianos entendieran que no podemos entrar en la presencia de Dios pensando en entretenernos. Todo eso debe dejarse de lado, de manera muy deliberada y disciplinada. O es entretenimiento, o es adoración. Así como no puedes mezclar el aceite con el agua, tampoco puedes mezclar el óleo del Espíritu Santo con la religión aguada que hoy entendemos por cristianismo.

Más allá de lo que cueste, todo lo que compite con el espíritu de adoración y lo contradice, tiene que ser eliminado de la iglesia. ¿Dónde están los que tienen la audacia suficiente como para resistir la marea y volver a alzar el estandarte del Señor?

Levantaos, bendecid al Señor
Pueblo escogido por Dios,
Levantaos, bendecid al Señor, su Dios
Con el alma, el corazón y la voz.
JAMES MONTGOMERY (1771-1854)

Padre celestial, con tantas cosas que pueden distraernos de ti,
me entrego al poder del Espíritu Santo para que me guíe a tu presencia.
Que mi corazón repose hoy en ti. En el nombre de Jesús, amén.

18 de febrero

Tributad a Jehová, oh familias de los pueblos, dad a Jehová gloria y poder. Dad a Jehová la honra debida a su nombre; traed ofrenda, y venid delante de él; postraos delante de Jehová en la hermosura de la santidad.

1 CRÓNICAS 16:28-29

Al recorrer el país veo un tremendo auge en la construcción de iglesias. No me malentiendas. Me alegro por la construcción de cada templo.

Son edificios nuevos con la más avanzada tecnología, con lo mejor que el dinero pueda comprar. No se escatiman gastos en esos templos. Y no solo tecnología, sino arquitectura y decoraciones que te quitan el aliento. Soy de los primeros en apreciar la belleza de lo que sea. He visitado algunas de las catedrales más hermosas de este país y su belleza me ha dejado anonadado.

Pero hay un pensamiento que oprime mi corazón: ¿A qué costo se levantan y engalanan con tanta belleza esos edificios?

Lo tenemos todo. Pero la iglesia ha perdido una gema muy brillante.

Creo que es una gema que la iglesia evangélica de hoy perdió: la adoración es la joya que falta; la joya maravillosa con su misterioso brillo ya no está. Nos reunimos, siguiendo los rituales y las formas de adorar a Dios, pero me temo que hemos olvidado adorar a Dios.

Canta al Señor de la cosecha, cánticos de amor y alabanza,
Con corazón gozoso, canta tu voz Aleluyas
Él hace que las estaciones del año pasen una tras otra
Canta al Señor de la cosecha, un cántico de amor.

JOHN S. B. MONSELL (1811-1875)

Oh, Dios y Padre de nuestro Señor y Salvador Jesucristo, perdóname por distraerme tanto con lo que me rodea, que olvido mirar hacia arriba para ver tu rostro. El esplendor de tu rostro es todo lo que necesito en realidad. Amén.

19 de febrero

Y voló hacia mí uno de los serafines, teniendo en su mano un carbón encendido, tomado del altar con unas tenazas; y tocando con él sobre mi boca, dijo: He aquí que esto tocó tus labios, y es quitada tu culpa, y limpio tu pecado.

ISAÍAS 6:6-7

Muchas veces hablamos del fuego cuando intentamos entender a Dios y su naturaleza. El fuego, en lo físico, no es Dios y Dios nos ha advertido acerca de rendir adoración al fuego. No adoramos al fuego, pero reconocemos que Dios habita en el fuego, y en el Antiguo Testamento hay abundancia de simbolismo con la figura del fuego. En el Nuevo Testamento ese simbolismo comienza el día de Pentecostés, cuando el Espíritu Santo descendió sobre ellos como lenguas de fuego. Y luego en Apocalipsis tenemos los candelabros y el fuego.

El Espíritu Santo, como fuego, arde en lo profundo de nuestra naturaleza purificándonos de todo lo que contradiga la santidad de Dios. El fuego del Espíritu Santo nos permite ser testigos en nuestra generación, como desea que lo seamos. Es un fuego que quema solo lo que sea contrario a la santa naturaleza de Dios.

El fuego no lastimó a los tres hijos hebreos en el horno encendido, e incluso aunque estaban en medio de las llamas al salir de allí ni siquiera olían a humo. ¡Necesitamos tanto ese fuego hoy! Necesitamos cristianos tan encendidos con el fuego del Espíritu Santo como para caer postrados de rodillas, clamando: «¡Santo, santo, santo!»

Su gran poder Dios envió a este pobre pecador corazón,
Para guardarme en todo tiempo, y su gracia impartir;
Su Espíritu descendió y el mando asumió
Y en mi alma su llama de amor ardiendo está.

DELIA T. WHITE (S. D.)

Te pido, oh Santo Espíritu, que desciendas sobre mi estéril corazón y que lo enciendas con la pasión por Dios. En el nombre de Jesús, amén.

20 de febrero

No tendrás temor de pavor repentino,
Ni de la ruina de los impíos cuando viniere, porque Jehová será tu confianza,
Y él preservará tu pie de quedar preso.
PROVERBIOS 3:25-26

Un factor clave en nuestra adoración particular es la confianza y la seguridad sin límites en el carácter de Dios. Creo que es el fundamento de gran parte de nuestra adoración. Tenemos que respetar el carácter de Dios, y el ser de Dios, y nuestra adoración podrá elevarse o decaer dependiendo de qué idea tenga la iglesia de Dios.

Porque parece que nuestra idea acerca de Dios cambia de una generación a la siguiente. Dios no cambia, pero nuestra idea de Dios y nuestra confianza en Dios sí, de modo que el Dios que hoy adoramos es menos que el Dios que adoraban nuestros padres.

El concepto evangélico de Dios hoy ha caído muy bajo. El Dios de la iglesia evangélica es tan pequeño que podemos meternoslo en el bolsillo, o ponerlo sobre el tablero del auto para que nos cuide de algún accidente. Así que nuestro Dios no es mucho más grande que san Cristóbal. El Dios del cristianismo popular no se puede adorar, porque no se le puede respetar. No se lo puede respetar porque es muy pequeñito.

Me niego a adorar a otro Dios que no sea el Dios de la Biblia.

Precioso secreto he hallado,
Precioso Jesús, eres mío
Prueba en mí tu infinita plenitud
Vive en mí tu vida divina.
A. B. SIMPSON (1843-1919)

Tú, oh Dios, eres más grande de lo que mi mente puede llegar a entender.
La belleza de tu maravillosa plenitud llena mi corazón con una gratitud inexpresable.
En el nombre de Jesús, amén.

21 de febrero

Grande es Jehová, y digno de suprema alabanza; y su grandeza es inescrutable. Generación a generación celebrará tus obras, y anunciará tus poderosos hechos.
SALMOS 145:3-4

El Dios soberano de nuestros padres y de quien cantamos no puede compararse con aquel al que hoy llamamos Dios. Hemos perdido el sentido de lo que es Dios en realidad, reemplazando al Dios de nuestros padres con uno artificial que tan solo calma nuestra conciencia de manera temporal.

Este nuevo Dios es el Dios de la conveniencia y el entretenimiento. Lo único que le interesa a este Dios es hacernos felices y que nos sintamos bien con nosotros mismos. Lo que yo quiero sentir, sin embargo, es lo que Dios siente respecto de mí.

Lo que quiero es volver a que creamos en que nuestro Dios es más grande de lo que pudiéramos necesitar jamás. Si no puedo respetar a alguien, no puedo adorarle. El Dios de la Biblia es ese Dios al que puedo respetar. Con mi Biblia abierta y postrado en el suelo ante Él, empiezo a percibir que ese Dios es lo suficientemente grande; lo que resuelve las cosas.

La fe de nuestros padres aún vive
A pesar de cárcel, fuego y espada;
Cómo laten nuestros corazones con tanto gozo
Doquiera oímos esa gloriosa Palabra.
FREDERICK W. FABER (1814-1863)

Querido Dios de Abraham, Isaac y Jacob, no el Dios del científico,
ni del filósofo ni incluso el del sicólogo.
Tú eres el Dios al que hoy adoro en la belleza de tu santidad. Amén.

22 de febrero

Hubiera yo desmayado, si no creyese que veré la bondad de Jehová.
En la tierra de los vivientes. Aguarda a Jehová; esfuérzate,
y aliéntese tu corazón; sí, espera a Jehová.
SALMOS 27:13-14

Dios nos creó con la capacidad de admirar y luego se entregó a sí mismo para vivir como objeto de nuestra infinita adoración.

Si llevaras a un canario a un santuario y tocaras el piano, no creo que cantaría al son de la música. Por cierto, no podría entender la belleza de la música, como tampoco tienen las criaturas de su especie la capacidad para apreciar o admirar como podemos hacerlo nosotros.

Nuestra capacidad para admirar a Dios es lo que nos distingue de todas las demás creaciones de Dios. Es una capacidad que puede crecer en conocimiento, en profundidad y llenar el corazón con deleite y maravilla, tan solo para admirar a Dios.

Oí la oración de un hombre que decía: «Oh, Dios, sálvanos de la gente y de las celebridades». Solemos admirar a la gente, a las celebridades. Nuestra capacidad de admiración debiera estar reservada para admirar únicamente a Dios. Él es el objeto de nuestra admiración; por eso, cuando le admiramos, estamos haciendo aquello para lo que nos creó.

Dios es mi fuerte salvación
¿A quién temeré?
En la oscuridad y la tentación,
Mi luz, mi ayuda tendré.
JAMES MONTGOMERY (1771-1854)

Oh, Dios, hemos oído la voz del humano y estamos cansados.
Háblanos, Señor, porque quiero admirarte.
En el nombre de Jesús, amén.

23 de febrero

Te alabaré; porque formidables, maravillosas son tus obras;
estoy maravillado, y mi alma lo sabe muy bien.
SALMOS 139:14

Hay pasajes en las obras de Milton y de Shakespeare que son tan grandiosos que no caben en la categoría promedio. Por su grandiosidad, son maravillosos. Cuando los admiramos, casi nos duele, y sentimos que el deleite no nos cabe en el pecho. ¿Por qué? Porque no somos lo suficientemente grandes por dentro.

Dios desea hacernos más grandes. Él va a hacer que todos le clamemos para que agrande nuestros corazones, de modo que podamos darle su lugar, en toda su plenitud.

Quiere hacernos lo suficientemente grandes como para que le admiremos, con deleite, maravillados. Al deleite y la maravilla le sigue la pura fascinación. Así es estar llenos del entusiasmo que solamente Dios puede producir.

Muchas veces me pregunto por qué tantos de los que cantan himnos no se sienten afectados por lo que entonan. O cuando oyen las Escrituras, tampoco les afectan. Si oran, murmuran casi produciendo un sordo zumbido. Nada pareciera afectarles. Nada pareciera entusiasmarles. Es como si dentro no se les moviera nada que produzca entusiasmo y maravilla.

La maldición del pecado es estar muertos por dentro. Pero el que vive por dentro, siente que los himnos, las Escrituras y la oración les elevan al deleite y la admiración por Dios.

Así será en el final, en la brillante mañana
En que el alma despierte y las sombras de la vida huyan ya,
En esa hora, más bella que un amanecer,
En gloria, contigo sé que estaré.
HARRIET BEECHER STOWE (1811-1896)

Oh, Dios de gloria, mi corazón te canta alegre. Mi corazón se eleva al deleite de alabarte y adorarte, cuando medito en ti. Amén.

24 de febrero

Aleluya. Alabad a Jehová, porque él es bueno; porque para siempre es su misericordia. ¿Quién expresará las poderosas obras de Jehová? ¿Quién contará sus alabanzas?

SALMOS 106:1-2

Creo firmemente que hay entusiasmo en el amor y la admiración que cautiva y encanta al cristiano que ha visto a Dios en santa adoración, que ha sido impactado por la maravilla de la inconcebible elevación, magnitud y esplendor de ese ser al que llamamos Dios.

Eso es algo que se ha ausentado en esta generación; lo cual es una tragedia. Por cierto, sí hay lugares, aquí o allá, donde hombres y mujeres encuentran ese tipo de adoración. Pero no es común. Lo común, es la drástica falta de entusiasmo por Dios. Sentimos entusiasmo por todo, menos por Dios.

Oro sinceramente porque Dios nos envíe eso en esta generación. Oro porque Dios nos envíe a alguien que provenga de ese fuego, que pueda andar en medio de piedras de fuego. Que vuelva al mundo desde ese fuego, no para ser un gran promotor, predicador o fundador, sino alguien cuya presencia sea como la de un ángel.

¡Que nos entusiasmemos con Dios!
Hablemos de Jesús,
Él es el Rey de reyes,
Señor de señores, supremo
Por toda la eternidad.
El gran Yo soy, el Camino,
La Verdad, la Vida, la Puerta.
Hablemos de Jesús, más y más.

HEBERT BUFFUM (1879-1939)

Querido Señor Jesús, nunca me canso de reconocer tu grandeza en mi vida. Hoy te mostraré en lo alto para que todos puedan ver que eres grande. Amén.

25 de febrero

Cuando le vi, caí como muerto a sus pies.
Y él puso su diestra sobre mí, diciéndome: No temas; yo soy el primero y el último;
y el que vivo, y estuve muerto; mas he aquí que vivo por los siglos de los siglos, amén.
Y tengo las llaves de la muerte y del Hades.
APOCALIPSIS 1:17-18

Cuando miraban a Esteban mientras lo apedreaban, vieron que su rostro era como el de un ángel, resplandeciente. Él dijo: Veo a Jesús en lo alto, lo veo de pie. Y el rostro de Esteban resplandecía. Ese rostro resplandeciente de Esteban ha hecho más por iluminar a la iglesia del Dios vivo que diez mil teólogos y fríos maestros de la ley.

Sí, Esteban fue el primer cristiano que soportó de lleno el terrible ataque de odio de Satanás. Gracias a Dios, fue a ese fuego en victoria.

Necesitamos hombres valientes, terribles. Necesitamos hombres y mujeres que hayan luchado soportando el desprecio; que hasta les llamaran fanáticos, que fueran objetos de burla o a quienes los demás les llamaran cualquier cosa menos cristianos. Hombres y mujeres dispuestos a avanzar, a soportar y seguir más allá de la carne, del mundo y del diablo, de los cristianos fríos, de los diáconos, de los ancianos. Personas que avancen fascinados por lo que ven en Cristo.

Los que en verdad han visto a Cristo en su gloria, no tienen ojos para nada más.

¡Jesús es mío! Vivo en él. No temo ya condenación.
Él es mi todo, vida, luz, justicia, paz y redención.
Me guarda el trono eternal, por él, corona celestial.
CHARLES WESLEY (1707-1788)

Vengo a ti, oh Dios, con alabanza en mi corazón y asombro ante tu esplendor.
Tu presencia enciende mi corazón en este día. Gracias, Jesús. Amén.

26 de febrero

¿Quién subirá al monte de Jehová? ¿Y quién estará en su lugar santo?
El limpio de manos y puro de corazón; el que no ha elevado su alma a cosas vanas,
ni jurado con engaño.
SALMOS 24:3-4

Elías bajó de la montaña, se ciñó con un cinto de cuero para ir ante el rey, y dijo: «Soy Elías. Estoy en la presencia de Dios».

Por eso es que Elías pudo hacer que ardiera fuego cuando la ocasión lo requirió. Ezequiel, aun antes de que Dios le permitiera predicar, tuvo que pasar por su experiencia con el fuego. Isaías, antes de que pudiera escribir su gran libro, tuvo que ver a Dios en lo alto, con su comitiva llenando el templo, con la voz vibrante de los serafines que clamaban: Santo, santo, santo es el Señor Dios Todopoderoso.

¡Oh! ¡Si Dios levantara personas así! Yo seguiría al ungido en la frente, al hombre con la llama de fuego, no importa cómo se llame su denominación.

La fascinación, el resplandor inconcebible, la increíble elevación, la magnitud del esplendor de Dios cuando brilla en el corazón humano, cambia las cosas y ya no somos lo que éramos antes.

Refresca a tu pueblo en su arduo caminar;
Guíanos desde la noche al interminable día;
Llena nuestras vidas con el amor y la gracia divina;
Glorificado, alabado y ensalzado seas por siempre.
DANIEL C. ROBERTS (1841-1907)

Querido Dios y Padre de nuestro Señor Jesucristo, las bendiciones de tu trono han llenado mi corazón con alabanza incontrolable.
¡Gloria, gloria, gloria a Dios en las alturas! Amén.

27 de febrero

Porque no entró Cristo en el santuario hecho de mano, figura del verdadero, sino en el cielo mismo para presentarse ahora por nosotros ante Dios;
HEBREOS 9:24

La adoración es el estado en que adoramos; lo cual significa amar con todas nuestras fuerzas. Significa vivir en temor, asombro y anhelo. Nuestro problema es que tenemos corazones grandes como el mundo, pero los objetos de nuestro amor son como arvejas alineadas en la vaina. Eso es lo que pasa con los que están en el mundo. Dios les da la capacidad de amar, pero no logran encontrar nada que sea digno de su amor.

En Hollywood el corazón salta como un ave, de rama en rama. Aquí, allá, enamorándose y desenamorándose, casándose 3, 4, 8 o 10 veces, porque intenta hallar algo que amar, y no encuentra nada que sea digno de su amor.

Dios nos hizo muy grandes por dentro. Dios puso la eternidad en nuestros corazones y hasta el hombre caído en pecado busca algo que sea digno de su amor.

Por eso me apena ver a las personas hechas a imagen de Dios que se desvían y viven haciendo cosas tontas, literalmente malgastando sus vidas en cosas que no son dignas.

Jesús, sé tú nuestra única alegría,
Nuestro premio y heredad.
Jesús, sé tú nuestra gloria,
Hoy y por toda la eternidad.
ATRIBUIDO A BERNARDO DE CLAIRVAUX.
TRADUCIDO POR DWARD CASWALL (1814-1878)

Mi Dios y Padre, mi corazón te anhela y nada más que tú podrá llenarlo. Conocí el vacío y luego te hallé. Mi corazón alaba la majestad y maravilla de tu presencia en mi vida. Amén.

28 de febrero

Yo soy el buen pastor; y conozco mis ovejas, y las mías me conocen,
así como el Padre me conoce, y yo conozco al Padre;
y pongo mi vida por las ovejas.
JUAN 10:14-15

Cuando Jesús caminaba entre las personas, las afectaba en dos aspectos: con un anhelo magnético y con un temor que causaba rechazo. El mismo corazón que anhelaba a Dios con temor y pasión, podría sentir rechazo ante la grandeza, la elevación y la magnitud del ser a quien llamamos Dios.

Fíjate en tu Biblia y mira cuántas veces las personas dicen «mío». Hay quienes nos dicen que en la religión no deben usarse los pronombres personales. Que los usemos en cuanto a nosotros mismos, a nuestras acciones, a los lugares en que hemos estado, a las personas a quienes conocemos y a las cosas que poseemos, pero que no debemos usarlos respecto a nuestra relación con Dios.

El gran teólogo Martín Lutero dijo que la esencia de la religión yace en su pronombre personal. Cuando el corazón humano clama junto al salmista, al profeta, al apóstol, al místico, lo que clama es: «Dios es mío». Y cuando el corazón humano adora a Dios y dice «mío», Dios responde diciendo: «Sí, lo soy. Soy tuyo».

No hay nada tan personal en mi relación con Dios que no me permita adorarle de la forma en que a Él le agrada. Cada lugar, cada tarea, cada momento, se santifica con su presencia.

El Rey de amor es mi Pastor,
Y su bondad no falla;
Lo tengo todo, suyo soy,
Y mío es Él por siempre.
HENRY W. BAKER (1821-1877)

Oh, Dios, tú eres mío y apenas puedo entender de qué manera.
Te busco hoy, y pido reposar en tu presencia, sabiendo que puedo acudir a ti.
En el nombre de Jesús, amén.

29 de febrero

Estad quietos, y conoced que yo soy Dios;
Seré exaltado entre las naciones; enaltecido seré en la tierra.
SALMOS 46:10

Al hablar de carga, Jesús se refería a la carga del corazón silencioso, a la carga del ruiseñor sin voz. Era la carga del corazón capaz de sentir un amor tremendamente infinito, que no podía hallar al objeto de ese amor. Era la carga del hombre cuya lengua fue creada para alabar a Dios pero que había permanecido en silencio dentro de su boca durante todos esos años.

Creo en las escuelas y las apoyo. Pero creo que se aprende más en media hora de adoración silente en presencia de Dios con tu Biblia, que lo que podrías aprender en todas las escuelas a las que pudieras asistir. Cuando pasas tiempo adorando a Dios, atrapado entre el temor y la fascinación, entre el gozo y la angustia del arrepentimiento, aprendes más sobre la vida que lo que pudieras descubrir en cualquier otro momento.

Conocer a Dios no es cuestión de estudio, sino de iluminación. La escalera a la iluminación es la fascinación absoluta al estar en presencia de Dios. Aparta cualquier otra actividad y entra en silenciosa maravilla y admiración, en la presencia de Dios. Entonces Dios abrirá su corazón y se iluminará ante ti.

Alma mía guarda silencio; el Señor está a tu lado;
Soporta con paciencia la cruz penosa o el dolor;
Deja que Dios ordene o provea
En cada cambio Él permanecerá fiel
KATHARINA A. D. VON SCHLEGEL (1697-1768)
TRADUCIDO POR JANE L. BORTHWICK (1813-1897)

Querido Señor Jesús, ante ti espero en la quietud del anhelo.
Enséñame aquello que me acerque a ti. Reposo con gozo y firmeza en tu corazón.
Amén.

1 de marzo

Jehová estableció en los cielos su trono, y su reino domina sobre todos.
Bendecid a Jehová, vosotros sus ángeles, poderosos en fortaleza,
que ejecutáis su palabra, obedeciendo a la voz de su precepto.
SALMOS 103:19-20

Hay quienes argumentan y se entregan a la ciencia; otros se entregan a la tecnología, a la filosofía, a las artes o a la música. Cuando adoramos al Señor Jesucristo, estamos abrazando y abarcando todas las potenciales ciencias, filosofías y artes.

Él es el Señor de toda la vida, de modo que es el Señor de toda posibilidad esencial de vida. Es el Señor de todo tipo de vida. El Señor de la vida intelectual, la imaginación y la razón. Es Señor de todas estas cosas.

Tenemos vida espiritual y Él es el Señor de esa clase de vida. Es el Señor de los ángeles, el Señor de los querubines y de los serafines.

Toda sabiduría profunda y eterna está en Jesucristo, como tesoro oculto, y no hay ninguna clase de sabiduría fuera de Él. Todos los propósitos profundos y eternos de Dios están en Él porque su perfecta sabiduría le permite planificar, y toda la historia no es más que el lento desarrollo de sus propósitos.

Él da y Él quita
Dios nunca olvida a sus hijos
Su único y amoroso propósito es
Preservarlos puros y santos
CAROLINA V. SANDELL BERG (1832-1903)

Querido Padre celestial, mi vida reposa a salvo en tu mano. Tu provisión va mucho más allá de mi capacidad de comprensión. Te doy gracias por lo que haces en mi vida. En el nombre de Jesús. Amén.

2 de marzo

Pues a Moisés dice: Tendré misericordia del que yo tenga misericordia,
y me compadeceré del que yo me compadezca.
Así que no depende del que quiere, ni del que corre,
sino de Dios que tiene misericordia.
ROMANOS 9:15-16

No hay libro que puedas leer sobre la ética cristiana o cualquier otra ética –que significa lo mismo que rectitud y justicia– que Dios ya no conozca o de la que no sea ya el Señor.

En el Antiguo Testamento, cuando el sumo sacerdote entraba en el lugar santísimo para ofrecer sacrificios una vez al año, llevaba una mitra en la frente, que tenía grabadas en hebreo las palabras «Santo es el Señor». Este Jesucristo nuestro Señor es Señor de santidad y rectitud, en todos sus niveles.

Es el Señor de toda misericordia porque establece su reino sobre los rebeldes, a los que primero ha de redimir y ganar, y renovar dentro de ellos un espíritu recto. Renueva a estos rebeldes y los hace justos, y les da el espíritu recto porque Él es el Señor de toda misericordia, Señor de todo poder, Señor de toda deidad.

Solo este tipo de Señor puede hacer esta clase de cosas. Nada se interpone en el cumplimiento de sus propósitos. El diablo, en toda su infernal gloria, no puede siquiera disminuir el propósito de Dios en la menor medida.

Junto a la cruz, un alma temblorosa,
El amor y la misericordia me encontraron;
Allí, la estrella resplandeciente de la mañana
Iluminó con su luz a mí alrededor.
FANNY J. CROSBY (1820-1915)

Querido Señor Jesús, cuando me encontraste, yo era rebelde y andaba por el camino equivocado. Alabado sea tu nombre. No solo me hallaste, sino que transformaste mi vida y ahora enfrento la luz del cielo. Amén.

3 de marzo

¿Quién ha creído a nuestro anuncio? ¿Y sobre quién se ha manifestado el brazo de Jehová? Subirá cual renuevo delante de él, y como raíz de tierra seca; no hay parecer en él, ni hermosura; le veremos, mas sin atractivo para que le deseemos.

ISAÍAS 53:1-2

Dios ha puesto algo en el pecho humano que es capaz de entender y apreciar la belleza. Dios puso en nosotros el amor por las formas armoniosas, el cariño y el aprecio por el color y los sonidos bellos. También puso en nosotros el amor a las formas morales del canto y el color. Todas las cosas que son hermosas al ojo y al oído no son más que contrapartes externas de esa belleza interior que es la belleza moral.

Se decía de Jesucristo nuestro Señor que no había belleza en Él como para que le deseáramos, y que era nada más que un hombre como cualquier otro. Los artistas han pintado a Jesús como un hombre bien parecido, con rostro tierno, femenino, con bellísimos ojos claros, un rostro hermoso en un marco de cabello ondeado que le llega hasta sus hombros.

Cuando los líderes religiosos buscaban crucificarle tuvieron que hacer arreglos con Judas Iscariote para que lo traicionara. Si hubiera sido tan buen mozo como lo han pintado, ¿por qué habría hecho falta que le traicionara Judas destacándolo con un beso?

La belleza de Jesús que ha encantado a los siglos, es su belleza moral.
¡Jesús, tan despreciado, te alabo! ¡Rey Galileo, te adoro!
Sufriste por liberarnos, y darnos salvación,
Salvador universal, cargaste con nuestro pecado y nuestra vergüenza,
Por tu mérito hallamos favor; por tu nombre recibimos la vida

JOHN BAKEWELL (1721-1819)

Bendito Señor Jesús, tu belleza escapa a la comprensión de la mente humana. En lo profundo de mi redimido corazón he descubierto los méritos de tu belleza, y me ha abrumado al punto de despertar en mí la adoración. Amén.

4 de marzo

Todo lo hizo hermoso en su tiempo; y ha puesto eternidad en el corazón de ellos, sin que alcance el hombre a entender la obra que ha hecho Dios desde el principio hasta el fin.

ECLESIASTÉS 3:11

El pecado ha dejado cicatrices en este mundo, dejándolo sin armonía, sin simetría, feo. Cuando los rudos dicen que algo es feo como el infierno su comparación es acertada y válida, porque el infierno es el parámetro de toda fealdad. Si te gustan las cosas bellas mejor será que te mantengas fuera del infierno porque será el más acabado ejemplo de todo lo moralmente feo. Creo que será el lugar más grotesco del mundo.

El cielo es un lugar de números armoniosos. El cielo es el lugar del amor, de la belleza, porque allí está aquel que es el más bello de todos. El Señor de toda belleza y la tierra está entre lo feo del infierno y lo bello del cielo.

Supongo que así será mientras vivamos en este mundo.

Algunos se preguntarán por qué será así. ¿Por qué, fealdad y belleza? ¿Por qué hay tantas cosas buenas y tantas, malas? ¿Por qué hay que vivir con lo trágico y duro junto a lo placentero?

Porque la tierra está a mitad de camino entre el cielo y el infierno. La tierra está a mitad de camino entre la belleza del cielo y la fealdad del infierno.

Por la hermosa extensión, por el cielo y su esplendor,
Y por toda la creación que nos habla de tu amor.
Elevamos, oh Señor, nuestros himnos de loor. Amén

FOLLIOT S. PIERPOINT (1835-1917)

Querido Dios y Padre de nuestro Señor Jesucristo, tu belleza es la de la gozosa armonía. No hay nada que se compare con la belleza que he descubierto en ti. Amén.

5 de marzo

Pero el que tiene bienes de este mundo y ve a su hermano tener necesidad, y cierra contra él su corazón, ¿cómo mora el amor de Dios en él? Hijitos míos, no amemos de palabra ni de lengua, sino de hecho y en verdad.

1 JUAN 3:17-18

Un hombre me preguntó una vez si yo pensaba que un cristiano podía lastimar a otro cristiano. No tuve que pensarlo mucho y dije que sí, que es posible. ¿Hay alguien en la iglesia que no haya sido herido por otro cristiano, tal vez un cristiano dedicado?

¿Por qué será que alguien que ora de rodillas y con sinceridad en un momento, al día siguiente ofende o lastima a otro cristiano? ¿Cuál es la razón de tal incongruencia? ¿No debieran los cristianos ser inmunes a este tipo de actividad?

La triste respuesta es que estamos a mitad de camino entre el cielo y el infierno.

Prefiero pensar que no son cosas que se hacen con intención, y que los cristianos nos cuidamos los unos a los otros. Sin embargo, la tiranía del mundo nos afecta, en aspectos como este.

Necesito examinar mi corazón para asegurarme de que mi armonía interior con el Señor Jesucristo se refleja por medio de mi armonía exterior respecto de mis hermanos y hermanas en el Señor. No es algo que suceda automáticamente, sino que resulta de mi disciplina diaria y de mi cotidiana adoración a Dios. Lo que hay dentro al fin saldrá al exterior. Es este el desafío de mi andar diario con mis hermanos y hermanas en el Señor.

El tentador aplasta al corazón humano,
Oculta los sentimientos que la gracia puede restaurar;
Al corazón amoroso, lo despierta la bondad,
Acordes que se rompieron vibrarán una vez más.

FANNY J. CROSBY (1820-1915)

Mi Padre celestial, tu mano ha despertado en mí sentimientos de bondad por los demás. Oh, Espíritu Santo, guíame para que el amor y la misericordia sean la marca de mi relación con los que me rodean. Amén.

6 de marzo

Así dice Jehová Dios, Creador de los cielos, y el que los despliega;
el que extiende la tierra y sus productos; el que da aliento al pueblo
que mora sobre ella, y espíritu a los que por ella andan:
Yo Jehová te he llamado en justicia, y te sostendré por la mano;
te guardaré y te pondré por pacto al pueblo,
por luz de las naciones...
ISAÍAS 42:5-6

Si estudiamos el pasado y encontramos los factores de causa y efecto, descubriremos al que los creó, que es Dios.

Detrás de todo lo previo, de toda la vida, toda la ley, todo el tiempo, está Dios. Dios le da significado a la vida humana. Descartar a Dios equivale a llevar al hombre a un estado de completa confusión, a una crisis de identidad. Allí parece estar hoy la mayor parte de la humanidad. Han perdido su propósito en la vida y buscan con frenesí alguna razón para existir.

Si tomas el concepto de Dios, la idea de Dios, y la sacas de la mente humana, no hay razón para ser o vivir. Ha habido quienes exploraron distintos caminos para justificar la existencia, como por ejemplo, el entretenimiento. El entretenimiento es lo que el diablo usa para reemplazar a la adoración.

El Creador nos hizo para un propósito suyo. Si no descubrimos eso, jamás entenderemos nuestro propósito en este mundo. La enorme mayoría de los seres humanos de hoy no entiende cuál es su propósito en este mundo.

Alma, bendice al Señor, de tu vida la fuente,
Que te creó, y en salud te sostiene clemente.
Tu defensor en todo trance y dolor,
Su diestra es omnipotente.
JOACHIM NEANDER (1650-1680)

Bendito sea el Dios y padre de nuestro Señor Jesucristo, que ha dado a mi vida propósito, por sus designios desde el principio de los tiempos. Te honro hoy con mi ser, cumpliendo tu gran propósito en mí. Amén.

7 de marzo

El que tiene oído, oiga lo que el Espíritu dice a las iglesias. Al que venciere, daré a comer del maná escondido, y le daré una piedrecita blanca, y en la piedrecita escrito un nombre nuevo, el cual ninguno conoce sino aquel que lo recibe.

APOCALIPSIS 2:17

Con frecuencia recuerdo lo que dijo Sam Jones, el famoso predicador de una generación anterior: «Cuando el predicador promedio toma un texto me recuerda al insecto que intenta cargar un fardo de algodón». Es algo que durante muchos años como predicador me ha servido de amonestación y guía. Hay algunos que se toman la predicación como algo muy informal, entretenido. Yo no lo entiendo así.

Soy consciente de esta verdad, especialmente cuando se trata de hablar de Dios. Quiero decir, con toda sencillez, que sin un corazón puro y una mente entregada, no hay nadie que pueda predicar sobre Dios de manera digna. Muchas veces esta verdad ha hecho que cayera de rodillas. No soy más digno que otros para predicar sobre Dios.

Hay otra cara de esta verdad, que dice que sin un corazón puro y la mente dispuesta, nadie puede oír hablar de Dios de manera digna. Es un camino en dos sentidos. Nadie puede oír estas cosas a menos que Dios le toque e ilumine.

Mi mayor desafío tiene dos vertientes. Cuando me acerco al púlpito debo hacerlo de modo adecuado para hablar sobre Dios, preparando a la congregación para que puedan oír la verdad sobre Dios, también de manera adecuada.

Oh Dios, revélame tu voluntad; la senda hazme ver con claridad
Por dónde debo andar, qué pasos he de dar,
Para poder gozar tu voluntad.

BENJAMIN M. RAMSEY (1849-1923)

Oh, Espíritu Santo, mi corazón anhela predicar tu Palabra, pero mi mente sucumbe ante mi propia indignidad. Guíame y dame poder para predicar de modo que glorifique a nuestro Padre que está en el cielo. En el precioso nombre de Jesús. Amén.

8 de marzo

Y tú, Salomón, hijo mío, reconoce al Dios de tu padre, y sírvele con corazón perfecto y con ánimo voluntario; porque Jehová escudriña los corazones de todos, y entiende todo intento de los pensamientos. Si tú le buscares, lo hallarás; mas si lo dejares, él te desechará para siempre.

1 CRÓNICAS 28:9

Tengo una sola esperanza en la vida: que Dios me use. Así como el pobre burrito reprendió al profeta por su locura, y el canto del gallo hizo que el apóstol se arrepintiera, oro porque Dios quiera usar a este indigno instrumento que soy yo.

Cuanto más pensamos en nuestra importancia, nuestras capacidades y nuestros talentos, menos puede usarnos Dios.

Hoy hay educación, tecnología, talentos, aunado a la idea de que todas esas cosas son para que Dios las utilice. Me alegro de que no sea así. Porque si lo fuera, alguien como yo no sería de utilidad alguna en manos del Maestro. ¡Gracias a Dios que no es así! Me encanta poder ponerme en la misma fila del burrito y el gallo que Dios usó. Lo bello del burro y el gallo es que no tenían idea de que Dios les estaba usando.

En mi opinión, uno de los grandes deleites del cielo será enterarnos por primera vez cómo nos usó Dios exactamente, y por cierto que nos usó.

¡Úsame hoy, oh divino Salvador!
Limpia y renueva a tu siervo.
Señor, lléname con tu Espíritu, te pido,
Y luego, úsame hoy a tu servicio.

GERTRUDE R. DUGAN (1918-2009)

Te pido, oh Dios, que me humilles y me traigas de vuelta a la tierra para que entienda que soy solo un instrumento en tus manos. Úsame según tu voluntad. En el nombre de Jesús, te lo pido, amén.

9 de marzo

Dicen, pues, a Dios: Apártate de nosotros,
porque no queremos el conocimiento de tus caminos.
JOB 21:14

Es absolutamente necesario que conozcamos a ese Dios del que escribió el apóstol Juan, del que hablan los poetas, a quien la teología intenta explicar. Él es a quien llamamos Padre nuestro que estás en los cielos. En la iglesia de hoy hace falta restaurar el correcto concepto de Dios.

El ser humano cayó cuando perdió su correcto concepto de Dios. Satanás fue quien lo logró. Mientras el hombre confiaba en Dios todo estuvo bien. Los seres humanos eran sanos y santos, o al menos inocentes, puros y buenos; y todo estaba bien. Luego vino el diablo y metió un signo de interrogación en la mente de Eva.

«Sí, Dios dijo...», y eso equivalió a actuar a espaldas de Dios para establecer dudas respecto a la bondad y al carácter de Dios. Ahí comenzó la degeneración progresiva. Hay quienes hablan de la evolución, de que el hombre va ascendiendo. Sin embargo, la historia nos muestra que el hombre va cuesta abajo. La degeneración es el flagelo de la humanidad en nuestros días.

Cuando la mente del hombre comenzó a descartar el conocimiento de Dios nos metimos en el lío moral y espiritual en que nos encontramos hoy.

Salvador, mi bien eterno, más que vida para mí,
En mi fatigosa senda, tenme siempre junto a ti.
Junto a ti, junto a ti, junto a ti,
En mi fatigosa senda, tenme siempre junto a ti.
FANNY J. CROSBY (1820-1915)

Te conozco, oh, Dios, y anhelo conocerte más.
Mi propósito hoy es conocer lo santo.
Te pido que no permitas que me aparte de esta búsqueda. Amén.

10 de marzo

Y ciertamente, aun estimo todas las cosas como pérdida por la excelencia del conocimiento de Cristo Jesús, mi Señor, por amor del cual lo he perdido todo, y lo tengo por basura, para ganar a Cristo...

FILIPENSES 3:8

Cuando el ser humano pierde su confianza en el carácter de Dios, comienza a rodar cuesta abajo aceleradamente. Cuando eso sucede, uno no entiende nada sobre Dios y la única forma de volver, es que se restaure la confianza en Él.

La única forma en que podemos restaurar nuestra confianza en Dios es restaurando nuestro conocimiento de Él. No es una exageración. Necesitamos conocer a Dios, a ese Dios que se ha revelado a sí mismo en la Palabra de Dios.

Si no conocemos a Dios, ni qué tipo de Dios es, no tendremos confianza en nada de lo que diga. Y si no podemos confiar en lo que Dios dice, ya no tiene influencia en nuestras vidas, ni en el correr de nuestros años.

Leer sobre George Müller y su fe es algo que inspira. Pero para tener la fe de George Müller uno tiene que convertirse en George Müller. Para tener la fe de Dios tenemos que permitirle que entre en nuestras vidas y obre a través de nosotros. Conocer a Dios tal como Él desea y merece, es confiar en Él con una confianza que se expresa en una vida de fe.

Cristo el Señor es para mí, consuelo, dicha y paz,
En Él tan solo encuentro yo descanso, amor, solaz.
Si en mis tristezas voy a Él, hallo un amigo siempre fiel
Hallo un amigo siempre fiel en Jesús

WILL L. THOMPSON (1847-1909)

Mi precioso Señor y Salvador Jesucristo, he hallado en ti un amigo mejor que cualquier otro. Cuanto más te conozco, más te anhelo. Cuando más quiero de ti, tanto más canta alabanzas mi corazón. Amén.

11 de marzo

Porque no me avergüenzo del evangelio, porque es poder de Dios para salvación a todo aquel que cree; al judío primeramente, y también al griego. Porque en el evangelio la justicia de Dios se revela por fe y para fe, como está escrito: Mas el justo por la fe vivirá.

ROMANOS 1:16-17

Si no estamos conscientes de qué clase de Dios es nuestro Dios, o de cómo es Él, simplemente no podemos tener fe; por lo tanto, tenemos un problema y esperamos que llegue la fe a nosotros. Pero la fe no llega porque no conocemos el carácter de Dios.

La fe, la confianza y la esperanza son algo automático. Si hemos puesto nuestra fe, esperanza y confianza en el carácter de Dios, todo llegará con naturalidad. Fluirá como corre el arroyo por la ladera de la montaña. Cuando sabemos cómo es Dios ese conocimiento se expresa en fe, confianza y esperanza.

Lo mejor que podría hacer es sencillamente informarte sobre el carácter de Dios y decirte cómo es Él. Si te digo cómo es Dios y estás escuchando con humildad, encontrarás que de ese conocimiento surge la fe.

La ignorancia y la incredulidad arrastran a la fe por el suelo y podemos ver los resultados de ello alrededor de nosotros, incluso en la iglesia. Al restaurar el conocimiento de Dios, contrarrestamos aquello y la fe surge allí donde ha de estar.

Oh, que no decaiga la fe,
Aunque el enemigo ataque,
Fe que no tiemble al enfrentar
Los dolores de la tierra.

WILLIAM H. BATHURST (1796-1877)

Querido Dios, confío en ti porque te conozco y, cuando más te conozco, más confío en ti. Llena mi corazón y mi vida con la gloria de tu presencia, amén.

12 de marzo

Has aumentado, oh Jehová Dios mío, tus maravillas; y tus pensamientos para con nosotros, no es posible contarlos ante ti.
Si yo anunciare y hablare de ellos, no pueden ser enumerados.
SALMOS 40:5

Nunca hubo otro momento en la historia del mundo en que nos hiciera falta un mayor conocimiento de Dios. Si el cristiano normal de la iglesia promedio en Estados Unidos pudiera realmente entender a Dios como es en verdad, habría una revolución en el cristianismo de esta nación.

Lo que se necesita es un reavivamiento, que no es más que lograr un entendimiento de Dios, sus propósitos y sus deseos, como no lo hay en estos días.

Hoy las iglesias necesitan hablar más del centro, núcleo y origen de toda doctrina, teología y verdad. Es esta la gran necesidad del momento. Podemos hablar de todo tipo de temas teológicos adecuados y superficiales, sí. Es lo que hemos estado haciendo al menos en una generación.

El núcleo de nuestra vida es Dios. Ahora, ¿qué significa eso para el cristiano promedio? ¿Qué diferencia hay en una vida que se enfoca absolutamente en Dios?

Si la gente pudiera ver a los cristianos viviendo y actuando como fieles cuyo foco central es Dios, entonces Dios podría moverse de manera inaudita en nuestro país. No es la nueva tecnología, ni los nuevos métodos, ni un nuevo mensaje lo que hace falta, sino cristianos tan centrados en Dios como para que sus vidas fluyan en fe.

¡Reaviva tu obra, oh Señor!
Y manifiesta tu poder;
Oh, ven a tu iglesia y
Que descienda sobre nosotros tu penitencia.
OSWALD J. SMITH (1889-1986)

Oh, Espíritu Santo de Pentecostés, te necesito en este momento. Ven a mi vida y reavívame de modo que quienes me rodean vean la diferencia y sepan que es por ti. Amén.

13 de marzo

Y esta es la vida eterna: que te conozcan a ti, el único Dios verdadero,
y a Jesucristo, a quien has enviado.
JUAN 17:3

Cuando empecé en el ministerio tenía que gritar con un megáfono para que me oyeran. Ahora tenemos esas cosas pequeñitas que parecen lapiceras; puedes usarlas para hablar y te oirán en el mundo entero. No hay límites a lo que podemos hacer en el área de la evangelización del mundo.

No logro seguirle el paso a la velocidad con que se multiplican las estaciones de radio y los canales de televisión cristianos. La programación cristiana ha explotado en este país. Jamás ha habido otro momento en la historia en que se predicara tanto el evangelio.

Pero a pesar de todas esas cosas buenas, la mayoría de la gente solo sigue rituales; falta la realidad del cristianismo. Eso no tiene que ver con nuestras buenas obras ni con las actividades en las que participemos. Es, más bien, el conocimiento personal de Dios. Cuando empezamos a conocer a Dios algo explota en nuestras vidas y el mundo empieza a notarlo.

Tal vez tú seas el único tratado que llegue a leer el mundo. ¿Está tu vida tan en línea con Dios como para que la gente te mire y pueda conocer a Dios?

No yo, sino Cristo, honrado, amado, exaltado;
No yo, sino Cristo, ha de verse, conocerse, oírse;
No yo, sino Cristo, en cada mirada y acción;
No yo, sino Cristo, en cada pensamiento y palabra.
ADA A. WHIDDINGTON (1855-1933)

Querido Padre celestial, aunque la tecnología llegó para que evangelicemos al mundo, no vale de nada si tú no invades nuestros corazones y vives para que en nosotros puedan ver a Cristo. En el nombre de Jesús, amén.

14 de marzo

Te alabaré con todo mi corazón; delante de los dioses te cantaré salmos.
Me postraré hacia tu santo templo, y alabaré tu nombre por tu misericordia
y tu fidelidad; porque has engrandecido tu nombre, y tu palabra sobre todas las cosas.
SALMOS 138:1-2

A pesar de los grandes y maravillosos avances que hemos visto recientemente en la iglesia cristiana, las pérdidas han sido dramáticas aunque muchos no las noten.

Creo que puedo resumir la pérdida en la iglesia evangélica diciendo esto: hemos perdido nuestro elevado concepto de Dios. El cristianismo se remonta como águila que vuela sobre la cima de las montañas por sobre todas las religiones del mundo, ante todo debido a su elevado concepto de Dios, que recibimos en divina revelación con la venida del Hijo de Dios que se hizo carne, humano y vivió entre nosotros.

En el cristianismo las grandes iglesias que han vivido a lo largo de los siglos lo hicieron viviendo el carácter de Dios. Predicando a Dios, orando a Dios, declarando a Dios, honrando a Dios, elevando a Dios y dando testimonio de Dios ante el mundo.

En estos últimos tiempos la iglesia ha perdido algo. Hemos sufrido la pérdida de ese elevado concepto de Dios. El concepto de Dios que sostiene hoy la iglesia evangélica promedio es tan bajo que resulta indigno de Él y representa una vergüenza para la iglesia.

Cambiemos ese concepto, restaurándolo a su elevada exaltación, y la iglesia podrá volar sobre las montañas una vez más.

Te adoramos, Señor Cristo, nuestro Rey y Salvador,
Entregándote nuestra juventud y nuestra fuerza con amor,
Llena nuestros corazones para que los hombres puedan ver,
Tu vida en nosotros y quieran conocerte.
E. MARGARET CLARKSON (1915-2008)

Mi vida, oh Padre, está en tus manos y te pido que me impactes de manera tal que otros puedan conocerte a través de mí. Que mi vida sea testimonio de tu gracia, te pido en el nombre que está por encima de todo otro nombre, Jesús. Amén.

15 de marzo

Inclinó los cielos, y descendió; y había densas tinieblas debajo de sus pies. Cabalgó sobre un querubín, y voló; voló sobre las alas del viento.
SALMOS 18:9-10

Debo confesar que a veces quisiera estar muy lejos de muchas de las cosas que suelen pasar por cristianas. Cuando algunos hablan de la oración como si se tratara de un ejercicio con Él, casi pensarías que Dios es entrenador físico, jugador de fútbol o algo parecido, y que se trata de ganar un juego. Que Dios hace sonar el silbato y el juego termina.

¡Eso es abominación! Cuando los romanos sacrificaron a la cerda sobre el altar de Jerusalén, no hicieron algo más terrible que lo que hacemos nosotros al arrastrar a nuestro santo Dios al barro para convertirlo en un San Nicolás barato, de modo que podamos usarlo como más nos guste.

Dios es, en el mejor de los casos, la mayor celebridad. Si Dios bajara hoy a la tierra, la gente querría verlo en televisión enseguida. Si Dios bajara a la tierra habría algún programa que se llamara: «Esta es tu vida», en el que le preguntarían cómo hizo para ser lo que es. Dios es tan solo un famoso importante. Mientras tanto, el cristianismo ha perdido su dignidad.

Como hemos perdido nuestra dignidad y nuestro concepto de Majestad, la religión contemporánea jamás conocerá al santo Dios dignificado que cabalga sobre las alas del viento y hace de las nubes su carro.

En bellas mansiones celestes sin par,
Tus glorias eternas habré de cantar.
Tu gracia bendita será mi canción,
Borrando mis culpas me diste perdón.
WILLIAM R. FEATHERSTONE (1846-1873?)

Mi Jesús, te amo por lo que eres.
Tu belleza está por encima de la religión corriente de nuestros días y hoy, más que nunca, necesito poder verte, oh, Señor. Amén.

16 de marzo

Justicia y juicio son el cimiento de tu trono; misericordia y verdad van delante de tu rostro. Bienaventurado el pueblo que sabe aclamarte; andará, oh Jehová, a la luz de tu rostro. En tu nombre se alegrará todo el día, y en tu justicia será enaltecido.

SALMOS 89:14-16

El cristianismo, si pudiéramos definirlo, es una religión interior mientras que todas las demás son exteriores. Jesús dijo que hemos de adorar en espíritu y en verdad; por lo que me pregunto si en esta generación hemos perdido ese concepto de interioridad de nuestro cristianismo.

¿Será que perdimos el significado de la presencia de Dios?

No hay nada más importante para el cristiano que vivir en la presencia de Dios. Vivir en la consciente presencia de Dios es la ocupación que deleita a cada cristiano. Muchos han perdido esto y necesitan recuperar esa magnífica presencia.

Los cristianos van a la iglesia el domingo y sienten la presencia de Dios pero lo triste es que cuando se van, allí la dejan. No debemos abandonar ese sentir a Dios. Eso significa perder el temor reverencial, el santo temor de Dios, la maravilla de lo que es Dios. Perdimos la sensación de deleite en Dios y en su presencia.

¿Qué sería de nuestros días sin vivir en la consciente presencia de Dios Todopoderoso? No querría vivir ningún día en que Él no estuviese presente en mi vida. Estoy dispuesto a hacer lo que haga falta para mantenerme en esa presencia.

¡Bendito Jesús! En trono de gloria por siempre,
Todas las huestes celestiales te adoran, sentado junto a tu Padre.
Adoración, honor, poder y bendición, digno eres de recibir.
Te alabamos sin cesar, cantando a viva voz.

JOHN BAKEWELL (172-1819)

Padre nuestro que estás en el cielo, tu presencia en la tierra da a mi corazón el gozo más maravilloso. Que mi día sea lleno de tu presencia.
En el bendito nombre de Jesús, amén.

17 de marzo

Hasta que sobre nosotros sea derramado el Espíritu de lo alto, y el desierto se convierta en campo fértil, y el campo fértil sea estimado por bosque. Y habitará el juicio en el desierto, y en el campo fértil morará la justicia. Y el efecto de la justicia será paz; y la labor de la justicia, reposo y seguridad para siempre. Y mi pueblo habitará en morada de paz, en habitaciones seguras, y en recreos de reposo.

ISAÍAS 32:15-18

No hace mucho alguien me habló de las muchas ganancias de la iglesia cristiana. Repasó la lista completa, lo que en ese momento me pareció impresionante. Desde entonces, he estado pensando en ello y me parece que la mayor parte de lo que ganó la iglesia cristiana ha sido externo, en tanto que las pérdidas fueron internas. Se ha perdido la dignidad, la adoración, la majestad, el temor reverencial junto con la vida interior del cristianismo y la presencia de Dios. Al pensar y meditar en eso me pregunto si las pérdidas han valido la pena en comparación con lo que se ganó.

Necesitamos con desesperación una Reforma que vuelva a llevar a la iglesia a lo que los de generaciones pasadas llamaban reavivamiento. A lo largo de los años se ha acumulado tanto sinsentido externo que muchos no llegan a notar las pérdidas internas.

Mi oración es que podamos volver a centrar nuestro interés en los aspectos internos del cristianismo, con menor entusiasmo en cuanto a los externos. Que podamos deleitarnos de nuevo en la consciente presencia de Dios. Creo que si esta generación de cristianos llega a experimentar la maravilla de la presencia de Dios en sus vidas, nunca más les impresionará ni importará lo que sea externo.

Tengo una paz en mi corazón, que el mundo no puede dar,
Una paz que el mundo no puede quitar,
En las pruebas de la vida, me rodea como nube,
¡Tengo una paz que nada me podrá quitar!

ANNE SEBRING MURPHY (1878-1942)

Dios y Padre de nuestro Señor Jesucristo, te alabo por la paz que Jesucristo ha traído a mi corazón. No hay nada afuera que pueda compararse con tu presencia dentro de mí. Amén.

18 de marzo

Y como Moisés levantó la serpiente en el desierto, así es necesario que el Hijo del Hombre sea levantado, para que todo aquel que en él cree, no se pierda, mas tenga vida eterna. Porque de tal manera amó Dios al mundo, que ha dado a su Hijo unigénito, para que todo aquel que en él cree, no se pierda, mas tenga vida eterna.

JUAN 3:14-16

Disfruto mucho al leer en el Antiguo Testamento que cuando Moisés bajó del monte su rostro resplandecía con la gloria de Dios. ¡Oh, cómo anhelo esa gloria!

A lo largo de los años, después de Pentecostés, los solemnes y serios maestros de la teología, hombres de sustancia, han sido ejemplo de la predicación de esos días. No es de extrañar que Dios se moviera en su esplendoroso reavivamiento entre el pueblo de Dios.

Por alguna razón la predicación cambió. Algunos dicen que tiene que adaptarse a la época. Pero no estoy tan seguro de que sea esa la razón. Hoy la predicación no siempre es elevada; es más, suele ser corriente, frívola, burda, sin sentido, con el fin de entretener. En las iglesias evangélicas muchos piensan que si uno no entretiene a la gente, no volverán. Quienes saben que no es así, han perdido la seriedad en la predicación y se han vuelto tontos.

Hemos perdido lo elevado para caer en lo burdo, lo tosco. Perdimos la sustancia para tratar de entretener a la gente. Se ha perdido en nuestra predicación la bendición de exaltar a Jesús. Ponemos en alta estima muchas cosas, menos a Jesús.

De la cruz en lo alto donde el Salvador murió,
Melodiosos cánticos llegan a nuestros oídos,
La obra del amor redentor se cumplió,
¡Ven, pecador! ¡Bienvenido!

THOMAS HAWEIS (1734-1820)

Oh, Señor Jesús, restaura en mí la bendición de tu exaltación.
Que en mi vida todo esté rendido al esplendor de tu exaltación.
Amén.

19 de marzo

Porque así dijo el Alto y Sublime, el que habita la eternidad, y cuyo nombre es el Santo: Yo habito en la altura y la santidad, y con el quebrantado y humilde de espíritu, para hacer vivir el espíritu de los humildes, y para vivificar el corazón de los quebrantados.

ISAÍAS 57:15

Hace poco visité una librería de libros usados y revisaba algunos de los más populares en nuestros días. Debo confesar que jamás he comprado un libro solo porque sea popular. Es que a veces lo más popular es lo más burdo, al menos en mi experiencia.

Al mirar esos libros noté que incluso en eso hemos perdido sustancia, porque solo nos interesa entretenernos. Veamos con qué se nutrían los padres del protestantismo. Muchos de ellos eran personas sin gran instrucción, pero leían libros devotos, elevados, santos, escritos por hombres apasionados por la presencia de Dios.

Leían *Vida y muerte santa*, de Taylor; *El progreso del peregrino*, de Bunyan y también *Guerra Santa*, o *El paraíso perdido*, de Milton.

Me sonrojo al pensar en el autor religioso que hoy les damos a leer a nuestros pobres niños.

Oro a diario porque vuelva a la iglesia el espíritu de seriedad, para que cree en nosotros un apetito insaciable no solo de las cosas profundas de Dios, sino de Dios mismo. Cuando alimentas tu alma con pensamientos elevados sobre Dios, ya no tienes apetito para la aguada religión de nuestros días.

Por qué desperdiciar en lo vano
La vida que Dios ha salvado,
Pensando en tantas cosas
Y lo importante, olvidado.

PHILIP DODDRIDGE (1702-1752)

El mundo, oh Dios, a veces resulta un remolino nervioso, y es fácil dejarse llevar por un mundo que se opone a Dios. Te pido que hoy hagas que mi espíritu repose en ti. En el nombre de Jesús, amén.

20 de marzo

Las palabras de los sabios son como aguijones; y como clavos hincados son las de los maestros de las congregaciones, dadas por un Pastor. Ahora, hijo mío, a más de esto, sé amonestado. No hay fin de hacer muchos libros; y el mucho estudio es fatiga de la carne.

ECLESIASTÉS 12:11-12

Me gustaría ser Papa durante 24 horas, lo suficiente como para emitir una bula papal que dijera: «*Por la presente prohíbo toda basura religiosa publicada en el último año y decreto que ha de ser destruida*».

Apenas nos libráramos de toda esa basura, distribuiría algunos de los grandes clásicos cristianos y diría: «Ahora, sí. Este es un buen comienzo».

No estoy seguro de que eso sea lo que esperan los jóvenes en la actualidad. Eso se debe a que siguen aquello que se les enseñó. Por alguna razón, la generación que les precede piensa que los jóvenes necesitan que la religión sea más boba. Lo cual no creo que sea así. Pienso que los jóvenes de hoy tienen hambre por lo real; de modo que cuando les damos lo artificial, no les hacemos ningún favor. Como ancianos de la iglesia, nuestra responsabilidad es darles a esos jóvenes las cosas buenas del Señor para que puedan sentir hambre por aquello que les fortalezca en Él.

Cada tanto me deleito al oír que algún joven rompe filas y descubre por sí mismo alguna de las grandes delicias de los clásicos cristianos.

¿Cuánto, amado Salvador, cuánto,
Se demorará el brillante día?
Vuelen, ruedas del tiempo,
Y traigan el día prometido.

ISAAC WATTS (1674-1748)

Te doy gracias, oh Padre, por las delicias espirituales que hacen que sienta hambre de ti. Hoy hay muchas cosas que no son dignas de ti. Haz que alimente mi corazón con las delicias de tu gracia. Amén.

21 de marzo

Hablando entre vosotros con salmos, con himnos y cánticos espirituales, cantando y alabando al Señor en vuestros corazones; dando siempre gracias por todo al Dios y Padre, en el nombre de nuestro Señor Jesucristo.
EFESIOS 5:19-20

En mi oficina tengo un viejo y gastado himnario metodista que tiene ya más de un siglo. Allí he encontrado 49 himnos sobre los atributos de Dios. Debo confesar que todos los días me arrodillo en mi oficina con ese himnario, o con otro parecido, y canto (muy desafinado) un gran himno que honra y glorifica a Dios. Me parece que me habría llevado bien con esos metodistas del pasado.

¿Sabías que la mayoría de los que cantaban esos himnos metodistas eran personas sin estudios? Eran granjeros, pastores de ovejas, criadores de vacas, mineros, herreros, carpinteros, cosechadores de algodón, gente común de todo el país, que cantaban esos himnos sublimes.

En mi viejo himnario metodista hay 1.100 himnos. Cuando medito en ellos me asombra la profundidad de la teología que los constituye. Cuando los metodistas del pasado se congregaban el domingo por la mañana, cantaban teología.

Me atrevería a adivinar que casi todos sabían bien qué era lo que cantaban y que les servía como poderosa medicina doctrinal para el alma. Por eso me pregunto si hoy, algunos de los cristianos, conocen la teología de lo que cantan en sus congregaciones cada domingo.

Cantaré la bella historia, que Jesús murió por mí,
Como allá en el Calvario dio su sangre carmesí.
Cantaré la bella historia de Jesús mi Salvador
Y con santos en la gloria a Jesús daré loor.
FRANCIS H. ROWLEY (1854-1952)

Oh Padre que estás en el cielo, me deleita cantarte alabanzas.
Aunque mi voz desafine, mi corazón está en completa armonía con tu presencia.
Gloria, gloria, gloria a Jesús mi Señor. Amén.

22 de marzo

Señor, tú nos has sido refugio
De generación en generación.
Antes que naciesen los montes
Y formases la tierra y el mundo,
Desde el siglo y hasta el siglo, tú eres Dios.
SALMOS 90:1-2

El trágico y apabullante deterioro espiritual de las iglesias se produjo como resultado de que olvidamos qué clase de Dios es el nuestro. Y eso se refleja en nuestros cánticos.

Los padres de la iglesia cantaban: «¡Dios, nuestro auxilio en los pasados siglos! ¡Nuestra esperanza en los años venideros!» Este es un magnífico himno antiguo que nos habla de Dios. Si vamos a adorar a Dios, tenemos que ser dignos de adorarle y ofrecerle una adoración que sea digna de Él.

Hace poco oí un cántico, en contraste con ese himno, compuesto con el tono de la conocida canción «Otra noche en la ciudad» o algo así, cuya letra decía: «Uno, dos, tres, el diablo viene detrás de mí. Cuatro, cinco, seis, me persigue. Siete, ocho, nueve, pero no me atrapa. Aleluya, amén».

Comparar este canto con «Dios, nuestro auxilio en los pasados siglos» equivale a malinterpretar completamente al Dios que adoramos. Dame una Biblia y un himnario, y adoremos a Dios como se merece que le adoremos. Quiero un himno que refleje al Dios de las Escrituras, un Dios digno de adoración. A menos que conozcamos la naturaleza de Dios no podremos adorarle de la forma en que a Él le agrada.

¡Dios, nuestro auxilio en los pasados siglos!
¡Nuestra esperanza en los años venideros!
Nuestro refugio en hórrida tormenta,
Y protector eterno.
ISAAC WATTS (1674-1748)

Mi precioso Señor y Salvador Jesucristo, perdónanos por la ligereza de lo que hoy llamamos adoración. Dale convicción a mi corazón para que reconozca la liviandad y la apartes de mí, para que pueda adorarte como a ti te agrada. Amén.

23 de marzo

En el año que murió el rey Uzías vi yo al Señor sentado sobre un trono alto y sublime, y sus faldas llenaban el templo. Por encima de él había serafines; cada uno tenía seis alas; con dos cubrían sus rostros, con dos cubrían sus pies, y con dos volaban.

ISAÍAS 6:1-2

En mi vida espiritual hay algo que guardo con celo: no debo perder la visión de la Majestad en lo alto. Tengo que entender al Dios al que adoro y, al hacerlo, mi corazón recupera esa sensación del temor reverencial.

En Ezequiel leemos ese pasaje temible en el que la resplandeciente presencia de Dios, la *shekiná*, se eleva de entre las alas de los querubines y se acerca al altar. La gloria *shekiná* seguía a Israel en todos esos años y resplandecía donde acampaban, recordándoles la presencia de Jehová.

Sin embargo, llegó el momento en que Dios ya no pudo tolerar los pecados del pueblo y en Su Majestad, la gloria *shekiná* abandonó el campamento.

Me pregunto cuántas iglesias evangélicas, que se han vuelto burdas, ordinarias, mundanas, han apenado tanto al Espíritu Santo como para hacer que se retire a las sombras del silencio.

No quiero estar nunca en mi vida en un lugar en donde la gloria shekiná se haya retirado a las sombras del silencio. Quiero conocer a Dios en la plenitud de Su Majestad. No quiero que haya nada en mi vida que sea obstáculo para esa Majestad.

Escuchen el estruendoso y celeste himno
Que elevan coros de ángeles en lo alto;
Querubines y serafines,
En coro de alabanzas incesante,
Colman los cielos en tierno acuerdo:
«Santo, santo, santo eres Señor».

IGNAZ FRANZ (1719-1790)

Oh, Señor, que al acercarme a tu Majestad lo haga con reverencia. Quiero enfocarme en la gloriosa, esplendorosa belleza de tu presencia y olvidar lo demás. Amén.

24 de marzo

Ciertamente el bien y la misericordia me seguirán todos los días de mi vida,
y en la casa de Jehová moraré por largos días.
SALMOS 23:6

La misericordia es uno de los atributos de Dios. No es algo que Dios tiene, sino algo que Dios es. Si la misericordia fuese algo que Dios tuviese, sería concebible que causara confusión en nosotros, puesto que podría acabarse si la utilizara toda. Pero como es lo que Dios es, tenemos que recordar que es algo no creado. No vino a existencia, sino que fue siempre porque la misericordia es lo que Dios es y Dios es eterno e infinito.

Aunque tanto el Antiguo Testamento como el Nuevo declaran la misericordia de Dios, el Antiguo dice más de cuatro veces más lo que habla de ella el Nuevo. Hay quienes piensan que el Antiguo Testamento es solo ley y juicio y que el Nuevo es todo gracia.

Sin embargo, en esa conjetura no cuentan con el hecho de que Dios no cambia. Lo que era en el Antiguo Testamento lo es en el Nuevo Testamento, como también hoy. Él es el mismo Dios y, dado que es el mismo Dios y no cambia, tiene que ser el mismo en el Antiguo como también en el Nuevo; y tiene que ser el mismo en el Nuevo como lo es en el Antiguo. Por tanto, reposar en la misericordia de Dios es reposar en Dios mismo.

Ciertamente el bien y la misericordia
me seguirán todos los días de mi vida,
Ciertamente el bien y la misericordia
me seguirán todos los días de mi vida,
Y en la casa de Jehová moraré por largos días.
Y comeré en el banquete dispuesto en la mesa delante de mí,
Ciertamente el bien y la misericordia
me seguirán todos los días de mi vida.
JOHN W. PETERSON (1921-2006) Y ALFRED B. SMITH (1916-2001)

Oh Padre celestial, así como eras, serás y eres hoy.
Te bendigo porque eres inmutable y tus misericordias son las mismas
de generación en generación. Hoy nutro mi alma con tu gloriosa misericordia.
Amén.

25 de marzo

Me mostrarás la senda de la vida;
En tu presencia hay plenitud de gozo;
Delicias a tu diestra para siempre.
SALMOS 16:11

La bondad es el origen de la misericordia de Dios y aquí debo disculparme por la necesidad de utilizar el lenguaje humano para hablar de Dios. El lenguaje se ocupa de cosas que son finitas, pero Dios es infinito. Cuando tratamos de describir a Dios o hablar de Él siempre rompemos nuestras propias reglas y caemos en trampas que queremos evitar.

La infinita bondad de Dios es algo que hallamos a lo largo de toda la Biblia como enseñanza. Dios desea la felicidad de sus criaturas y tiene la irresistible urgencia de bendecir a su pueblo. Esa bondad de Dios se agrada en lo que le gusta a su pueblo. Por desdicha, nos han inculcado demasiado el mensaje de que si somos felices asustamos a Dios, por lo que jamás se agradará con nosotros.

Busca en las Escrituras y hallarás que Dios se complace en lo que agrada a su pueblo, si su pueblo se agrada en Él.

Escuchad, que mil arpas y mil voces
Alcen himnos de loor;
Cristo reina, el cielo goza,
Cristo reina Dios de amor.
Ved, su trono ocupa ya, Cristo al mundo regirá.
¡Rey de gloria! Reine siempre su divina potestad.
Nadie arranque de su mano los que son su propiedad.
Dicha tiene todo aquel que confía siempre en Él.
THOMAS KELLY (1769-1855)

Oh, Dios de bondad y misericordia, hoy mi corazón resuena con tu alabanza.
Tu gozo es mi gozo y mi gozo es tu gozo, y el cielo todo se regocija con nosotros.
En el nombre de Jesús, amén.

26 de marzo

Hijo mío, no menosprecies la disciplina del Señor, ni desmayes cuando eres reprendido por él; porque el Señor al que ama, disciplina, y azota a todo el que recibe por hijo. Si soportáis la disciplina, Dios os trata como a hijos; porque ¿qué hijo es aquel a quien el padre no disciplina? Pero si se os deja sin disciplina, de la cual todos han sido participantes, entonces sois bastardos, y no hijos.

HEBREOS 12:5-8

En oposición a algunas enseñanzas que oímos por allí, Dios nunca desprecia ni se alegra porque alguien sufra. Sí, Dios a veces debe disciplinar, pero no se agrada en sí mismo por hacerlo; puesto que ha dicho que no se agrada por la muerte de los impíos.

Uno de los atributos maravillosos de Dios es su bondad amorosa. Si reflexionamos en ello vemos que Dios nos ha tratado con la misma bondad con que trató a la casa de Israel. Lo hizo según sus misericordias y conforme a la multitud de su amorosa bondad.

Dios se deleita en bendecir a su pueblo, pero hay momentos en que debe disciplinarnos. Toda la historia de la nación de Israel es un comentario sobre este tema, precisamente. Cuando Dios puede bendecir, lo hace ricamente y en abundancia y, cuando disciplina, lo hace también del mismo modo. Con el castigo su propósito consiste en que su pueblo vuelva a ese lugar en el que Él puede bendecirlos. El castigo no es un fin en sí mismo sino el camino de regreso a la bendición y al deleite en el Señor.

La disciplina del Señor fluye de su gran amor por su pueblo. Dios está muy atento para que no lleguemos a un punto en el que podamos causar vergüenza, tanto a nosotros mismos como a Él.

Aunque ande en valle de sombra de muerte,
No temeré mal alguno, porque tú estarás conmigo;
Tu vara y tu cayado me infundirán aliento.

SALTERIO ESCOCÉS

Eterno Dios y Padre, aunque me resulta difícil tu disciplina, sé que del otro lado está la bendición. Guíame por el camino de la bendición en este día. Te lo pido en el nombre de Jesús, amén.

27 de marzo

Como el padre se compadece de los hijos,
Se compadece Jehová de los que le temen.
SALMOS 103:13

Según el Antiguo Testamento, el vocablo «misericordia» tiene ciertos significados. Puede referirse a dirigirse con bondad a alguien o a compadecerse activamente. Creo que algunas palabras caen en desuso con el tiempo precisamente porque deja de usarse el concepto que transmiten. Creo que eso es lo que sucede con la palabra «compadecerse».

La verdad es que Dios se compadece activamente del hombre que sufre. Me gusta la frase «se compadece activamente». Porque una cosa sería que Dios sintiera compasión a la distancia, pero que se compadezca activamente de nosotros es algo muy distinto.

No estoy seguro de que muchos cristianos hayan entendido este concepto en profundidad. Para muchos de ellos, Dios está lejos, tan lejos que no logran entender que se compadece *activamente* de nosotros.

Esta compasión activa se ilustra en el momento en que Moisés estaba ante la zarza ardiente. Moisés tenía que ir y librar a Israel de Egipto. La activa compasión de Dios se hizo evidente cuando hizo cuatro cosas por Israel: oyó sus gemidos, recordó su pacto, miró su sufrimiento, se compadeció y de inmediato descendió para ayudarlos.

Mi corazón se regocija hoy cuando medito en la activa compasión de Dios conmigo.

No quieres un sacrificio más,
Que el humillado corazón;
Mi ofrenda no despreciarás,
Ya que eres todo compasión.
ISAAC WATTS (1674-1748)

Padre celestial, me regocijo hoy en tu activa compasión conmigo.
No la merezco, pero Jesús pagó el precio para que tu compasión
pueda fluir en mi vida. ¡Alabado sea el Señor!
Amén.

28 de marzo

Hizo salir a su pueblo como ovejas,
Y los llevó por el desierto como un rebaño. Los guió con seguridad,
de modo que no tuvieran temor; y el mar cubrió a sus enemigos.
SALMOS 78:52-53

Nuestro Señor Jesús al observar a la multitud, les veía como ovejas sin pastor. Vio su situación y la entendió por completo, por lo que se conmovió. Así que les dijo a sus discípulos: Denles de comer. Es decir, estaba dirigiendo a los discípulos para que hicieran algo respecto a una situación dada. Jesús sentía una compasión activa por las personas, puesto que veía tal como eran en verdad.

La compasión de Dios viene a nuestras vidas tal como somos, no como pensamos que somos.

Hay mucha gente que es misericordiosa en su cama, misericordiosa en su linda sala de estar, misericordiosa en su genial auto nuevo, pero que no se compadece activamente. Lo que ven no les mueve a la acción.

Tal vez lean sobre el sufrimiento de alguien y digan: «¿No es terrible? A esa pobre familia se le incendió la casa y están en la calle. No tienen dónde ir». Sin embargo, siguen con lo suyo y olvidan esa situación. Sintieron compasión por un minuto y medio, pero no se compadecieron activamente. Es decir, no hicieron nada al respecto.

La compasión de Dios lo lleva a actuar. La compasión divina compele a Dios a involucrarse directamente en tu vida. Dios no solo siente lástima, sino que se compadece activamente de ti y de tu situación, al punto que interviene en tu vida.

Ciertamente el bien y la misericordia
Me seguirán todos los días de mi vida,
Y en la casa de Jehová moraré por largos días.
SALTERIO ESCOCÉS

Amado Pastor Salvador que me llevas por la senda de la justicia,
no temo porque has intervenido activamente en los asuntos de mi vida,
lo que te agradezco eternamente. Amén.

29 de marzo

Y dijo: Si ahora, Señor, he hallado gracia en tus ojos, vaya ahora el Señor en medio de nosotros; porque es un pueblo de dura cerviz; y perdona nuestra iniquidad y nuestro pecado, y tómanos por tu heredad.

ÉXODO 34:9

Vivimos en la era del hombre común. No solo nos volvimos comunes nosotros sino que además logramos arrastrar a Dios, bajándolo a nuestro mediocre nivel. Lo que hoy hace falta, con desesperación, es un concepto elevado de Dios. Nos hace falta ver los «esplendores de los esplendores» que nos revelen la gloria de Dios.

Estoy convencido de que vale más una hora de meditación en la majestad de Dios que lo que podamos escucharles a todos los predicadores del mundo. Una visión de la majestad de Dios hará por ti más que toda una vida de esfuerzos y trabajo.

Quiero vivir como un niño que busca estar allí donde pueda alzar la mirada y ver el rostro de su madre. Quiero la luz de la majestad de Dios y que la maravilla de su presencia sea permanente, atemporal, única; la del sublime Trino y Uno. ¡Oh, quiero conocer a Dios y recrearme en el esplendor de su rostro puesto que de eso se trata la vida!

Esplendor, radiante esplendor
Cambiante y fascinante
Glorias sobre gloria
Todo brillo transparente.
Bendiciones, alabanzas y adoración
Te saludan las naciones temblorosas
¡Majestad divina, divina Majestad!

FREDERICK W. FABER (1814-1863)

Te pido perdón, oh Señor, por tratarte como menos de lo que mereces que te trate. Ayúdame hoy a verte en el esplendor de tu majestad, y que jamás deje de verte así. Amén.

30 de marzo

Joven fui, y he envejecido, y no he visto justo desamparado,
ni su descendencia que mendigue pan. En todo tiempo tiene misericordia,
y presta; y su descendencia es para bendición.
SALMOS 37:25-26

He oído de hombres de corazón duro, a quienes nada les importaba; pero algo sucedió que los despertó y comenzaron a florecer sus misericordias. Dios nunca fue así. Jamás estuvo aletargado ni careció de compasión, puesto que simplemente la misericordia de Dios es lo que Él es. No es misericordia creada. Es eterna, sin principio ni fin. Siempre ha sido y siempre será.

Antes de la creación del cielo y de la tierra, antes que formara las estrellas, cuando todo no era más que una idea en la mente de Dios, este era tan misericordioso como lo es ahora.

Algunos objetos se han quemado por sí mismos en el espacio. Cuerpos celestes han desaparecido en alguna explosión hace tantos años luz que pasarán miles de años antes de que su luz deje de brillar. Esa luz sigue llegando, con sus ondas, a pesar de que el origen de esas ondas hace tiempo no existe.

No hay nada que sea infinito que pueda ser menos de lo que es, ni más de lo que fue. Es infinito, lo cual significa que no tiene límites, ni puede medirse porque las medidas son cosas creadas, y a Dios nadie lo creó. La misericordia de Dios no era mayor en el pasado que lo que es ahora. Y tampoco será menor en el futuro.

Canta, alma mía, adora su nombre,
Que su gloria sea el tema de tu cantar;
Alábale hasta que Él te lleve a casa,
Confía en su amor, por todo lo que vendrá.
ANÓNIMO (1800)

Tu misericordia, oh Dios, es eterna. No puedo entenderla pero la acepto en mi vida como precioso regalo de aquel que me ama, como me amas tú. En el nombre de Jesús. Amén.

31 de marzo

Condujiste en tu misericordia a este pueblo que redimiste;
lo llevaste con tu poder a tu santa morada.
ÉXODO 15:13

No imagines que, cuando llegue el día del juicio, Dios apagará su misericordia, como cuando una nube tapa al sol o cuando tú apagas la luz. Ni por un momento pienses que la misericordia de Dios puede cesar.

La misericordia de Dios jamás será menor que lo que es ahora puesto que el infinito no puede dejar de ser infinito y lo perfecto no puede admitir imperfección alguna. Nada de lo que ocurre puede aumentar ni disminuir la misericordia de Dios ni alterar la calidad de su misericordia.

Cuando Jesús murió en la cruz, la misericordia de Dios no aumentó dado que ya era infinita. Pensamos en forma errónea que Dios muestra misericordia puesto que Jesús murió. Jesús murió porque Dios muestra su misericordia con ello. Si Dios no hubiera sido misericordioso, no habría habido encarnación ni bebé en un pesebre ni hombre en la cruz, ni tumba vacía.

Fue la misericordia de Dios la que nos dio el Calvario, no el Calvario el que nos dio la misericordia de Dios. La misericordia de Dios alcanza para que el universo entero quepa en su corazón y nada de lo que pudiera hacer alguien en forma alguna podría disminuir la misericordia de Dios.

Dios es amor, su misericordia
Ilumina todo el camino por el que andamos;
Tras Él, la dicha y con Él la luz,
Dios es sabiduría, Dios es amor.
JOHN BOWRING (1792-1872)

Oh, Dios, te alabo por tu misericordia, que no aumenta ni disminuye jamás.
Tu misericordia me es perfectamente suficiente hoy, mañana y por siempre.
Reposo en tu maravillosa misericordia.
En el nombre de Jesús. Amén.

1 de abril

No he venido a llamar a justos,
sino a pecadores al arrepentimiento.
LUCAS 5:32

Infinita es la misericordia de Dios, pero eso no significa que el hombre pueda salirse de ella, alejándose o quitándosela de encima. Podemos hacer que la misericordia de Dios ya no opere con nosotros mediante nuestra conducta, porque somos agentes morales libres. Eso no hace que cambie ni el poder de la Palabra de Dios ni su misericordia. La maldad humana no disminuye ni altera en la menor medida la calidad de la misericordia de Dios.

Jesús intercede por nosotros, a la diestra de Dios, pero eso no aumenta la misericordia divina hacia su pueblo. Porque si Dios no fuera ya misericordioso Cristo no estaría a la diestra de Dios intercediendo. Dios es infinitamente misericordioso, y es imposible que la mediación de Jesús a la diestra del Padre haga que aumente la misericordia de Dios, a más de lo que es hoy.

Recuerda siempre que ninguno de los atributos de Dios es mayor que otro. Es algo que no podemos entender del todo, pero hace que caigamos de rodillas, adorando a ese Dios que no cambia.

Divino océano es la misericordia de Dios,
Sin límites, incomprensible;
Entra en sus profundidades, y aléjate de la orilla
E intérnate en la plenitud de Dios.
A. B. SIMPSON (1843-1919)

A tu diestra, oh Dios, hay misericordias inefables.
Hoy quiero alimentar mi alma con las infinitas misericordias de tu gracia.
Que Jesús se vea en mí en este día. Amén.

2 de abril

Jehová es la porción de mi herencia y de mi copa; tú sustentas mi suerte.
SALMOS 16:5

El amor de Dios es infinito; la misericordia de Dios es infinita; la justicia de Dios es infinita. Y sin embargo, ninguno de esos atributos es superior a otro. Son todos iguales, aunque hay momentos en que se requiere un atributo de Dios en particular.

Con los seres humanos no pasa lo mismo, por lo que el hombre al que habían golpeado los ladrones y yacía en el suelo, requería de la misericordia de alguien que se compadeciera de él. Por eso el buen samaritano se bajó de su animal y, acercándose, tuvo compasión del que estaba tirado junto al camino. Era eso lo que más necesitaba en ese momento.

Por eso es tan maravillosa la misericordia de Dios con el pródigo que vuelve a casa. La misericordia de Dios abarca mucho más, pero el pródigo que precisa misericordia no podrá ver nada más que la misericordia de Dios. Eso es lo maravilloso de Dios. Cuando ando con Él, Él es y será todo lo que necesite, siempre. No necesito tratar de entenderlo porque Él ya se ha ocupado de eso.

Por fe acepto los atributos de Dios y creo que Él los hará llegar a mi vida cuando yo los necesite.

¡Que toquen las campanas del cielo! Hoy es día de alegría
Para un alma que regresa del turbulento mundo
El Padre lo reconoce a lo lejos en el camino,
Y acoge al hijo cansado y errante.
WILLIAM O. CUSHING (1823-1902)

Oh, Padre del pródigo, hoy abrazo la infinita misericordia que viene de tu amoroso corazón. No importa cuán lejos o bajo pueda estar yo, tu misericordia me será más que suficiente y por eso te doy gracias. En el bendito nombre de Jesús. Amén.

3 de abril

En cuanto a mí, a Dios clamaré;
Y Jehová me salvará... Dios oirá, y los quebrantará luego, el que permanece desde la antigüedad; por cuanto no cambian, ni temen a Dios.
SALMOS 55:16, 19

Podemos cantar himnos sobre la maravillosa gracia de Dios y, sin embargo, la gracia de Dios no es mayor que la justicia de Dios, ni que la santidad de Dios.

La diferencia no está en Dios sino, más bien, en nosotros. Yace en lo que más necesitamos con desesperación en un momento en particular. Dios es siempre el mismo pero nosotros no. Hay momentos en que necesitamos la misericordia de Dios o el amor de Dios para que inunde nuestras almas y nos saque del pantano de la depresión. Lo maravilloso y asombroso de Dios es que Él será aquello que necesitemos en ese momento preciso.

En términos teológicos sabemos que todos los atributos de Dios son iguales. Son eternos e infinitos, y no cambian. Pero nuestras necesidades sí que cambian. Y cuando necesitamos el amor de Dios no pensamos tanto en su santidad.

Cuando estamos en algún problema necesitamos un atributo de Dios determinado y a veces no sabemos cuál será ese atributo, pero Dios es fiel y se revela a sí mismo en la situación en la que estemos. Dios nos conoce mejor de lo que nos conocemos a nosotros mismos y sabe exactamente qué necesitamos y cuándo.

Padre eterno, fuerte para salvarnos,
Que con el brazo detienes las inquietas olas.
Tú que ordenas al poderoso y profundo océano,
Que se mantenga dentro de los límites que le has marcado,
Escúchanos cuando elevamos a ti nuestra voz
Por aquellos que se encuentran en peligro en el mar.
WILLIAM WHITING (1825-1878)

Dios eterno, me deleito en tus atributos y me encanta meditar en ellos, uno por uno. No puedo llegar a comprenderlos al mismo tiempo, pero tengo confianza en que cuando necesito de tu amor, cuando necesito de tu misericordia, cuando necesito de tu justicia, allí estarás tú para auxiliarme. Amén.

4 de abril

Y pasando Jehová por delante de él, proclamó: ¡Jehová! ¡Jehová! fuerte, misericordioso y piadoso; tardo para la ira, y grande en misericordia y verdad; que guarda misericordia a millares, que perdona la iniquidad, la rebelión y el pecado, y que de ningún modo tendrá por inocente al malvado; que visita la iniquidad de los padres sobre los hijos y sobre los hijos de los hijos, hasta la tercera y cuarta generación.

ÉXODO 34:6-7

El origen de mi entendimiento en cuanto a los atributos de Dios es simplemente que cuando acudo a Dios, mi necesidad determina cuál de sus atributos necesito en ese momento y lo celebro.

Así como el juicio de Dios constituye la justicia de Dios que confronta la iniquidad moral y luego cae el juicio, la misericordia de Dios consiste en la bondad de Dios que confronta a la culpa y al sufrimiento humanos.

Cuando la bondad de Dios confronta a la culpa y al sufrimiento humanos, Dios escucha, oye y actúa según nos haga falta; esa su misericordia.

Es difícil separar estos atributos aunque lo hagamos para estudiarlos y entenderlos. Pero, en realidad, simplemente son matices de la naturaleza y el carácter de Dios que se funden uno con el otro; por lo que es muy difícil separarlos. De hecho, es imposible.

La buena noticia es que no tienes que tratar de separarlos. Al desesperarte no tienes que tratar de entender cuál de los atributos divinos necesitas en ese momento. Es que sabes que si acudes a Dios en el estado en que estés, Él se revelará a sí mismo ante ti, según sea tu necesidad.

Padre soberano, Rey celestial,
A ti ahora nos atrevemos a cantar,
Alegres confesamos tus atributos,
Todos gloriosos e incontables.

CHARLES WESLEY (1707-1788)

Dios y Padre eterno, acudo a ti muy consciente de que conoces todas las cosas y me revelarás aquellas que saciarán mi corazón. En el nombre bendito de Jesús, te lo pido en oración, amén.

5 de abril

Él es la Roca, cuya obra es perfecta, Porque todos sus caminos son rectitud;
Dios de verdad, y sin ninguna iniquidad en él; Es justo y recto.
La corrupción no es suya; de sus hijos es la mancha, Generación torcida y perversa.
¿Así pagáis a Jehová, pueblo loco e ignorante?
¿No es él tu padre que te creó? Él te hizo y te estableció.
DEUTERONOMIO 32:4-6

Todos los seres humanos recibimos la misericordia de Dios. No pienses ni por un minuto que cuando te arrepentiste y volviste del chiquero a la casa del padre fue ese el momento en que empezó a operar la misericordia. La misericordia se movía todo el tiempo.

Si en ese momento no hubieras tenido la misericordia de Dios, compadeciéndose de ti y retardando el juicio, habrías perecido ya. Dios demora su justicia a causa de su misericordia. Espera debido a que el Salvador murió. Todos recibimos la misericordia de Dios. Y todo ese tiempo en que pecabas en su contra, Dios se compadecía de ti puesto que no quiere que nadie perezca.

Los peores criminales que recuerdes, los corazones más negros ocultos en lo peor de la ciudad, también reciben la misericordia de Dios. Eso no significa que sean salvos. No significa que se conviertan ni que al final lleguen al cielo. Eso significa que Dios retrasa su justicia porque está ejerciendo su misericordia. La misericordia de Dios no hace que nos arrepintamos sino que pavimenta el camino para que lleguemos a ese lugar del arrepentimiento. No todos llegarán, pero todos tienen el camino abierto.

El temible día llegará, por cierto,
La hora señalada se acerca,
En que estaré ante mi Juez,
Y pasaré la solemne prueba.
ISAAC WATTS (1674-1748)

Querido Padre celestial, me maravilla tu misericordia cuando pienso en la terrible maldad de mi alma. Mi gozo es estar delante de ti, sabiendo que Cristo estará a mi lado todo el tiempo. Alabado sea su maravilloso nombre. Amén.

6 de abril

*Porque en cuanto murió, al pecado murió una vez por todas;
mas en cuanto vive, para Dios vive.*
ROMANOS 6:10

Cuando la justicia de Dios confronta a la culpa humana trae sentencia de muerte, pero la misericordia de Dios posterga la ejecución puesto que esta también es un atributo de Dios y no contradice al otro, sino que operan en conjunto.

Cuando la justicia de Dios ve la iniquidad, tiene que llegar el juicio. Sin embargo, la misericordia de Dios que llevó a Cristo a la cruz le ofreció a toda la humanidad la cancelación de ese juicio.

No puedo afirmar que lo comprendo pero me hacen muy feliz las cosas que sí sé y entiendo, y me deleito en aquellas que no conozco ni comprendo. Celebro lo que no conozco porque eso está en manos de Dios, que conoce todas las cosas a la perfección.

Sé que Dios, el poderoso Creador, murió en la cruz por los pecados de su criatura. También sé que Dios le dio la espalda a ese hombre santo, santo, santo, que al morir pagó nuestra penalidad, haciendo posible el pleno perdón.

No sé cómo es posible eso, pero sí sé que a través de Jesucristo la justicia y la misericordia de Dios fluyen en mi vida, en una melodía cuyo resultado es el perdón.

Bien pudo el sol esconderse en la oscuridad
Y dejar sus glorias ahí,
Cuando Cristo, el poderoso Hacedor, murió
Por el hombre pecador.
ISAAC WATTS (1674-1748)

Padre celestial, me regocijo en tu justicia y tu misericordia, porque traen a mi vida el gozo del perdón y la reconciliación contigo. Lo único que necesito saber es que tus atributos satisfagan cada una de mis necesidades. Amén.

7 de abril

Ciertamente cercana está su salvación a los que le temen,
Para que habite la gloria en nuestra tierra.
La misericordia y la verdad se encontraron;
La justicia y la paz se besaron.
La verdad brotará de la tierra, y la justicia mirará desde los cielos.
Jehová dará también el bien, y nuestra tierra dará su fruto.
La justicia irá delante de él, y sus pasos nos pondrá por camino.
SALMOS 85:9-13

Es un misterio divino, pero la expiación por toda la humanidad se registró en el cielo. Lo sé, aun cuando no sé por qué ni qué fue lo que sucedió. Solo sé que en la infinita bondad y sabiduría de Dios, este obró un plan mediante el cual la segunda persona de la Trinidad encarnado como hombre, murió para que pudiera ser satisfecha la justicia; de modo que la misericordia rescatara al hombre por el que Él murió. No fue un plan B, sino el plan de toda la eternidad.

Cualquiera sea tu preferencia denominacional, esta misericordia es la que necesitas para llegar al cielo. Al cielo no se llega por lo espiritual que seas, ni por los coros que cantes ni por los libros baratos que leas. Al cielo se llega por la misericordia de Dios en Cristo, puesto que eso es lo que la Biblia nos enseña.

Muchos intentan alinearse con la cultura y, al hacerlo, pasan por alto el hecho de que para llegar al cielo uno tiene que estar en línea con la misericordia de Dios.

Bendita la gloriosa nueva
Revelada al mundo sufriente.
Cristo obró la gran expiación,
Y por sus llagas somos sanados.
A. B. SIMPSON (1843-1919)

Amado Padre celestial, tus obras son maravillosas por tu misericordia conmigo.
No logro entender el misterio, pero puedo aceptar por fe lo que hiciste por mí.
En el nombre de Jesús. Amén.

8 de abril

Porque yo sé los pensamientos que tengo acerca de vosotros, dice Jehová,
pensamientos de paz, y no de mal, para daros el fin que esperáis.
Entonces me invocaréis, y vendréis y oraréis a mí, y yo os oiré;
y me buscaréis y me hallaréis, porque me buscaréis de todo vuestro corazón.
JEREMÍAS 29:11-13

Dios se complace en lo que agrada a su pueblo y sufre con sus amigos. ¿Cómo es que un Dios perfecto puede sufrir? El sufrimiento significa que hay un desordenen en alguna parte. Mientras tenemos un orden sicológico y físico no sufrimos, pero cuando algo se desordena, sufrimos. Desde el punto de vista humano eso es algo que no tiene sentido.

Pero no olvidemos que no operamos desde el punto de vista humano, sino por fe. Eso significa que confiamos en lo que Dios dice, lo entendamos o no. ¡Y, en verdad, hay muchísimo que no llego a entender! Si mi andar cristiano dependiera de lo que entiendo, no podría dar un paso más, te lo aseguro. En efecto, lo más probable es que retrocedería varios pasos.

Cuando la Biblia declara algo puedes aceptarlo por fe. Lo crees, intentas entenderlo si puedes, y das gracias a Dios; de modo que el poco intelecto que tienes se alegra, regocijándose en Dios. Si lees algo en la Biblia y no lo entiendes solo hay una cosa que puedes hacer: mirar al cielo y decir: «Oh, Señor Dios, tú lo sabes».

¡Oh, gracia, cuán deudor me constriñes a ser cada día!
Que tu bondad, ate con cadenas mi errante corazón a ti.
Propenso a vagar, Señor, lo siento; propenso a dejar al Dios que amo;
He aquí mi corazón, tómalo y séllalo; Mantenlo en tus atrios celestiales.
ROBERT ROBINSON (1735-1790)

Padre celestial, lo creo aunque no logre entenderlo. Mi gozo está, no en lo que puedo entender, sino en lo que creo que hiciste por mí. En el bendito nombre de Jesús, amén.

9 de abril

Pero vemos a aquel que fue hecho un poco menor que los ángeles,
a Jesús, coronado de gloria y de honra, a causa del padecimiento de la muerte,
para que por la gracia de Dios gustase la muerte por todos.
HEBREOS 2:9

He notado algo acerca de los evangélicos. Sabemos demasiado, somos muy ingeniosos y tenemos demasiadas respuestas. En mi opinión sería muy bueno oír: «No lo sé» y «Oh, Señor Dios, tú lo sabes».

Pienso en el sufrimiento de Dios. Y no lo entiendo. Pienso que el sufrimiento podría indicar aparentemente que hay cierta imperfección, no obstante estoy convencido de que Dios es perfecto. El sufrimiento parecería indicar falta o pérdida y, sin embargo, sabemos que a Dios nada puede faltarle, no puede perder nada porque es infinitamente perfecto en todo su ser.

No sé cómo explicarlo. Solo sé que la Biblia declara que Dios sufre con sus hijos; que en la aflicción de ellos, Él se aflige; y que en su amor y su misericordia los lleva en sus brazos y les da reposo en la enfermedad. Lo sé, pero no sé cómo sucede.

Un gran teólogo expresó: «No rechace el hecho solo porque no conozca el método». De modo que no debemos descartar el hecho solo porque no sepamos cómo es que sucede.

La cruz que Él cargó es vida y salud.
Con su vergüenza y su muerte
Le dio esperanza a su pueblo y lo enriqueció.
Ese es su tema por la eternidad.
THOMAS KELLY (1769-1864)

Bendito Señor Jesús, me inclino hoy ante ti apreciando profundamente
todo lo que has hecho por mí. Es algo que escapa a mi entendimiento,
pero no a mi aceptación. Amén.

10 de abril

No por ser vosotros más que todos los pueblos os ha querido Jehová y os ha escogido, pues vosotros erais el más insignificante de todos los pueblos; sino por cuanto Jehová os amó, y quiso guardar el juramento que juró a vuestros padres, os ha sacado Jehová con mano poderosa, y os ha rescatado de servidumbre, de la mano de Faraón rey de Egipto.

DEUTERONOMIO 7:7-8

Las Escrituras indican que llegará el tiempo en que lo conoceremos todo y que sabremos las cosas a la perfección. Supongo que eso significa que, dentro de ciertos límites, podremos conocer perfectamente todo y, es posible, que lo conozcamos todo. Ansío que llegue ese tiempo dado que hay mucho que, en realidad, hoy no sé.

Me encantan los himnos pero, debo confesar que, algunos compositores deberían haberse dedicado a cortar pasto antes que a componer himnos. Uno de ellos escribió: *Me preguntó por qué Dios me amó tanto.* Y todo el himno sigue esa línea. Hay gente que solamente tiene preguntas.

Hay una sola respuesta a por qué Dios te ama tanto y es: porque Dios es amor. Hay una sola respuesta a por qué Dios te extiende su misericordia y es porque la misericordia de Dios es un atributo de su deidad. Dios siempre será fiel y verdadero, más allá de que podamos entenderlo o no.

No preguntes por qué. Simplemente dale gracias a Dios por los vastos, maravillosos y misteriosos aspectos de sus atributos.

Cómo piensas tan bien de nosotros,
Siendo tú el gran Dios;
Opacas nuestro intelecto,
E iluminas nuestro corazón.

FREDERICK W. FABER (1814-1868)

Dios, mi Padre celestial, tus pensamientos sobre mí son más de lo que puedo comprender. Me regocija que pienses bien de mí; y te alabo por ello. Amén.

11 de abril

*Como el padre se compadece de los hijos, se compadece Jehová de los que le temen.
Porque él conoce nuestra condición; se acuerda de que somos polvo.*
SALMOS 103:13-14

Cuando Jesús les dijo por primera vez a sus discípulos que pronto moriría en la cruz, todos se opusieron a la idea. Por supuesto, Pedro fue quien alzó más la voz. No, Señor, no puede ser, dijo Pedro. El resto de los discípulos asentía, de acuerdo con lo que decía Pedro.

Pero a pesar de todas sus objeciones, Jesús fue a la cruz y murió. Si no hubiera muerto ellos no podrían haber tenido vida. En ese momento no entendían esa verdad pero más tarde, después de Pentecostés, la entendieron. Y cuando la comprendieron, por primera vez empezaron a vivir de verdad.

La misericordia fue compasiva en la única forma en que podía serlo entonces: con la muerte. De modo que Cristo Jesús, nuestro Señor, murió en la cruz porque nos amó y se compadeció de nosotros como un padre se compadece de sus hijos.

Una de las verdades básicas que provienen de ello es que los que recibimos misericordia debemos ser misericordiosos. Y tenemos que orar para que Dios nos ayude a serlo. Esa misericordia solo puede alcanzarnos por la expiación, pero la buena noticia es que ya la tenemos. La misericordia nos es posible gracias a la expiación.

Protección prometes a tus hijos
Porque son tesoro para ti;
Hallo en ti constante regocijo,
Sé que tú velas por mí.
CAROLINA V. SANDELL BERG (1832-1903)

Amado Señor Jesús, tu muerte se ve como tragedia hasta que llego al otro lado de la cruz. Hoy puedo vivir por ti porque tú moriste ayer por mí. ¡Alabado sea el Señor! ¡Amén!

12 de abril

Echando toda vuestra ansiedad sobre él, porque él tiene cuidado de vosotros.
1 PEDRO 5:7

Nunca te avergüences de acudir a Dios para contarle todos tus problemas. De todos modos, ya los conoce.

Por alguna razón ciertos cristianos no creen que es así y eso causa gran desaliento en la vida cristiana. Cargamos con pesos que en realidad no necesitamos acarrear. Dudamos en acudir a Dios y en cuanto a ser francos con Él, como si Dios ya no supiera todo de igual forma. Andamos con la idea de que nadie sabe lo que estamos pasando y que tenemos que pasarlo a solas.

Alguien lo sabe, y muy bien, es el que sufre con nosotros, el que siente nuestro dolor y que recuerda aun sus lágrimas, angustias y dolores. Hoy está a la diestra del Padre todopoderoso, sentado y coronado en gloria, esperando aquel día de la gran coronación que está por venir.

Él no se ha olvidado del sufrimiento humano. Sigue teniendo en sus manos los clavos de la cruz. No se ha olvidado de las lágrimas, las angustias, los clamores; además, sabe todo acerca de ti.

Cuando acudes a Él, estás ante alguien que te conoce a la perfección; Él sabe de tus cargas y de tus problemas. Pero más que todo eso, ha prometido ante el Padre celestial cargar esos pesos por ti.

Nadie sabe los problemas que he visto,
Nadie lo sabe, solo Jesús.
Nadie sabe los problemas que he visto.
Gloria, Aleluya. A veces me levanto, a veces decaigo
Oh, sí, señor. A veces estoy casi en el fondo
Oh, sí, señor.

CANCIÓN TRADICIONAL ESPIRITUAL AFROESTADOUNIDENSE

Oh, Señor, en ocasiones siento que a nadie le importa mi soledad.
Pero con solo mirar tu bendito rostro, todas mis penas se van.
Te doy gracias por guardarme y llevar mis cargas. Amén.

13 de abril

Así que, los que somos fuertes debemos soportar las flaquezas de los débiles, y no agradarnos a nosotros mismos. Cada uno de nosotros agrade a su prójimo en lo que es bueno, para edificación. Porque ni aun Cristo se agradó a sí mismo; antes bien, como está escrito: Los vituperios de los que te vituperaban, cayeron sobre mí.

ROMANOS 15:1-3

Muchas personas expresan el deseo de servir a Dios. Aplaudo esas aspiraciones y quiero hacer todo lo que pueda por animar a la gente a servir a Dios. El punto es que no podemos servir a un Dios al que no conocemos. Cuanto más conocemos de Dios, tanto más sabremos cómo servirle, sabiendo qué es lo que Él espera.

Es de enorme importancia saber cómo es Dios. La respuesta nos es más valiosa e importante que cualquier otra que podamos buscar. Si conoces la respuesta, ella te llevará a servir a Dios.

Cuando veo lo que hacen algunos, que afirman que están sirviendo a Dios, mi única conclusión posible es que no tienen idea de ese Dios al que intentan servir. Hay quienes hacen cosas reprensibles en cuanto a la naturaleza de Dios, según nos las revelan las Santas Escrituras. Hacer algo contrario a la naturaleza de Dios y decir que es servicio, equivale a total ignorancia, a una afrenta a Dios.

Conoce a Dios y, solo entonces, podrás servirle de modo que le agrade. Hermano, hermana, si eso agrada a Dios, por cierto también te agradará a ti.

Oh, a quienes usan su tiempo y su energía
En placeres vanos y pasajeros,
Despierten de su egoísmo y de su pecado
Y vayan a tierras lejanas.

A. B. SIMPSON (1843-1919)

Oh, Maestro y Salvador, te entrego mi corazón y mi vida, no para hacer lo que yo quiera, sino lo que quieras tú. Que todo lo que yo haga te muestre, para que todos te vean. Amén.

14 de abril

Porque Jehová vuestro Dios es Dios de dioses y Señor de señores, Dios grande, poderoso y temible, que no hace acepción de personas, ni toma cohecho.
DEUTERONOMIO 10:17

Si conoces a Dios sabes que es absoluta y perfectamente justo. Sin embargo, no puedo callar, debo decir más. Tengo que definir un poco más lo que es la justicia para que sepas de qué hablo.

¿Qué quiero decir con «justicia»?

En mi opinión, la justicia y la rectitud en el Antiguo Testamento son lo mismo. Es el mismo término con leves variaciones; sin embargo, «juicio», «justicia», «justo» y otros derivados provienen de la misma raíz, que significa: honradez, rectitud. Más aun, decir que Dios es justo o que la justicia de Dios es un hecho equivale a decir que en Dios hay rectitud, que en Dios hay rectitud.

La rectitud, la justicia, lo recto y el derecho son la habitación del trono de Dios. Por lo tanto, los hombres justos y los hombres rectos no se distinguen los unos de los otros. Decir que Dios es justo es afirmar que es moralmente equivalente, igual, en todo lo que es.

La justicia de Dios jamás está en conflicto con su rectitud. Tal vez nos cueste entender esto, que en todas sus acciones respecto de nosotros Dios es perfectamente justo y recto. Lo que haga con respecto a mí, puedo saber con certeza que será exactamente lo que necesito ser y lo que Él quiere que yo sea.

Dulce es recordar tu gracia
Mi Dios, mi Rey celestial;
De edad a edad es tu justicia
Entonadla en cánticos de gloria.
ISAAC WATTS (1674-1748)

Reposo con confianza en ti, oh Dios, porque sé que siempre me guardas y me das lo mejor. Tú conoces lo que necesito y yo sé que solo te necesito a ti. En el bendito nombre de Jesús mi Señor, amén.

15 de abril

Tuyo es el brazo potente; fuerte es tu mano, exaltada tu diestra.
Justicia y juicio son el cimiento de tu trono;
misericordia y verdad van delante de tu rostro.
SALMOS 89:13-14

Israel, en su época, acusó a Dios de actuar de manera injusta. En realidad era la casa de Israel la que se comportaba injustamente. ¡Imagínate acusar a Dios de ser poco equitativo en su forma de obrar!

Eso significa no tratar a todos con equidad, como iguales. Inequidad e iniquidad son casi la misma cosa, basta con cambiar solo una de las letras. Significa que el inicuo no es moralmente igual, no es moralmente simétrico, es desigual consigo mismo.

Y la palabra «juicio», en relación a la justicia (la rectitud y el juicio) es la habitación del trono de Dios. ¿Qué es el juicio de Dios? Es la aplicación de la justicia a una situación moral. Puede ser favorable o desfavorable. Cuando Dios juzga al ser humano trae la justicia a la vida de esa persona y aplica justicia al problema moral que creó la vida de esa persona.

Si los caminos de la persona son iguales, entonces la justicia le favorecerá. Pero si sus caminos son desiguales, por supuesto que sucede lo contrario y Dios pronuncia sentencia sobre esa persona.

Yo quiero que mi vida esté en lado de la ecuación en que está Dios.
Seguro es mi refugio, dulce mi reposo,
nada puede dañarme, ni molestarme ningún enemigo;
Jesús calma mi espíritu con ternura,
y me lleva en sus potentes brazos.
WINFIELD MACOMBER (1865-1896)

Me encanta tu justicia, oh Dios, porque siempre me pone en línea
con tu misericordia. Reposo a salvo en el juicio de tu misericordia.
Es mi oración en el nombre de Jesús, amén.

16 de abril

Ahora yo Nabucodonosor alabo, engrandezco y glorifico al Rey del cielo, porque todas sus obras son verdaderas, y sus caminos justos; y él puede humillar a los que andan con soberbia.
DANIEL 4:37

La justicia no es algo que Dios posee sino que Dios es. Dios es amor y así como es amor, también es justicia.

A veces oímos decir que la justicia requirió que Dios hiciera tal o cual cosa. Sin duda yo también uso expresiones semánticamente inadecuadas puesto que el lenguaje humano es rudimentario cuando hablamos de Dios, ya que tropieza en su esfuerzo por describirlo. Dios es más grande que nuestra posibilidad de hablar, tanto que solo el corazón puede expresar verdaderamente nuestra adoración a Dios.

Los profetas del Antiguo Testamento y los apóstoles del Nuevo debían esforzarse para contar la historia utilizando palabras. A veces es imposible describir lo que Dios es usando el lenguaje humano, sin embargo lo intentamos. Y aun otras veces cuando tratamos de explicar a Dios usamos las palabras incorrectas. En ocasiones ponemos el acento equivocado en alguna palabra. Solamente el Espíritu Santo puede desenredar el lío en el que nos metemos. Gracias a Dios por su fidelidad.

Recuerda siempre que la justicia no es algo que esté fuera de Dios y a lo que Él deba adaptarse. La justicia no requiere acción alguna por parte de Dios.

Dios obra en formas misteriosas
Maravillas y milagros;
Planta sus pasos en el mar,
Y cabalga sobre la tormenta.
WILLIAM COWPER (1731-1800)

Querido Dios y Padre, encuentro refugio en tu justicia.
Aunque no puedo expresar mi gratitud con palabras,
el Espíritu Santo me ha dado capacidad para adorarte como a ti te agrada.
En el nombre de Jesús, amén.

17 de abril

¡Oh Señor Jehová! he aquí que tú hiciste el cielo y la tierra con tu gran poder, y con tu brazo extendido, ni hay nada que sea difícil para ti; que haces misericordia a millares, y castigas la maldad de los padres en sus hijos después de ellos; Dios grande, poderoso, Jehová de los ejércitos es su nombre.

JEREMÍAS 32:17-18

No hay nada en el mundo creado por Dios que pueda hacer o requerir que Él haga algo. Porque eso que pudiera hacer que Dios hiciera algo, se convertiría en Dios. Si tuviéramos un Dios al que pudiésemos mandar a hacer algo, sería un Dios débil con un yugo sobre su cuello, que cede ante las presiones externas.

Esto es un error puesto que postula un principio de justicia que está por fuera de Dios y al que este tiene que conformarse.

Pensar esto es tener la idea equivocada de Dios. Significaría que algo es más grande que Dios y que le impulsa a hacer algo que tal vez Él no quiera hacer. Es malentender a Dios por completo. Cuanto más entendemos a Dios más nos alejamos de esas ideas erróneas.

Si la justicia requiere que Dios haga algo, entonces ese principio de justicia está por encima de Dios y ¿quién pondría el principio en acción?, ¿quién creó ese principio? Si existe tal principio, entonces es un principio superior a Dios porque solamente lo superior puede exigir obediencia. Si hay algo que pueda forzar a Dios, eso sería algo más grande que Él y entonces ya no podríamos decir: «Oh, Dios poderoso».

Dios grande, ¡cuán infinito eres!
Somos como gusanos indignos.
Que todas las criaturas se inclinen,
Y tributen su alabanza a ti.

ISAAC WATTS (1674-1748)

Oh, poderoso Dios, acudo a ti reconociendo tu inmensa naturaleza. No hay nada más alto que el Altísimo, y nadie merece mi adoración más que tú. ¡Aleluya! Amén.

18 de abril

Aprende pues, hoy, y reflexiona en tu corazón que Jehová es Dios arriba en el cielo y abajo en la tierra, y no hay otro.
DEUTERONOMIO 4:39

No hay nada externo a Dios que pueda obligarle a hacer nada, ninguna clase de acción que sea contraria a su voluntad. Me gustaría que tuviéramos esto en consideración. Esa era la doctrina común de los puritanos de otra generación. Era la enseñanza común de los presbiterianos, los metodistas y el resto. Pero todo eso se ha perdido en el tiempo y se ha hecho de Dios un ser pequeñito que no merece que le adoremos.

Es importante entender que todas las razones de Dios para que hiciera lo que fuese provienen del interior de Él. No de afuera, y no hay presión que pueda obligar a Dios a hacer nada. Dios es absolutamente completo en sí mismo y opera en armoniosa unidad, sobre todo en su relación con la humanidad.

Es algo que nos cuesta entender puesto que todo lo que hacemos se debe a que alguien nos presiona para que lo hagamos. A veces surge alguna presión externa que nos obliga a hacer cosas que no haríamos por nuestra propia voluntad. No es algo que podamos transferir al área de Dios. Él no es como nosotros y no es susceptible a presiones externas.

Cuando acudo ante Él sé que me acerco a Dios y su amor por mí es un afecto genuino en el que puedo confiar.

¡Dios omnipotente! Rey que ordena
El trueno cual clarín, el rayo cual espada;
Muestra su piedad allá en los cielos:
Danos tu paz en estos tiempos, oh Señor.
HENRY F. CHORLEY (1808-1872)

Oh, Dios, suelo sentir la presión del mundo externo que quiere moldearme conforme a su imagen. Me alegra que no haya nada que pueda presionarte a ti para que hagas algo. Todo lo que haces fluye de un corazón de infinito amor. ¡Gloria a Dios! Amén.

19 de abril

Pero si él determina una cosa, ¿quién lo hará cambiar?
Su alma deseó, e hizo.
JOB 23:13

Todas las razones de Dios para hacer cualquier cosa yacen dentro de Él. No hay ninguna que esté fuera de Él ni que pudiera obligarlo o forzarlo a hacer algo contrario a su naturaleza. Todo lo que Dios hace fluye de su interior. Es decir que lo que hace es lo que Él es. Las razones de Dios para hacer lo que hace surgen de lo que es Él, de la persona que Él es.

Nada se ha añadido a Dios y nada se ha quitado de Él. Nuestro Dios es exactamente como era antes de que creara a Adán, y seguirá siendo exactamente lo que es cuando los cielos ya no existan. Jamás ha cambiado en modo alguno puesto que Él es el Dios que no cambia.

Nos han mentido, engañado, defraudado, despojado, despellejado, traicionado y estafado tanto que proyectamos nuestro cinismo hacia el trono mismo de Dios. Sin que lo sepamos, en nuestras mentes vaga la sensación de que Dios también es así.

Dios, dado que es perfecto, es incapaz de perder o ganar, de crecer o hacerse más pequeño. Es incapaz de saber más o de saber menos. Dios es Dios y actúa desde dentro, no en obediencia a alguna ley externa. Él es el autor de todo, y actúa como Él mismo todo el tiempo.

Sin reposo, sin premura, silencioso como la luz,
Sin falta, sin desperdicio, tú gobiernas en poder;
Tu justicia como los montes, se eleva al cielo por sobre
Tus nubes, fuentes de amor y bondad.
WALTER C. SMITH (1824-1908)

Eterno Dios y Padre, eres en verdad el mismo ayer, hoy y por siempre.
Cuanto más te conozco, más confío en tu inmutable naturaleza.
En el nombre de Jesús, amén.

20 de abril

Porque mil años delante de tus ojos
Son como el día de ayer, que pasó,
Y como una de las vigilias de la noche.
SALMOS 90:4

Una de las grandes verdades de las Escrituras que tanto anima a mi corazón, es que Dios siempre actúa tal como es. No hay arcángel, ni diez mil ángeles con espadas, ni querubines o serafines que puedan persuadir a Dios para que actúe de otra manera que no sea la de Él mismo.

Suelo ser susceptible a las presiones externas. Mi estado de ánimo en determinada ocasión resulta de las presiones externas que me rodean. Si afuera es frío, siento frío. Si afuera es brillante y soleado, me siento contento, feliz. Pero cuando se trata de Dios, la cosa es muy distinta.

Dios actúa siempre como quiere y siempre lo hará. Redimió a la humanidad en el marco de su potencia. No cambiará. Si lo hiciera entonces no sería Dios porque tendría que ir de mejor a peor, o de peor a mejor. Como es Dios y es perfecto, no cambia en ninguna dirección; permanece siempre siendo Dios.

¡Eso es una maravillosa noticia para mí! Cuando acudo a Dios no necesito preocuparme si lo encontraré de buen ánimo o no. Él siempre es el mismo. Nunca cambia. No hay presión alguna que pueda cambiar a Dios. ¡Aleluya! Cuando encuentro a Dios, encuentro a Dios.

Oh, qué dulce el glorioso mensaje que por fe podemos reclamar;
Ayer, hoy, y siempre Jesús es el mismo,
Y ama, salvando al pecador,
Sanando al enfermo, al inválido,
Animando al que llora, acallando la tempestad;
¡Gloria a su nombre!
A. B. SIMPSON (1843-1919)

Cuando vengo a ti, oh Dios, te encuentro tal como has sido siempre.
Tu corazón siempre está abierto para mí, y por ello te doy gracias eternamente.
«Siempre el mismo», tu bendito tema. Amén.

21 de abril

Por tanto, varones de inteligencia, oídme:
Lejos esté de Dios la impiedad, Y del Omnipotente la iniquidad.
JOB 34:10

Anselmo de Canterbury (c. 1033-1109) fue uno de los grandes padres de la iglesia, un gran teólogo, un gran santo y un gran pensador. Muchas veces se dice que fue el segundo san Agustín. En una ocasión presentó ante Dios una pregunta muy importante:

¿Cómo puedes mirar al malvado si eres justo, supremamente justo?

En nuestros días hemos abaratado la religión, la salvación y nuestro concepto de Dios al punto que esperamos llegar al cielo silbando a la puerta, que Dios abrirá presto. Es lo que esperamos, por lo que no nos preocupamos demasiado al respecto. Leemos un par de versículos, murmuramos alguna oración y con eso terminamos. Tenemos asegurada la entrada al cielo.

Tenemos un Nuevo Testamento que subrayamos, y algún tratado por allí, y esperamos llegar a las puertas perladas, llamar y decir: «Y bien, Dios, llegué». Redujimos a Dios a la medida de nuestros pensamientos. Pero creo que el teólogo, serio y antiguo, formuló la pregunta adecuada: ¿Cómo puede Dios en verdad mirarnos, a nosotros que somos tan malvados, cuando Él es supremamente justo?

Si pensamos en serio en nuestra relación con Dios también nosotros formularemos una pregunta igualmente seria.

¿Cómo puede Dios mirar a los que somos como yo, como tú, e invitarnos a estar en comunión con Él? Ese es el misterio de la justicia y la misericordia de Dios.

Tu camino, no el mío, Señor, aunque sea oscuro;
Guíame con tu propia mano, elige el camino para mí.
HORATIUS BONAR (1808-1889)

Oh, santo y justo Dios, es para mí un misterio que puedas mirarme tal como soy y abrir tu corazón para invitarme. Pero tu camino es perfecto, por lo que en ese camino andaré. En el nombre de Jesús. Amén.

22 de abril

He entendido que todo lo que Dios hace será perpetuo;
sobre aquello no se añadirá, ni de ello se disminuirá; y lo hace Dios,
para que delante de él teman los hombres.
ECLESIASTÉS 3:14

Las preguntas básicas que tenemos por responder son las que tienen que ver con Dios.

Tenemos que comprender que el ser de Dios es unitario. Hoy escribimos ficción, cantamos estribillos, y vamos bailando rock and roll hacia la gloria. Hermanos, hay preguntas sólidas que requieren de una respuesta. Por ejemplo, tenemos que entender qué significa que Dios es unitario.

Ante todo, significa que Dios no está compuesto por partes. Nosotros no somos seres unitarios puesto que estamos compuestos de espíritu, alma y cuerpo. Tenemos memoria y olvido. Tenemos atributos que nos fueron dados. Hay cosas que se nos pueden quitar, como secciones del cerebro, y sin embargo funcionamos. Pueden amputarnos una pierna o un brazo, pero aun así seguir vivos. Podemos olvidar, podemos aprender y aun así seguir viviendo. Eso es así porque no somos unitarios. Cuando Dios nos creó, nos hizo compuestos por partes.

Dios no es así, en absoluto. Es un ser único, unitario, sin partes. Y lo que Él es, lo era ayer, lo es hoy y lo será siempre.

Brazos de Jesús, abrácenme,
Junto a tu pecho fuerte, amoroso,
Hasta que mi espíritu halle eterno reposo en ti.
Y cuando las arenas del tiempo caigan,
Guarda mi corazón de toda alarma,
Susurrando: «Dios es tu refugio,
Y tu abrigo en brazos eternos».
A. B. SIMPSON (1843-1919)

Padre nuestro que estás en el cielo, vengo a ti con la sencillez de tu unidad.
Permite que en cada parte de mí me humille y te adore en la belleza de tu santidad.
En el nombre de Jesús, amén.

23 de abril

Entonces el escriba le dijo: Bien, Maestro, verdad has dicho, que uno es Dios, y no hay otro fuera de él;
MARCOS 12:32

En el Antiguo Testamento los judíos creían en Dios como ser unitario. Enseñaban el ser unitario de Dios y, aun cuando la iglesia de hoy lo imparte, poco enseña en verdad. Decir que Dios, el ser de Dios, es unitario y que hay un Dios y no solo un único Dios sino que Dios es uno, es la distinción precisa.

No podemos pensar en un Dios conformado por partes que operan juntas en armonía puesto que en Dios no hay partes. Tenemos que pensar en Dios como uno, y como Dios es uno, sus atributos jamás están en conflicto entre sí.

Como el ser humano no es unitario sino que está compuesto por partes, el ser humano puede frustrarse al considerar ello. El ser humano puede llegar a ser esquizofrénico, con una parte de sí en guerra con otra parte suya. Su interpretación de la justicia puede estar en guerra con su concepto acerca de la misericordia.

Muchas veces, el juez que está en el tribunal, se debate entre la misericordia y la justicia. Escucha los argumentos del caso y no sabe bien qué ha de hacer.

A Dios ese dilema no le sucede jamás. Su misericordia y su justicia nunca están en conflicto. ¡Servimos a un Dios glorioso!

Gloria sea a Dios el Padre,
Gloria sea a Dios el Hijo,
Gloria sea a Dios el Espíritu,
Gran Jehová, Tres en Uno.
Gloria, gloria, gloria, gloria
Por toda la eternidad.
HORATIUS BONAR (1808-1889)

Eterno Dios y Padre de nuestro Señor y Salvador Jesucristo, con confianza reposo en tus brazos de misericordia y justicia. ¡Bendito sea tu santo nombre! Te alabo por tu unidad, por lo que eres, en cada aspecto, para mí. Amén.

24 de abril

La ley de Jehová es perfecta, que convierte el alma; el testimonio de Jehová es fiel,
que hace sabio al sencillo. Los mandamientos de Jehová son rectos,
que alegran el corazón; el precepto de Jehová es puro, que alumbra los ojos.
El temor de Jehová es limpio, que permanece para siempre;
los juicios de Jehová son verdad, todos justos.

SALMOS 19:7-9

A veces pensamos en Dios como en un juez que preside un tribunal en el que comparece el pecador que violó la ley. La justicia es algo que está allí, aparte de Dios. El pecador pecó contra esa justicia externa, lo arrestan, lo esposan y lo llevan ante el tribunal. La misericordia de Dios quiere perdonar al pecador pero la justicia dice: «No, violó mis leyes y debe morir».

Si meditamos en eso, bien podríamos ser paganos y pensar en Dios como lo hacen los incrédulos. Convertimos a Dios en hombre en nuestras mentes. Lo cual no es buena teología cristiana. No lo ha sido jamás y no podrá serlo. Porque pensar menos de Dios es equivocarse, porque todo lo que es Dios está en armonía con todo lo demás que es Dios y todo lo que Dios hace es una misma cosa con todo lo demás que haga. En realidad, «armonía» no es una palabra adecuada cuando pensamos en Dios.

Porque la armonía indica que dos se unen y durante un tiempo son uno solo. Pero en Dios no hay nada parecido a eso. Dios es, lisa y llanamente, Él.

Venid, desconsolados, dondequiera languidezcáis;
Acercaos al expiatorio, doblad vuestras rodillas;
Traed vuestros corazones heridos, relatad vuestras angustias;
No hay tristeza en la tierra que el cielo no pueda curar.

THOMAS MOORE (1779-1852)

Te alabo, oh Dios, por tu justicia, perfecta en todo sentido. No logro comprender la profundidad de tu misericordia ni cómo se cumple tu justicia pero en Jesucristo, mi Salvador, acepto la plenitud de tu gracia. Amén.

25 de abril

Mas alábese en esto el que se hubiere de alabar:
en entenderme y conocerme, que yo soy Jehová, que hago misericordia,
juicio y justicia en la tierra;
porque estas cosas quiero, dice Jehová.
JEREMÍAS 9:24

La gente siempre pregunta: «¿Cómo puede ser Dios justo y absolver al malvado?» Es una interrogación cuya respuesta yace en el hecho de que Dios es unitario. La justicia de Dios y la misericordia divina no están en conflicto.

Jesucristo es Dios y todo lo que pueda decirse de Dios puede decirse de Cristo. También Él es unitario. Asumió la naturaleza humana, pero esa naturaleza de hombre es humana. El Dios, el Dios eterno, que existía antes de que existiera el hombre, y que creó al hombre, es un ser unitario y la sustancia no se divide en absoluto. Por eso, ese Santo que sufrió en su propia sangre por nosotros era infinito, todopoderoso y perfecto.

Infinito significa sin fronteras, sin límites, sin orillas, sin fondo, sin tope, por siempre, sin posibilidad de medirlo o de limitarlo. Así que, lo que hizo por nosotros el sufrimiento de Jesús en propiciación sobre esa cruz bajo el cielo que se oscureció, fue un acto infinito en su poder.

La maldad humana no puede afectar la justicia de Dios en manera alguna. Toda la maldad de todos los malvados juntos de todos los tiempos, no puede compararse con un solo susurro de la misericordia de Dios.

La pregunta no es cómo puede ser justo Dios y absolver al malvado, sino cómo no va a actuar Dios tal como es ante una situación cualquiera.

No juzguéis al Señor con vuestros débiles sentidos,
Sino confiad en su gracia;
Detrás de una providencia de ceño fruncido
Él esconde un rostro sonriente.
WILLIAM COWPER (1731-1800)

Todopoderoso Dios, tus caminos pueden parecer al principio inflexibles y duros.
Pero, cuando paso el velo de la ignorancia, encuentro en ti ese gozo
que llena de gracia mi corazón. Es mi oración, en el nombre de Jesús, amén.

26 de abril

Por cuanto agradó al Padre que en él habitase toda plenitud, y por medio de él reconciliar consigo todas las cosas, así las que están en la tierra como las que están en los cielos, haciendo la paz mediante la sangre de su cruz.

COLOSENSES 1:19-20

Cuando era niño mi padre a menudo me llevaba a cazar conejos. En una ocasión mientras buscábamos algunos, grité.

«¿Qué pasa?», preguntó mi padre. Es que casi había visto un conejo.

Casi ver algo, casi hacer algo, casi ser algo, es el problema del individuo, puesto que somos humanos. La buena noticia es que Dios todopoderoso nunca es casi algo. Dios es siempre exactamente lo que es: el Todopoderoso. Cuando murió el Hacedor todopoderoso, todo su poder estuvo en esa expiación. Jamás podremos exagerar la eficacia de su expiación, del poder de la cruz. La expiación en la sangre de Jesucristo es perfecta y no se le puede añadir nada. Es sin mancha, impecable, inmaculada y perfecta así como Dios es perfecto.

De modo que la pregunta: «¿Cómo perdonas al malvado si eres justo?» halla respuesta en Jesús. La eficaz pasión de Cristo, su santo sufrimiento en la cruz, y su resurrección de entre los muertos cancelan nuestros pecados y anulan nuestra sentencia. Y no casi, sino para siempre. En el ámbito del pensar y el hacer de Dios no existe el casi. Cuando nos entregamos a Él por completo, Él se entrega por completo a nosotros. ¡Toda ganancia es para nosotros!

¿Fue por los crímenes que cometí
Que Él sufrió en la cruz por mí?
Maravillosa compasión, gracia sin fin,
Amor grandioso el de mi Dios.

ISAAC WATTS (1674-1748)

Amado Padre, no puedo comprender tu justicia, en particular en lo que atañe a mi vida. Sé lo que merezco. ¡Te alabo porque Jesucristo hizo que pudiera sentir tu misericordia! Amén.

27 de abril

Pues conocemos al que dijo: Mía es la venganza, yo daré el pago, dice el Señor.
Y otra vez: El Señor juzgará a su pueblo.
¡Horrenda cosa es caer en manos del Dios vivo!
HEBREOS 10:30-31

No importa si piensas que eres agradable, que mereces que te amen por tu refinamiento. Eres un problema moral. Lo fuiste y sigues siéndolo. Cuando Dios te confrontó, vio que tus caminos no eran justos, que había inequidad en tu vida y también iniquidad.

Como halló iniquidad, la sentencia de Dios fue la muerte. Todos hemos estado o estamos bajo sentencia de muerte. ¿Cómo puede andar la gente tan campante y contenta, estando bajo sentencia de muerte? ¿Cómo pueden andar tan despreocupados? Porque la Biblia nos dice que el alma que peca morirá.

Cuando la justicia confronta un problema moral, justifica a la persona si se corresponde con la justicia de Dios, o la condena si la persona tiene inequidad e iniquidad en su vida. Así es como conseguimos la sentencia de muerte.

Cuando Dios en su justicia sentencia a un pecador a la muerte, no conflige con su misericordia, no conflige con su bondad, ni está con su compasión ni con su lástima. Porque son todos atributos de un Dios unitario, que no entran en conflicto entre sí.

Oh, ven pronto, temible Juez de todo,
Porque aunque tu venida sea terrible,
Caerán todas las sombras de la verdad,
Y morirá la falsedad al verte.
Oh, ven pronto, porque la duda y el temor,
Como las nubes se disuelven cuando tú estás cerca.
LAWRENCE TUTTIETT (1825-1897)

Mi Padre celestial, tu compasión por mí ha echado fuera toda duda que pudiera tener acerca de ti. Me gozo en tu amor a causa de Jesús.
Amén.

28 de abril

Y les dijo: Así está escrito, y así fue necesario que el Cristo padeciese, y resucitase de los muertos al tercer día; y que se predicase en su nombre el arrepentimiento y el perdón de pecados en todas las naciones, comenzando desde Jerusalén. Y vosotros sois testigos de estas cosas.

LUCAS 24:46-48

Cuando Dios sentencia a muerte a una persona, su misericordia está presente, como también lo están su compasión y su sabiduría; todo lo que es Dios está en esa sentencia. ¡Oh, hermanos míos, el misterio de la expiación! Por medio de tal misterio el alma que acepta esa expiación, que se echa de bruces, humillada, es el alma para la cual cambia la situación moral. No es Dios el que cambia, sino la situación moral del pecador.

Jesucristo no murió en la cruz para cambiar a Dios. Murió para cambiar al problema moral.

Cuando la justicia de Dios confronta a un pecador desprotegido, esa justicia le sentencia a muerte y en esa sentencia está Dios, todo lo que Dios es. Cuando Cristo, que es Dios, fue a la cruz y murió allí en infinito sufrimiento, sufrió más de lo que sufren los que están en el infierno. Sufrió todo lo que se puede sufrir en el infierno. Porque todo lo que hace Dios, lo hace con todo lo que Dios es, de modo que cuando Dios sufrió por ti, sufrió para cambiar tu problema moral.

Bendita sean las gloriosas noticias
Que a un mundo sufriente se le reveló.
Cristo hizo una expiación completa;
Por sus llagas a todos nos sanó.

A. B. SIMPSON (1843-1919)

Te alabo, Dios y Padre del Señor Jesucristo. Por tu plena expiación puedo acceder mediante Jesucristo a la plenitud de tu bendición. ¡Alabado sea Dios! Amén.

29 de abril

Conoce, pues, que Jehová tu Dios es Dios, Dios fiel, que guarda el pacto y la misericordia a los que le aman y guardan sus mandamientos, hasta mil generaciones; y que da el pago en persona al que le aborrece, destruyéndolo; y no se demora con el que le odia, en persona le dará el pago.

DEUTERONOMIO 7:9-10

Cuando Dios mira al pecador que ha aceptado la expiación, no ve el mismo problema moral que notaba cuando miraba a ese pecador que seguía amando su pecado. Cuando Dios ve al pecador que sigue amando a su pecado y rechaza el misterio de la expiación, la justicia le condena a morir. Pero cuando Dios mira al pecador que ha aceptado la sangre del pacto eterno, la justicia lo sentencia a vivir, y Dios es justo al hacer estas dos cosas.

Cuando Dios justifica a un pecador, está a favor de él por completo. Todos los atributos de Dios están a favor del pecador. No es que la justicia esté pidiendo por el pecador ni que esta se deje tentar, sino que Dios está allí enteramente, y Dios actúa totalmente en sus obras.

Por eso, cuando Dios mira al pecador y ve que no ha sido justificado o al menos, que no acepta la expiación, esta no se aplica al pecador. Su problema y su situación moral sigue siendo aquello que la justicia sentencia a muerte. Dios busca al pecador justificado que en fe sabe que ha sido perdonado por la expiación y ha aceptado este perdón. La justicia dice que debe vivir. El pecador injusto no puede ir al cielo, como el pecador justificado no puede ir al infierno.

Ni todas las formas externas en la tierra,
Ni los ritos que Dios nos ha dado,
Ni la voluntad del hombre, ni la sangre, ni el nacimiento
Pueden llevar un alma al cielo.

ISAAC WATTS (1674-1748)

Me maravilla, oh Dios, la gracia redentora que extiendes hacia mí. Alabado seas, Dios, porque no son mis obras, sino la tuya, la que ha sellado el pacto. ¡Aleluya por la cruz! Amén.

30 de abril

Oídme, duros de corazón, que estáis lejos de la justicia:
haré que se acerque mi justicia; no se alejará, y mi salvación no se detendrá.
Y pondré salvación en Sion, y mi gloria en Israel.
ISAÍAS 46:12-13

La justicia está a nuestro favor ahora puesto que el misterio del sufrimiento de Dios en la cruz ha cambiado nuestra situación moral. Ahora la justicia mira y ve igualdad, no iniquidad, por lo que somos justificados.

La justificación se perdió durante un tiempo, en que la consignaron al cesto de la basura, pero luego los impulsores de la Reforma volvieron a ponerla en primer lugar. Hoy estamos parados en la justicia y cuando hablamos de ella, no se trata tan solo de un texto que manejamos.

Somos justificados por fe a causa de que la agonía de Dios en la cruz cambia la situación moral del ser humano. A Dios eso no lo alteró, en absoluto. La idea de que Dios cambió su ceño fruncido para empezar a sonreír, de mala gana, es un concepto pagano. No es cristiano para nada.

Dios es uno. No solo hay un único Dios sino que Dios es unitario, uno mismo consigo mismo, indivisible. La misericordia de Dios es simplemente Dios siendo misericordioso, y la justicia de Dios es simplemente Dios siendo justo; el amor de Dios es simplemente Dios amando, y la compasión de Dios es simplemente Dios siendo compasivo. No son cosas que fluyen de Dios, sino cosas que Dios es en sí mismo, las tres personas de la Trinidad.

Cristo hizo expiación por el pecado,
¡Qué maravilloso Salvador!
¡Somos redimidos! ¡El precio se pagó!
¡Qué maravilloso Salvador!
ELISHA A. HOFFMAN (1839-1929)

Querido Padre celestial, meditar en tu agonía en la cruz es algo que simplemente supera mi contemplación. Hoy, sin embargo, me deleito en los beneficios de tu sufrimiento y en la salvación que me ofreces por medio de Jesucristo. Amén.

1 de mayo

Dios no es hombre, para que mienta, ni hijo de hombre para que se arrepienta. Él dijo, ¿y no hará? Habló, ¿y no lo ejecutará?
NÚMEROS 23:19

Esa antigua pregunta sigue constante en las mentes humanas: ¿Cómo puede Dios ser justo y justificar al pecador? Anselmo decía que la compasión fluye de la bondad y que la bondad sin justicia no es bondad. Uno no puede ser bueno y no ser justo.

Además añade que cuando Dios castiga al malvado, está haciendo lo justo porque esto se condice con lo que merece el malvado. Cuando Dios perdona al malvado, también es justo porque ello se condice con la naturaleza de Dios. Por eso tenemos a Dios Padre, Dios Hijo y Dios Espíritu Santo, actuando siempre como Dios.

Es posible que un día te levantes y te sientas de mal humor. Que tu mejor amigo te trate con frialdad. Hoy, hay políticos que se presentan para unas elecciones pero en las próximas la historia será diferente. Los seres humanos podemos mejorar o empeorar, además cambiamos día a día.

La maravillosa y misteriosa verdad de Dios es que siempre es el mismo. No se levanta contento un día y triste al día siguiente, como nos pasa a nosotros. Lo único estable que existe es Dios. Lo que Él es hoy, lo fue siempre y lo será por toda la eternidad.

Oh el profundo, profundo amor de Jesús
Inmenso, no se puede medir, infinito, libre
Se mueve como un mar poderoso
En toda su abundancia sobre mí
Debajo de mí, alrededor de mí.
Es la corriente de tu amor
Guiándome hacia adelante,
Guiándome a casa
A tu descanso glorioso allá arriba.
SAMUEL T. FRANCIS (1834-1925)

Oh, Padre celestial, te alabo porque siempre eres Dios. Tu amor, inmutable, no falla y lava mi alma de nuevo cada día. En el nombre de Jesús, amén.

2 de mayo

Jesús le dijo: Si quieres ser perfecto, anda, vende lo que tienes, y dalo a los pobres, y tendrás tesoro en el cielo; y ven y sígueme.

MATEO 19:21

Deberíamos alegrarnos el hecho de que no podemos colarnos en el cielo por una ventana cualquiera. Tenemos que alabar a Dios porque no entraremos al paraíso por un descuido suyo.

Hay quienes creen que Dios está tan ocupado con el mundo y con su mantenimiento, que no notará si alguien se cuela. Estás allí mil años antes de que Dios te vea y descubra que te metiste en el cielo. O, como eras miembro de tal o cual iglesia Dios te dirá: Ah, sí, es una buena iglesia, así que entra nomás. Entras, pensando que todo está bien.

¿Recuerdas la historia que contó Jesús? Un hombre entró a la sala del banquete pero no tenía traje. El que lo vio primero le preguntó qué estaba haciendo ahí. Estaba donde no debía estar, así que lo ataron y lo echaron fuera, a la oscuridad de la noche.

En el reino de Dios no habrá nada como eso porque Dios, el Omnisciente, sabe todo lo que pueda conocerse y conoce a cada quien. Te conoce a ti, por eso Dios nunca permitirá que entre en el cielo alguien inicuo.

Doy gracias a Dios porque es el único encargado del cielo.

Oh, dulce y bendito reino, hogar de los elegidos.
Oh, dulce y bendito país que esperan ansiosos corazones.
Jesús, en su misericordia, nos lleva a ese lugar de reposo,
Eres grande con Dios el Padre y el Espíritu, siempre bendito.

BERNARD DE CLUNY, SIGLO XII

Anhelo, oh Padre, llegar a esa bendita tierra que les prometiste a quienes confían en ti. Mi lugar está en tu presencia, por eso anhelo estar contigo. En el bendito nombre de Jesús, amén.

3 de mayo

Porque recta es la palabra de Jehová,
Y toda su obra es hecha con fidelidad.
Él ama justicia y juicio; de la misericordia de Jehová está llena la tierra.
Por la palabra de Jehová fueron hechos los cielos,
y todo el ejército de ellos por el aliento de su boca.
SALMOS 33:4-6

El gran Dios Todopoderoso, que siempre es uno solo, observa una situación moral y lo que ve es vida o muerte. Dios, por completo, se pone a favor de la muerte o de la vida. Él no se divide entre ambas cosas. Si ve iniquidad e inequidad, un pecador sin purificación y protección de la expiación, solo hay una respuesta: «Dios, ten misericordia de mí, que soy pecador».

Es la única respuesta a la que reaccionará Dios. Cuando ese pecador se golpea el pecho y se echa de rodillas ante la misericordia de Dios, recibe entonces los beneficios de la infinita agonía de Dios en la cruz. Dios mira esa situación moral y dice que la vida y el infierno completos no podrán arrastrar a ese hombre (así como tampoco el cielo podría elevarlo).

¡Oh, maravilla, misterio y gloria de Dios!

No es que tenga que arreglármelas solo. Ni que tenga que darme cuenta de qué es lo que está bien, o mal, ni cómo lograré colarme en el cielo. Dios ya ha hecho una maravillosa provisión para mí y cuando me echo sobre la perfecta misericordia de Dios, Él mira hacia mí con misericordia.

Oh, lancémonos a ese océano tan ancho,
En el que desbordan las aguas de la salvación;
Internados en la misericordia de Dios,
Hasta que conozcamos la profundidad de su plenitud.
A. B. SIMPSON (1843-1919)

Querido Señor Jesús, tu misericordia es un misterio para mí, que no llego a comprender. Pero es esa misericordia tuya la que llena mi corazón con la gloriosa esperanza de la salvación. Alabado sea tu nombre por los siglos de los siglos. Amén.

4 de mayo

Por lo cual asimismo padezco esto; pero no me avergüenzo, porque yo sé a quién he creído, y estoy seguro que es poderoso para guardar mi depósito para aquel día.
2 TIMOTEO 1:12

Hay dos clases de fe: la nominal y la real.

La fe nominal acepta lo que se le dice y puede citar un texto tras otro para demostrarlo. Es asombrosa la forma en que la fe nominal, la creencia nominal, logra tejer los textos para hacer vestiduras, capas y cortinas para la iglesia. Tenemos tanto de ello en la iglesia que debo admitir que en su mayoría son cosas muy bellas. Pero no cumplen función alguna en nuestro andar espiritual.

La otra clase de fe es la que suelo llamar fe real. Esta fe depende del carácter de Dios y no mira nada más.

Las Escrituras no nos dicen de Abraham que creyó en el texto y se le contó por justicia. Abraham le creía a Dios. No se trata de qué creyó Abraham sino a quién le creyó, y es eso lo que cuenta en verdad.

El que tiene fe real, en oposición al de la fe nominal, ha encontrado la respuesta correcta a una pregunta importante: ¿Cómo es Dios? No hay pregunta más trascendental que esa, por lo que exige la respuesta correcta.

¿Cómo es Dios? Los hombres de fe, con la verdadera fe, han hallado la respuesta a esa pregunta por revelación e iluminación. Saben en quién creen.

No sé por qué la gracia del Señor me hizo conocerle;
Ni sé por qué su salvación me dio, salvo soy por Él.
Más yo sé a quién he creído, y es poderoso para guardarme
Y en ese día glorioso iré a morar con Él.
DANIEL W. WHITTLE (1840-1901)

Querido Dios de Abraham, Isaac y Jacob, mi fe se arraiga profundamente en ti, en lo que eres. No eres el Dios de los científicos, los filósofos ni el de los teólogos. Mi fe no está en lo que creo, sino en quién creo, por eso creo en ti. Oro en el bendito nombre de Jesús, amén.

5 de mayo

Y les dijo: Estas son las palabras que os hablé, estando aún con vosotros: que era necesario que se cumpliese todo lo que está escrito de mí en la ley de Moisés, en los profetas y en los salmos.

LUCAS 24:44

Creo que la dificultad que tenemos hoy en la iglesia es que nos quedamos en la revelación, la cual no basta. La revelación es la Palabra de Dios que Él nos dio. Es algo objetivo. No es subjetivo. Es externo, no interno. Es la revelación de la verdad de Dios y los seres humanos podemos creer en ella, sanamente, y sostenerla como verdad, aunque no deja de ser tan solo la revelación objetiva de la verdad, revelada imparcialmente.

Sin embargo, tenemos que ir un paso más allá, a la iluminación. La persona de fe verdadera cree la Palabra de Dios, pero ha sido iluminada de modo que conoce lo que significa la Palabra. Eso no quiere decir que sea mejor maestro de la Biblia, sino que tiene lo que los antiguos cuáqueros llamaban «apertura». Su corazón ha sido abierto a la Palabra.

En mi opinión uno jamás tendrá demasiados textos. No me malentiendas pensando que creo que los textos no son valiosos. Sí lo son. Pero los textos son el medio hacia un fin y ese fin es Dios. La revelación que se nos da es un medio hacia Dios. El texto no es el fin: Dios lo es. Así que reúne todos los textos que quieras pero no te detengas allí. Permite que el Espíritu Santo te mueva al área de la iluminación.

Oh, Señor, envíame tu Espíritu
Para que toque mis ojos y yo pueda ver;
Muéstrame la verdad oculta en tu Palabra,
Para que en tu Palabra revelada, Señor, te pueda ver.

ALEXANDER GROVES (1842-1909)

Oh Espíritu Santo, aliento de Dios, sopla tu hálito en mí para que pueda verte como lo deseas tú. Ilumina mi corazón con el esplendor de tu presencia. Te lo pido en el nombre de Jesús, amén.

6 de mayo

¡Cuán dulces son a mi paladar tus palabras! Más que la miel a mi boca.
De tus mandamientos he adquirido inteligencia;
Por tanto, he aborrecido todo camino de mentira.
SALMOS 119:103-104

Si existiera alguna traducción de la Biblia que yo no tuviera, no sé cuál sería. En esencia, creo que no voy a esforzarme ni a gastar mis energías hasta agotarme solo para conseguir una traducción en particular. Porque las hay buenas, aunque también hay las no muy buenas.

La razón por la que hoy se discute tanto sobre las traducciones de la Biblia es que hay gente que piensa que el texto es un fin en sí mismo. Sin embargo, el texto es un medio para llegar a un fin.

El gran error que cometemos hoy es pensar que si se nos dice la Palabra de manera diferente, habrá en ello algún efecto mágico. Si leemos la versión más antigua, está bien. Pero si leemos alguna nueva versión, con leves variaciones, automáticamente pensamos que hemos recibido algo nuevo. Es no es lo que yo pienso.

Lo valioso en la Palabra de Dios es la iluminación, como medio hacia el fin, así como los caminos son medios para llegar a un destino. El camino en sí mismo no es lo que importa. Nadie trazó nunca un camino y lo decoró con flores a lo largo de los bordes para exclamar: «Este es un camino». No. Lo que se dice es: «Este es el camino hacia...» y el nombre del destino.

La Biblia es toda una serie de rutas y caminos que llevan a Dios. Cuando el texto ha sido iluminado en el creyente, la persona sabe entonces que Dios es el fin hacia el que avanza, y ese creyente tiene verdadera fe.

Tu Palabra es como una profunda mina,
Joyas ricas y preciosas hay escondidas en sus profundidades
Para todo aquel que escudriña...
Tu Palabra es como una armería donde los soldados pueden reparar,
Y encontrar allí para el día de batalla todas las armas necesarias.
EDWIN HODDER (1837-1904)

Me encanta tu Palabra, oh Dios, es mi alimento y mi bebida de cada día.
Te pido que tu Espíritu Santo me revele tu belleza en esta Biblia, amén.

7 de mayo

Y dijo: No te acerques; quita tu calzado de tus pies,
porque el lugar en que tú estás, tierra santa es.
ÉXODO 3:5

Cuando Leonardo da Vinci pintó su famosa Última Cena, no tuvo mayores dificultades a excepción de los rostros. Y de ellos, hubo uno que le presentó una gran dificultad. No se sentía digno de pintar el rostro de Jesús. Postergaba ese aspecto de la obra; es más, no quería hacer ese rostro, pero sabía que debía completar la obra. Entonces, desesperado, obedeció a un impulso y lo pintó lo más rápido que pudo. De nada servía, pensó. No lo había hecho bien.

Al hablar de la santidad de Dios siento casi lo mismo. A veces pienso que de nada sirve que lo intentemos. Cuanto más medito en Dios y en sus atributos, tanto más me asombra el misterio. ¿Cómo explicar el misterio?

Como da Vinci, sigo avanzando en fe, creyendo, con esperanza en que Dios iluminará la verdad de sí mismo de modo que pueda conocerlo mejor. Ese es el objetivo, después de todo. Si tengo dificultades con la verdad de la Biblia y no entro en la presencia de Dios, entonces ¿qué he estado haciendo? ¿Qué podría revelarme el entendimiento intelectual, del latido del corazón del Dios que me creó?

¡Santo! ¡Santo! ¡Santo! Señor omnipotente,
Siempre el labio mío loores te dará.
¡Santo! ¡Santo! ¡Santo! Te adoro reverente,
Dios en tres personas, bendita Trinidad.
REGINALD HEBER (1738-1826)

Oh, Padre celestial, inclino mi cabeza y abro mi Biblia permitiendo
que el Espíritu Santo la ilumine hasta que mi corazón empiece
a cantar maravillado adorando al Dios que amo.
¡Amén y amén!

8 de mayo

Pero el hombre natural no percibe las cosas que son del Espíritu de Dios, porque para él son locura, y no las puede entender, porque se han de discernir espiritualmente.
1 CORINTIOS 2:14

Hay una verdad muchas veces olvidada: somos seres humanos caídos, en lo espiritual, lo moral, lo mental y lo físico. Caídos en todos los aspectos en que pueda derrumbarse el ser humano, porque somos lo que somos y todos nacemos en un mundo ya manchado. Desde la cuna misma aprendemos a adaptarnos, desde que nos alimentamos del pecho materno, desde que empezamos a respirar, porque está en el aire mismo. Cuando estudiamos, eso se profundiza y nuestra experiencia lo confirma. En todas partes hay maldad, falta de pureza, todo está sucio.

Incluso el blanco más níveo es un gris sucio, y nuestros héroes más nobles son titanes con mancha. Por eso aprendemos a buscar excusas, a soslayar, a no esperar demasiado los unos de los otros. De un maestro no esperamos toda la verdad, de un político no esperamos toda la honestidad, y no tardamos en perdonarles si nos mienten, y volvemos a votar por ellos. No esperamos honestidad del comerciante, ni completa confiabilidad de nadie, en absoluto.

Solo nos las arreglamos para seguir adelante en este mundo, promulgando leyes para protegernos, no solo de los criminales sino también de la gente más buena que en un momento de tentación podrían aprovecharse de nosotros.

¡Indefensa naturaleza culpable,
sin conciencia de su carga!
El corazón que no cambia, jamás se elevará
A la felicidad ni a Dios.
ANNE STEELE (1717-1778)

Padre celestial, lo trágico de nuestra época es que perdimos la capacidad de concebir lo santo. Ayúdanos a elevarnos por sobre nuestras deficiencias humanas para que podamos descubrir al Dios que eres. Amén.

9 de mayo

Jehová reina; temblarán los pueblos.
Él está sentado sobre los querubines, se conmoverá la tierra...
Alaben tu nombre grande y temible; él es santo.
SALMOS 99:1-3

Cuando pensamos en la santidad de Dios no logramos comprenderla y, por cierto, es imposible que la definamos. Santidad significa pureza, y pureza quiere decir que no hay mezcla, que no hay otra cosa aparte de lo que es.

Podemos hablar de excelencia moral, pero no resulta adecuado ya que cuando decimos que alguien es moralmente excelente es porque supera a alguien más en su carácter. Pero, ¿con quién compararemos a Dios si decimos que es moralmente excelente? Se supone que supere a alguien entonces. ¿A quién? ¿A los ángeles? ¿A los serafines?

Con todo, no nos basta esa descripción cuando se trata de Dios.

Dios no es más santo ahora de lo que lo fue antes. Como es inmutable y no cambia, jamás podrá ser más santo hoy que antes, ni mañana que hoy. Su santidad no es algo que obtuvo de alguien más, o de alguna parte. No entró en un plano infinitamente distante y absorbió así su santidad. Él es la santidad misma, más allá del poder de comprensión de nuestras mentes, más allá de lo que pudiera expresarse con palabras.

Pienso que no me equivoco si digo que si puedes expresarlo, muy probablemente no sea de Dios de quien hablas. Él habita en el *mysterium tremendum* desde la eternidad pasada a la eternidad futura.

Santo, Santo, Santo; ángeles te adoran;
Echan sus coronas del trono en derredor;
Miles y millones ante ti se postran,
Tú que eras, y eres, y has de ser, Señor.
REGINALD HEBER (1783-1826)

Dios eterno y Padre de nuestro Señor Jesucristo, me inclino ante ti con la humilde esperanza de descubrir tu presencia. Estás muy lejos de mi entendimiento, pero hay algo que me atrae hacia ti. Amén.

10 de mayo

Una cosa he demandado a Jehová, ésta buscaré;
que esté yo en la casa de Jehová todos los días de mi vida, para contemplar la hermosura de Jehová, y para inquirir en su templo.
SALMOS 27:4

Todos los grandes maestros de la literatura nos han dado grandes obras de poesía y prosa. ¡Leerlas es un deleite! Pero cuando se trata de Dios y su santidad, no hay lenguaje que pueda expresarlo de manera adecuada.

Es por ello que Dios recurre a la asociación de ideas para sugerir el concepto. No puede decirnos directamente lo que Él es, puesto que tendría que usar palabras cuyo significado no conocemos. Por tanto, emplearíamos la palabra que Él usa para ello y la traduciríamos a nuestros términos, rebajándola.

Si Dios fuese a utilizar una palabra para describir su santidad, no la entenderíamos. Dios tendría que traducirla a este lenguaje impuro que usamos nosotros. Si fuese a decirnos lo blanco que es Él, debería traducirlo en términos de un sucio gris.

Dios usa la asociación de ideas para sugerirnos y mostrarnos el efecto. En la zarza ardiente, Moisés estaba ante la santa presencia de fuego, por lo que se arrodilló, se quitó las sandalias y ocultó su rostro puesto que le daba miedo mirar a Dios. ¿Cómo explicas la experiencia de Moisés con Dios? ¿Cómo entendió Moisés esa experiencia?

El lenguaje humano no logra transmitirnos lo absoluto de Dios en su belleza y su santidad.

Alabado sea el Padre por su amorosa bondad,
Que con ternura guarda a sus hijos pecadores.
Alábenle, ángeles, alábenle en los cielos,
¡Alabado sea Jehová!
ELIZABETH R. CHARLES (1828-1896)

Como Moisés en el pasado, oh Padre, oculto mi rostro de ti. Aunque algo en mí anhela ver tu rostro. No tengo palabras, pero mi corazón se eleva en alabanza y adoración. Es mi oración, en el precioso nombre de Jesús, amén.

11 de mayo

El temor de Jehová es el principio de la sabiduría,
y el conocimiento del Santísimo es la inteligencia.
PROVERBIOS 9:10

En el Antiguo Testamento, la Biblia hebrea, hay dos palabras que se usan para «santo». Una de ellas se refiere casi exclusivamente a Dios, el Santísimo. Pocas veces aparece utilizada para cosa o persona que no sea Dios.

Me fascina mucho este versículo de Proverbios puesto que la palabra Santísimo debería ser la síntesis de lo santo, más aun que el Santo.

Y la frase que me intriga es «el conocimiento del Santísimo» porque se infiere que no se trata solamente de lo santo, sino del Santísimo. Ahí es donde tiene que estar centrada nuestra atención.

La santidad no se basa en las cosas que hagamos o dejemos de hacer. Hemos fallado terriblemente en esto, causando gran daño al cristianismo. No buscamos tanto la santidad, sino al Santísimo. Mucha gente tiene una vaga idea de lo santo, que no tiene nada que ver con su relación con Dios ya que entienden que lo santo tiene que ver con su relación con el mundo que les rodea.

Pero si estoy en armonía con el Santísimo, tendré toda la santidad que necesite para vivir en este mundo.

Mi meta es Dios mismo, no el gozo, no la paz,
Ni la bendición, sino Él, mi Dios;
Y Él será quien me guíe, no yo, solo Él,
«Cueste lo que cueste, Señor,
por el camino que tú digas».
FREDERICK BROOK

Santo Dios y Padre, acudo a ti en el santo silencio, la santa quietud que te mereces.
Conocerte es conocer y entender lo santa que ha de ser mi vida.
Es mi oración en el nombre de Jesús, amén.

12 de mayo

Sino, como aquel que os llamó es santo, sed también vosotros santos en toda vuestra manera de vivir; porque escrito está: Sed santos, porque yo soy santo.

1 PEDRO 1:15-16

Cuando pensamos en la palabra «santo», evocamos al Santísimo. Pero a lo largo de las Escrituras aparece otro vocablo para «santo». La primera es la que se usa en referencia casi exclusivamente a Dios, en tanto que el segundo se refiere a las cosas creadas. Es algo, digamos, que es santo por contacto o asociación con el Santísimo.

Leemos acerca del suelo santo, el sábado santo, la ciudad santa, la santa habitación o el pueblo santo. Todo eso obtiene su condición de santo por su asociación con el Santísimo.

Medita conmigo un poco en este Santísimo y en las criaturas. Este Santísimo solo permite en su presencia a las criaturas santas, los seres santos. El cristiano de hoy necesita considerar esta verdad y reflexionar en ella.

En nuestro cristianismo sentimental, poco firme, de nuestra época humanista, hemos perdido el significado de lo santo en la iglesia. Con tanto ruido y entretenimiento en la congregación, poco lugar queda para cultivar el significado de santidad en cuanto al Señor.

¿Cuándo aprenderán los cristianos de hoy que reunirse para adorar no es para placer nuestro, para entretenernos ni para conmovernos? Nos reunimos para adorar a fin de agradar a Dios. A Dios solo le agrada lo santo y la santidad.

Todopoderoso Dios, imparte tu gracia,
Fija una profunda convicción en cada corazón,
No desperdiciemos en cosas vanas
Esa vida que tu compasión ha salvado.

PHILIP DODDRIDGE (1702-1751)

Hemos perdido, oh Dios, esa sensación reverente que te mereces. Solo conocemos lo frívolo de la vida. Ayúdame a entrar en esa santa reverencia de la que eres digno. Amén.

13 de mayo

Y haré notorio mi santo nombre en medio de mi pueblo Israel, y nunca más dejaré profanar mi santo nombre; y sabrán las naciones que yo soy Jehová, el Santo en Israel.

EZEQUIEL 39:7

Hay quien se queja, a menudo, de mi constante predicación sobre la persona de Dios. Dicen que solo veo una parte de la gran verdad, pero que hay mucho más. Me acusan de ser estrecho en mi pensamiento y mi predicación.

Para ser estrecho, creo que mejor es serlo en lo correcto, por lo que seguiré enfocándome en la persona de Dios. Si voy a poner énfasis en Dios, en su santidad y en esa cualidad inalcanzable e incomprensible que podemos llamar temible, ese Santísimo, creo que estoy en el camino correcto. No sigo órdenes de hombres o mujeres, sino de Dios.

El problema con el ministerio en nuestros días es que está hecho a la medida de la gente. ¿Cuál es el tema más actual? Vayamos tras eso y la gente llenará el templo. Muchas iglesias se centran en temas culturales para ser culturalmente relevantes.

En una ocasión, en la iglesia que pastoreaba Charles Spurgeon, el Tabernáculo Metropolitano de Londres, Inglaterra, alguien se robó el reloj que estaba colgado en la pared del fondo del santuario. Pero dejaron una nota allí, que decía: «Como al pastor le interesa más la eternidad que el tiempo, no echará de menos el reloj».

Así que perdónenme,
pero seguiré enfocándome completamente en Dios.
Que trate mi lengua algún tema celeste
Y hable sin límites sobre
Las grandes obras o sobre el nombre más poderoso,
De nuestro Rey eterno.

ISAAC WATTS (1674-1748)

Padre celestial, perdóname cuando me atraigan las cosas del mundo. Ayúdame a enfocarme en ti y en nada más. Que Jesucristo bendiga mi búsqueda en este día. Amén.

14 de mayo

Si se humillare mi pueblo, sobre el cual mi nombre es invocado, y oraren, y buscaren mi rostro, y se convirtieren de sus malos caminos; entonces yo oiré desde los cielos, y perdonaré sus pecados, y sanaré su tierra.

2 CRÓNICAS 7:14

En el libro de Apocalipsis leemos acerca de las personas en la presencia de Dios, pero no por algo así como una conexión técnica.

Lo que me preocupa es que somos cristianos técnicos, y podemos probarlo. Podemos probar que somos cristianos mediante el análisis técnico. Cualquiera podrá abrir un glosario griego y mostrarte que eres santo. Temo a ese tipo de cristianismo porque no he sentido nada vil en contraste con esa clase de santidad inalcanzable e indescriptible, pero me pregunto si el golpe ha sido lo suficientemente duro como para que nos arrepintamos de verdad. Si no me arrepiento, no puedo creer.

Se nos dice: «Cree, hermano, cree nada más». Y luego con una sonrisa nos preguntan nuestro nombre, domicilio y a qué iglesia nos gustaría ir. Tenemos todo arreglado, técnicamente. Creo que nuestros antepasados conocían a Dios de manera muy distinta. No por análisis técnico.

Había un obispo que iba hasta las orillas del río, se arrodillaba junto a un tronco y pasaba el sábado en la tarde arrepintiéndose de sus pecados. Es probable que no hubiera hombre más santo en toda la región. Sentía la vileza de su pecado, y no soportaba el sucio gris, contrastando con la resplandeciente e inalcanzable blancura de Dios.

Señor Jesús, espero ante ti con paciencia,
Ven ahora y crea en mí un corazón nuevo.
A quienes te buscaron nunca les dijiste: «No».
Ahora, lávame y quedaré más blanco que la nieve.

JAMES L. NICHOLSON (1828-1876)

Santo Espíritu de Dios, déjame sentir la vileza de mi pecado. No permitas que lo tome a la ligera, haz que piense en él como piensas tú. Lávame para que quede más blanco que la nieve, amado Señor. Te lo pido en el nombre de Jesús, amén.

15 de mayo

Los pecadores se asombraron en Sion, espanto sobrecogió a los hipócritas.
¿Quién de nosotros morará con el fuego consumidor?
¿Quién de nosotros habitará con las llamas eternas?
ISAÍAS 33:14

En el libro de Isaías leemos acerca del fuego consumidor. Los serafines sobrevolaban el trono del Altísimo. Al observarlos, no se ve nada en esas criaturas ante el trono, que muestre la irreverencia y la liviandad que vemos hoy en casi todas las iglesias. Esas criaturas estaban absortas en la temible santidad de Dios, reverenciado y exaltado. Había tal sensación de su presencia que esas santas criaturas se cubrían los pies. ¿Por qué?

Se cubrían los pies en modestia, y el rostro en adoración, y usaban sus alas para volar. Eran los serafines del fuego consumidor.

En Ezequiel 1 y 10 vemos las criaturas que salen del fuego. Eran las que vio Ezequiel en el santo fuego consumidor; esas magníficas criaturas estaban absortas en aquel ambiente de adoración puesto que estaban en presencia del Santísimo.

Muchas veces oí predicar sobre este texto con el fin de preguntar quiénes irán al infierno. Pero si lo lees considerando su contexto, no describe al infierno en absoluto.

¿Quién de nosotros morará en ese fuego ardiente? El siguiente verso responde la pregunta. Ese no es el infierno, es la presencia de Dios.

Eleven sus cabezas, puertas de bronce, barras de hierro, cedan,
Y dejen que pase el Rey de gloria; la cruz está en el campo.
Ese estandarte más brillante que la estrella que anuncia el tren de la noche,
Brilla sobre la marcha y guía desde lejos a sus siervos a la batalla.
JAMES MONTGOMERY (1771-1854)

Padre celestial, envidio a esas criaturas que salen del fuego.
Anhelo conocerte en la pasión de tu presencia. Haz que arda en mí
el santo deseo que no pueda apagar nada de lo de este mundo.
Te lo pido en el nombre de Jesús, amén.

16 de mayo

Y miré, y he aquí venía del norte un viento tempestuoso, y una gran nube, con un fuego envolvente, y alrededor de él un resplandor, y en medio del fuego algo que parecía como bronce refulgente.

EZEQUIEL 1:4

Las santas criaturas que describe Ezequiel con asombro, de las que tan poco sabemos aunque deberíamos saber más, salieron del fuego y tenían cuatro caras. Avanzaron, plegaron sus alas para adorar y ante la divina palabra de orden, se apresuraron a hacer la voluntad de Dios.

Dios le habló a Moisés desde la zarza ardiente. Cuando acompañaba a Israel, Dios lo hacía bajo la forma de una nube durante el día y de una columna de fuego durante la noche. El día de Pentecostés el Espíritu Santo descendió como lengua de fuego sobre cada uno de los discípulos.

¿Qué está diciendo Dios en todo esto?

Que habita entre los hombres, en ese fuego temible. No quitó la nube y la columna de fuego que guiaba a los israelitas de día y de noche, porque así podría guiarlos en todos sus caminos. Dios habitaba entre ellos. Era su presencia en el fuego lo que le daba a Israel la protección y la guía que necesitaban en su travesía.

Al erigirse el tabernáculo, los querubines de oro cubrían el expiatorio con sus alas. ¿Qué era lo que descendió entre sus alas? El fuego de la presencia de Dios.

Oh, la llama viva
Que de su altar descendió,
Para tocar nuestros labios, y nuestras mentes inspirar,
Llevando en alas al cielo nuestro pensar.

JAMES MONTGOMERY (1771-1854)

Te alabamos, oh Dios, y te adoramos con la intensidad que proviene del fuego del altar. Arde, fuego, quema en mí los santos deseos hasta que no busque nada más. Amén.

17 de mayo

Cuanto a la semejanza de los seres vivientes, su aspecto era como de carbones de fuego encendidos, como visión de hachones encendidos que andaba entre los seres vivientes; y el fuego resplandecía, y del fuego salían relámpagos.

EZEQUIEL 1:13

Leo en Ezequiel que los serafines se cubrían los rostros; por otro lado que, cuando Moisés se encontró ante Dios, se tapó el rostro porque le daba temor mirarlo. En el libro de Apocalipsis Juan, el discípulo amado, cayó al suelo cuando vio al Salvador; y debieron levantarlo, casi de entre los muertos. Pablo quedó ciego en el camino a Damasco. Todos los encuentros con Dios han hecho que el hombre caiga postrado, que no pueda ver.

¿Qué luz les cegaba? ¿Sería un rayo cósmico proveniente de algún planeta que explotó o dos galaxias en colisión, de las que tanto se habla?

No, no y no. Mil veces, no. Era el Dios de Abraham, Isaac y Jacob. El Dios que habitaba la zarza, el Dios que habita en la *shekiná* en la presencia, entre las alas de los serafines.

¿Qué fue lo que en los inicios de la iglesia bajó como viento potente, con un sonido desde el cielo, descendiendo como lenguas de fuego sobre cada uno de los que estaban reunidos? ¿Qué significaba, y qué significaría sino la marca de Dios que indicaba en su santo fuego: «son míos»?

Quema en mi alma, ardiendo,
El fuego del amor celestial arde en mi alma,
Es el Espíritu Santo, ¡gloria sea a su nombre!
El fuego del amor celestial arde en mi alma.

DELIA T. WHITE (1838-1921)

Oh Espíritu Santo, hoy quiero que en mi vida arda el fuego de la santidad, que me limpiará de la escoria de mi pecado y me llevará ante la presencia del Santísimo. Te lo pido en oración, en el nombre de Jesús, amén.

18 de mayo

Pero los cielos y la tierra que existen ahora, están reservados por la misma palabra, guardados para el fuego en el día del juicio y de la perdición de los hombres impíos.
2 PEDRO 3:7

La iglesia de Jesucristo nació del fuego, así como salieron del fuego las criaturas en Ezequiel. La iglesia nació del fuego pero hoy tenemos grises cenizas allí donde parece haberse apagado el fuego. Hemos de ser hombres y mujeres de fuego porque ese es nuestro origen.

¿Qué fuego es ese?

¿Un fuego atómico? ¿Fuego de una bomba de hidrógeno?

No nos permitamos caer en el engaño de los científicos. No permitas que tus percepciones y tus conceptos espirituales sean arrastrados a su nivel. No pienses en términos de la ciencia.

Ese fuego temible del que surgían los serafines es el mismo fuego que habitaba entre los querubines; esa luz con su destello que hacía caer a todos es el mismo fuego que disolverá los cielos y la tierra. Es la presencia temible del Santísimo.

Dios no necesita nada que ajeno a Él para hacer las obras que ha decretado. Es la maravillosa presencia de Dios, el fuego del Santísimo, lo que cumplirá la presencia de Dios y los que no puedan estar en su presencia serán destruidos.

Que arda, en mí tu gran amor,
Con fuerza y sin parar,
Hasta que toda, escoria en mí
Se pueda incinerar.
FREDERICK FABER (1814-1863)

Estoy en tu ardiente presencia, oh Señor, con temor reverencial. Sé que en tu presencia es donde anhelo estar. Quema toda la escoria que se interponga entre tú y yo. Amén.

19 de mayo

¿No eres tú desde el principio, oh Jehová, Dios mío, Santo mío? No moriremos. Oh Jehová, para juicio lo pusiste; y tú, oh Roca, lo fundaste para castigar.
HABACUC 1:12

Es la presencia del Santísimo lo que las Escrituras describen como fuego con lo que al final nos encontraremos.

Hay quienes tienen la idea errónea de que su destino está en sus manos. Que decidirán cuándo van a servir a Cristo. Que ellos tomarán la decisión. Que van a manipular a Dios. Que aceptarán o no a Jesús. Ellos pueden apoyar la cabeza en la almohada esta noche, y pensar que solo un latido de su corazón les separe del hoy y la eternidad, de modo que se dirán: *Yo soy el que decide. Tengo libre voluntad. Dios no me obligará a hacer lo que no quiera.*

Hemos arrastrado a Dios al barro, al nivel en que lo convertimos en nuestro administrador. Jesús se ocupará de todos nuestros problemas.

Tengo algo que decirte.

Sí, Dios te ayudará, pero ¡esa idea está muy lejos de lo que nos dice la Biblia! Dios habitaba en medio, y ¿qué fue lo que reunió a la gente en el libro de los Hechos? Cuando ministraban, ayunaban, y oraban en la maravillosa presencia, oyeron la voz del Espíritu Santo que decía: *Apartadme a Bernabé y a Saulo.*

Hoy nos ocupan nuestros planes, nuestra lógica, nuestros pensamientos, y olvidamos el hecho de que el grande y santo Dios está entre nosotros.

¿Qué harás con Jesús? No puedes ser neutral;
Algún día tu corazón preguntará: «¿Qué hará Él conmigo?»
A. B. SIMPSON (1843-1919)

Oh Padre celestial, perdóname por tratar de servirte con mis propias fuerzas. He agotado mi humanidad en esfuerzos improductivos. Deja que repose en ti y confíe mi vida a la sabiduría que creó todas las cosas. En el bendito nombre de Jesús, te lo pido, amén.

20 de mayo

Muy limpio eres de ojos para ver el mal, ni puedes ver el agravio; ¿por qué ves a los menospreciadores, y callas cuando destruye el impío al más justo que él?
HABACUC 1:13

Esta frase: «Muy limpio eres de ojos para ver el mal, ni puedes ver el agravio», siempre me ha fascinado.

La pregunta que tengo que hacerme es, simplemente: «¿Me atrevo a considerar menos a la iniquidad que lo que piensa Dios al respecto? Suelo poner excusas, minimizando lo horrible de la iniquidad, pero debo llegar al punto en el que vea la maldad como la ve Dios y la trate como la trata Dios.

No digo que tengo que ver la maldad de los demás, sino la iniquidad que está al acecho, en los corredores de mi alma. Una cosa es señalar la iniquidad en la vida de otros y decirles lo que piensa Dios al respecto. Pero señalar la iniquidad que hay en mi vida y entender que Dios no puede ver esa maldad, es otra historia.

Me cuestiono en cuanto al que puede escuchar un sermón que presente la iniquidad de la humanidad y que se vaya a casa sin que le afecte en nada. ¿Tiene, esa persona, conocimiento del Santísimo?

Cuando el penitente llora
Por alguna falta o mancha oscura,
Solo una corriente, la corriente de la sangre,
Puede limpiar esa mancha.
CECIL FRANCES ALEXANDER (1818-1895)

Oh, Padre celestial, ayúdame a ver mi pecado desde tu punto de vista. No permitas que subestime lo horrible de mi pecado. Que jamás me acostumbre al mal camino, sino que siempre busque andar en tu gracia. Amén.

21 de mayo

Por tanto, di a la casa de Israel: Así dice Jehová el Señor: Convertíos, y volveos de vuestros ídolos, y apartad vuestro rostro de todas vuestras abominaciones.
EZEQUIEL 14:6

Hay algo que no puedo superar, que me humilla cada día en oración penitente: mi propia iniquidad.

Sé que he nacido de nuevo. Sé que mi lugar está en el cielo. Sé que Jesucristo murió en la cruz por todos mis pecados.

Pero en lo más profundo de mí hay petulancia en cuanto a mi propia iniquidad. Cuanto más me acerco al conocimiento del Santísimo, tanto más horrible se vuelve mi iniquidad. Cuando empiezo a verme como me ve Dios, con sus ojos, esos santos ojos, comienzo a ver mi iniquidad como la ve Dios.

Reflexiono en el pasado y recuerdo que en un tiempo era común que los hombres y las mujeres se acercaran a un altar de oración, se arrodillaran, y comenzaran a estremecerse y a llorar, convencidos de su iniquidad.

Hoy no vemos eso porque el Dios que predicamos no es el temible y eterno Santísimo que no puede mirar la iniquidad.

Cuando llegamos a la visión del Santísimo tal como Él desea revelarse a sí mismo, vuelve esa reacción natural con el poder de transformarnos a su semejanza.

Señor, me inclino para arrepentirme;
Permíteme lamentar mi caída,
Deploro profundamente mi rebelión,
Lloro, creo y no peco más.
CHARLES WESLEY (1707-1788)

Mi pecado, oh Dios, siempre está conmigo. Cuanto más me acerco a ti, más horrendo se vuelve. Alabaré el nombre de Jesús por la sangre que me ha lavado, permitiéndome ir confiado ante tu presencia. Alabado sea el nombre de Jesús, amén.

22 de mayo

Oh Jehová, hiciste subir mi alma del Seol; Me diste vida, para que no descendiese a la sepultura. Cantad a Jehová, vosotros sus santos, y celebrad la memoria de su santidad. Porque un momento será su ira, pero su favor dura toda la vida. Por la noche durará el lloro, y a la mañana vendrá la alegría.

SALMOS 30:3-5

Acudimos ante la presencia de Dios con el concepto de moralidad que aprendimos en los libros, en los periódicos y en la escuela. Nos presentamos, sucios; y todo lo que tenemos es sucio. Nuestro blanco más níveo es sucio, nuestra iglesia es sucia y nuestros pensamientos son sucios. Llegamos ante Dios sucios y nada hacemos al respecto.

Si acudimos a Dios sucios, pero estremeciéndonos, sobrecogidos, humillados, arrodillándonos en su presencia y a sus pies clamamos como Isaías: «¡Ay de mí... hombre inmundo de labios!», entonces estaremos acudiendo como debemos y en reverencia ante Dios. Pero tal como son las cosas en estos días, vamos alegremente ante la temible presencia de Dios y aparece alguno, sucio, con el libro más reciente y exitoso, *Siete pasos para la salvación,* y en siete versos nos dice cómo salir de nuestros problemas.

Cada año va más gente a la iglesia y da más dinero, pero hay menos espiritualidad, menos santidad; y olvidamos que sin santidad nadie verá a Dios.

Quiero que Dios sea lo que es y que siga siendo lo que es, el impecable santo, el inalcanzable santo, el Santísimo. Quiero que sea y siga siendo siempre Santo, con mayúsculas. Quiero que su cielo sea santo, que su trono sea santo. No quiero que Dios cambie ni modifique sus requisitos. Porque incluso si quedo fuera, quiero que en el universo quede algo que sea santo.

He hallado el gozo que lengua alguna podrá contar,
¡Son olas y olas de gloria! Como un enorme manantial, que desborda,
Y que con sus aguas llena mi alma.

BARNEY E. WARREN (1867-1951)

Oh, santo Dios, tu santidad me impide entrar en tu presencia. Tu gracia me invita a entrar, por el bendito nombre del Señor Jesucristo. ¡Amén y amén!

23 de mayo

Y dijeron los de Bet-semes: ¿Quién podrá estar delante de Jehová el Dios santo? ¿A quién subirá desde nosotros?
1 SAMUEL 6:20

Las puertas de la iglesia están abiertas de par en par para que entre el que lo desee. Creo, con franqueza, que hay quienes piensan que la puerta abierta de la iglesia es una puerta abierta al cielo. Si pasas por esa puerta de la iglesia y vas hacia la derecha, al final del corredor hallarás la puerta al cielo. El arrepentimiento ya no es algo necesario para que formes parte de la congregación y, por cierto, en esta época ya no hace falta que lleves una vida de santidad.

Nuestro problema es que dejamos que nuestras iglesias se mantengan de color gris sucio en vez de querer que sean de blanca santidad. Estamos dispuestos a aceptar un color menos puro, con tal de no ofender a nadie.

Cuando digo esto, siempre hay alguien que viene y me dice: «Ahora, bien, hermano, no seas fanático porque ¿no entiendes que Dios comprende que somos de carne, que no somos más que polvo?»

Será dura mi postura, pero creo que lo que Dios no puede mirar no es algo en lo que debamos involucrarnos. Para unirte a la iglesia, las calificaciones debieran ser las mismas que para entrar al cielo. Recuerda que la Palabra dice: Sin santidad es imposible agradar a Dios.

Este es el día para agradar a Dios.

Señor Jesús, desde tu trono en el cielo mira acá,
Y ayúdame a hacer sacrificio total;
Me abandono del todo, y todo lo que sé;
Hoy lávame y blanco como la nieve seré.
Más blanco que la nieve seré,
Hoy lávame y blanco como la nieve seré.
JAMES L. NICHOLSON (1828-1876)

Oh Padre celestial, deseo agradarte en todo lo que haga.
Lo que te complazca, Señor, me agradará también.
Es mi oración, en el nombre de Jesús, amén.

24 de mayo

Reinó Dios sobre las naciones;
Se sentó Dios sobre su santo trono.
Los príncipes de los pueblos se reunieron
Como pueblo del Dios de Abraham;
Porque de Dios son los escudos de la tierra; él es muy exaltado.
SALMOS 47:8-10

Esta es la época de las bromas, de los cristianos que se reúnen para comer. Son pocos los que se toman las cosas en serio, sobre todo su cristianismo. Si no haces que la gente se ría, no vas a lograr que vuelvan. Nuestro lema es: Dales lo que quieran y nos darán lo que queremos. A menos que los hagas reír durante un minuto, se aburrirán y no volverán más.

Lo que me molesta de todo eso es que cada uno de nosotros será llamado ante el Inefable, para comparecer y rendir cuentas de nuestras vidas. Ese ambiente no será adecuado para chistes ni bromas. Dios siempre se toma todo en serio y más todavía en ese momento. ¿Qué haremos entonces?

Hay un camino para que el hombre pueda llegar a ese sublime lugar, una forma que nos prepara para ver la santidad allá arriba. Nuestros himnos nos animan a seguir ese camino que nos prepara para la temible presencia de Dios. Tal vez por eso, los himnos no sean tan populares en estos días.

Pero, ¿cómo podría yo, hijo de la noche y la ignorancia, entrar en el lugar santísimo del cielo y estar ante Dios?

Solo inclinándome en humilde reverencia ante ese temible Santísimo.

Esto es lo que nos prepara
Para ver la santidad allí;
Los hijos de la ignorancia y de la noche,
Podrán habitar en la luz eterna,
Por medio del eterno amor.
THOMAS BINNEY (1789-1874)

Oh, Dios, estás sentado en tu trono con serafines, querubines, ángeles, arcángeles, principados, potestades y criaturas que no han caído. Ellos pueden soportar la dicha ardiente, pero es porque jamás han conocido un mundo caído como este. Amén.

25 de mayo

Sean vuestras costumbres sin avaricia, contentos con lo que tenéis ahora; porque él dijo: No te desampararé, ni te dejaré.
HEBREOS 13:5

Tenemos todo tipo de recursos sicológicos y terapéuticos para consolar a las personas y hacer que no se sientan mal. No es algo malo tratar de consolar a quien está pasando por momentos severos, pero a veces llegamos demasiado lejos.

No quiero que me consuelen desde el punto de vista humano. No quiero que nadie minimice la iniquidad de mi corazón. Quiero quebrantarme ante Dios, quebranto del que vendrán la fuerza de Dios y su presencia. Lo que anhelo cada día es la presencia de Dios.

Mi familia y mis amigos no pueden ayudarme en esa hora temible en que he de aparecer ante Dios. Cuando el Ser a quien nadie creó esté ante mi espíritu desnudo, nada de lo humano podrá ayudarme.

Hay un solo camino, a través del sacrificio ofrecido y del Abogado que tenemos ante Dios. Pero no lo tomes a la ligera. La conversión solía ser algo revolucionario, drástico, maravilloso, terrible y glorioso. De eso ya no queda mucho. Hemos olvidado que Dios es el Santísimo.

La presencia de Dios en mi vida hoy me está preparando para ese día temible que está por venir. La presencia de Dios que hoy invade mi espíritu es la que me prepara para ese día.

Cantemos con fervor, dejemos el pesar,
Marchemos libres de temor, marchemos Libres de temor,
Al más feliz hogar,
Al más feliz hogar.
A Sion caminamos,
Nuestra ciudad tan gloriosa;
Marchando todos cantamos
De Dios y la bella mansión.
ISAAC WATTS (1674-1748)

Me regocijo, oh Dios, en esa misteriosa presencia que hoy me prepara para entrar en tu presencia en los cielos. Día tras día mi corazón anhela ese glorioso momento. ¡Aleluya por el Cordero de Dios! Amén.

26 de mayo

Muchos días ha estado Israel sin verdadero Dios y sin sacerdote que enseñara, y sin ley; pero cuando en su tribulación se convirtieron a Jehová Dios de Israel, y le buscaron, él fue hallado de ellos.

2 CRÓNICAS 15:3-4

La gracia es lo que fluye de la bondad de Dios, lo que le place y lo que es Él. Si estuvieras delante de Dios, hallarías que así es Dios.

La gracia es lo que hace que el que injustamente estaba en desfavor, entrara en favor. Gracia y favor, dicho sea de paso, son palabras que aparecen en la Biblia casi de manera indistinta.

La gracia es la bondad de Dios que confronta al demérito humano. Cuando la justicia confronta un problema moral, pronuncia sentencia de muerte; pero la bondad de Dios anhela dar bendición y esa gracia Él la da incluso a quienes no la merecemos, por demérito específico.

Hay una diferencia entre la falta de mérito y el demérito. La falta de mérito es simplemente algo negativo, un vacío. Pero el demérito es algo que está allí y que significa no solo que falta el mérito sino que lo que hay es todo lo contrario. Hemos ido más allá de la falta de mérito al punto en el que debemos más de lo que podríamos pagar jamás. Empezamos endeudados, y empeoramos y, por mucho que lo intentemos, nada podemos hacer por cancelar las deudas.

La gracia de Dios sobrepasa todo eso y nos ubica en su favor.

Quiero recordar tu grande amor, ¡oh Dios!
Hacia mí, un perdido y pobre pecador,
Quiero recordar las penas de Jesús
En Getsemaní y el madero de la cruz.
Gloria a nuestro Dios,
Y gloria a nuestro Salvador.
Gloria a nuestro Dios,
Y gloria a nuestro Salvador.

JULIA H. JOHNSTON (1849-1919)

Querido Señor Jesucristo, lo que hiciste en el Calvario es más de lo que puedo entender y aunque lo contemple no llego a comprenderlo; lo que hiciste allí, trajo a mi vida la maravillosa gracia de Dios. Amén y amén.

27 de mayo

Condujiste en tu misericordia a este pueblo que redimiste;
lo llevaste con tu poder a tu santa morada.
ÉXODO 15:13

Se habla en el Antiguo Testamento sobre la misericordia cuatro veces más de lo que aparece en el Nuevo. Por otra parte, sobre la gracia hay tres veces más en el Nuevo Testamento en comparación con el Antiguo.

Leemos que Moisés le dio la ley de Dios al pueblo y que la gracia y la verdad vinieron a través de Jesucristo (ver Juan 1:17). Cristo es el bendito canal por el que fluye la gracia, pero es posible malinterpretar esto y, por desdicha, muchos lo hacen.

Nunca subestimes la capacidad que tiene la gente buena de malinterpretar las cosas. Porque en su mayoría, hay muchos que enseñan que Moisés solo conocía la ley y que Cristo solo conoce la gracia. No era esa la enseñanza de la iglesia en el pasado y no la encontrarás en los escritos de los puritanos, ni de Juan Calvino, ni de los grandes personajes de la Reforma y los reavivamientos.

No podemos dejar de repetir que hace falta toda la Palabra de Dios para que sea la Palabra de Dios. Dividirla, aunque lo hagas de la forma correcta, equivale a correr el gran riesgo de que se malinterprete. Si dividimos y categorizamos las Escrituras corremos el peligro de malinterpretar la mente y la voluntad de Dios. Dejemos esa tarea en manos del Espíritu Santo, que con su aliento trae la verdad a nuestros corazones.

El Señor nuestro Dios es bueno,
Su misericordia es por siempre;
Su verdad permanece firme en todo tiempo,
Y perdurará por los siglos de los siglos.
WILLIAM KETHE (¿?-1594)

Tu Palabra, oh Dios, es mi entorno día a día.
Que tu bendito Espíritu Santo abra mi corazón, para que pueda
alimentar mi alma en las delicias de tu gracia.
En el nombre de Jesús, amén.

28 de mayo

Porque sol y escudo es Jehová Dios; gracia y gloria dará Jehová.
No quitará el bien a los que andan en integridad.
Jehová de los ejércitos, dichoso el hombre que en ti confía.
SALMOS 84:11-12

Nos equivocamos al creer que Moisés no conoció la gracia de Dios porque este le dio la ley. No estamos leyendo ese pasaje de la manera adecuada. ¿No dice la Biblia que antes del diluvio Noé halló gracia en los ojos del Señor? ¿Dónde la halló?

Después de recibir la ley, Moisés pasó 40 días y 40 noches en la montaña, y Dios con su dedo escribió los Diez Mandamientos en las tablas de piedra, desde el fuego y la tormenta. Fue un momento importante en la historia pero eso en manera alguna niega la gracia de Dios.

La Biblia dice: «Yo te he conocido por tu nombre, y has hallado también gracia en mis ojos» (ver Éxodo 33:12). Dios no trató a Moisés basándose en la ley, sino en la gracia.

Moisés lo sabía, y dijo: «Si he hallado gracia en tus ojos...» (ver v. 13). ¿Cómo podría ser de otro modo? ¿Cómo ese Dios, que no cambia, que es inmutable, podría actuar solo en la ley en el Antiguo Testamento, y solo en la gracia en el Nuevo? Si la inmutabilidad es un atributo divino, entonces Dios siempre ha de actuar tal como Él es.

Al Padre, Dios de amor
Queremos alabar;
Nos dio consuelo y paz,
Su gracia nos brindó;
Y en una cruz al Cristo dio,
El pecador por rescatar.
ISAAC WATTS (1674-1748)

Te alabo, oh Dios, porque siempre actúas tal como eres. Mi gran consuelo es que cuando acudo a ti, sé que siempre serás el mismo. Te bendigo, en el precioso nombre del Señor Jesucristo, amén.

29 de mayo

Porque este mi hijo muerto era, y ha revivido; se había perdido, y es hallado. Y comenzaron a regocijarse.
LUCAS 15:24

La parábola del hijo pródigo tiene algunos aspectos muy fascinantes. Después de que el hijo pródigo hubiera gastado todo lo que tenía, acabó entre los cerdos, y las Escrituras nos dicen que volvió en sí.

Es como si Dios entendiera que el hombre no estaba en sí pero que ahora, con la sabiduría aprendida por la pérdida y la nostalgia de su hogar, recobraba la conciencia.

Uno no encuentra a la gente siempre del mismo modo. Muchas veces se van, como hizo el pródigo. Pero luego sucede algo que hace que tomen consciencia.

La gracia no es como el clima, como si fuera un soplo caliente de viento de gracia que luego cesa. Puesto que Dios es gracia, siempre actúa tal como Él mismo es. Y debe actuar como es, antes del Diluvio y después del Diluvio, cuando da la ley, y después de darla. Dios siempre ha de actuar tal como Él es y, puesto que la gracia es un atributo de Dios, significa que eso es lo que Él es, que no puede desaparecerse, porque Dios sigue siendo Dios. Siempre hubo y siempre habrá gracia en el corazón de Dios. No más de la que había, ni menos de la que hay o habrá.

Oí la voz del Salvador
Decir con tierno amor:
«¡Oh! ven a mí, descansarás,
Cargado pecador».
Cansado estaba y sin tardar.
A Cristo yo acudí,
Y luego dulce alivio y paz
Por fe de él recibí.
HORATIUS BONAR (1808-1889)

Querido Padre celestial, hallo gran consuelo cuando acudo a ti y encuentro que tu gracia siempre es suficiente. Yo cambio, pero tu gracia no cambia nunca. Siempre me lleva allí donde tú quieres que esté. Amén.

30 de mayo

Según nos escogió en él antes de la fundación del mundo,
para que fuésemos santos y sin mancha delante de él.
EFESIOS 1:4

Antes de Moisés, nadie fue salvo excepto por gracia. En la época de Moisés, nadie fue salvo excepto por gracia. Después de Moisés, y antes de la cruz y después de la cruz y desde la cruz, y durante toda dispensación en todo lugar y en todo tiempo desde que Abel ofreció su primer cordero ante Dios en el altar, nadie fue salvo sino por gracia, y de ninguna otra manera.

La gracia es lo único que ha sido y es siempre igual.

Recuerda que la gracia siempre viene por medio de Jesucristo, no hay otro camino. Eso no significa que antes de que María diera a luz a Jesús no había gracia, porque Dios trataba a la humanidad con gracia, ya que vendría Cristo. Ahora que Cristo ha venido y ascendido a la diestra del Padre, Dios mira la cruz, tal como nosotros la vemos. Todos los salvos, a partir de Abel, han sido salvos por mirar a la cruz, esperándola. La gracia vino por medio de Jesucristo y todo el que ha sido salvo desde la cruz, lo ha sido por mirar a la cruz. La gracia siempre viene por medio de Jesucristo. No fue en el momento de su nacimiento, sino en el eterno plan de Dios.

La gracia siempre ha estado en la mente de Dios, cuando pensaba en ti y en mí.

Fue la gracia la que abrió el camino
Para salvar a la rebelde humanidad.
Todos los pasos que la gracia nos muestra
Son los del plan de la eternidad.
PHILIP DODDRIDGE (1702-1751)

Tu gracia, oh Señor, me ha rescatado de la depravación de la humanidad. Tu gracia ha reinado por todos los siglos, desde tu creación. Te alabo porque hallo la gracia que necesito. Alabado sea el nombre de Jesús. Amén.

31 de mayo

Acerquémonos, pues, confiadamente al trono de la gracia, para alcanzar misericordia y hallar gracia para el oportuno socorro.
HEBREOS 4:16

El plan redentor de Dios fue desarrollándose tal como Él lo planeó, y se cumplió en Cristo Jesús tal como lo tenía planeado desde la eternidad.

La gracia no llegó cuando Cristo nació en un pesebre, ni cuando fue bautizado ni ungido por el Espíritu. No vino cuando Él murió en la cruz, ni cuando resucitó de entre los muertos ni cuando subió para estar a la diestra del Padre.

La gracia vino desde el principio más antiguo, a través de Jesucristo el Hijo eterno, y se manifestó en la cruz del Calvario. Siempre ha estado allí, obrando, desde el principio mismo.

Si Dios no hubiera obrado en gracia, habría eliminado a la raza humana aplastando a Adán y a Eva bajo su talón en terrible juicio, porque se lo buscaron. Como Dios es un Dios de gracia y puesto que ya tenía planeada la eternidad, el Cordero de Dios fue inmolado antes de la creación del mundo. No había humillación ni vergüenza en el plan divino. Dios no dio un paso atrás ni dijo: «Oh, lo siento... me equivoqué en esto...» No. Dios simplemente siguió cumpliendo su plan redentor.

Sublime gracia del Señor
Que a mí pecador salvó;
Fui ciego mas hoy miro yo
Perdido y él me amó.
En los peligros o aflicción
Que yo he tenido aquí
Su gracia siempre me libró
Y me guiará feliz.
JOHN NEWTON (1725-1807)

Precioso Señor Jesús, me inclino ante ti y te agradezco por la gracia que hizo posible mi redención. Alabado sea tu nombre. Amén.

1 de junio

Porque así como en Adán todos mueren, también en Cristo todos serán vivificados.
1 Corintios 15:22

En el huerto del Edén, cuando el primer Adán tropezó y cayó, el segundo Adán ya estaba allí. La falla de Adán no le causó sorpresa a Dios. No tuvo que apresurarse a buscar una solución. Más allá de lo que podemos entender está el hecho de que el segundo Adán precedió al primero, lo cual es un tributo a la sublime gracia de Dios.

Cualquier cosa que Dios haya hecho por cualquier persona es debido a su sublime gracia. La gracia de Dios es para todos, y todos —hasta la mujer más humilde del mundo, el hombre más pecador y sanguinario del mundo, un Judas, un Hitler—, la reciben en cierta medida. Si Dios no fuera un Dios de gracia, habríamos sido eliminados.

Después de todo, no hay grandes diferencias entre los pecadores. Cuando una mujer barre su casa, está sucia, negra, gris, de diversos colores, pero antes que la escoba pase todo es suciedad por igual. Cuando Dios mira a la humanidad, ve que algunos están muy blancos, pero siguen estando sucios. Ve que otros están muy negros, pero siguen estando sucios. Ve a otros con manchas morales, pero siguen estando sucios. Todo, antes de la escoba moral.

Todos caemos bajo la gracia de Dios.

Venid, tristes y heridos, los que sufren del pecar,
Los que esperan a ser buenos nunca lo alcanzarán,
Pecadores,
Pecadores,
Cristo vino a rescatar.
Joseph Hart (1712-1768)

Oh, Padre celestial de gracia, lleno de misericordia, te alabo porque aunque mi vida estaba arruinada por el pecado tu gracia me ha hecho libre. Alabado sea el nombre de Jesús, amén.

2 de junio

Ciertamente él escarnecerá a los escarnecedores, y a los humildes dará gracia. Los sabios heredarán honra, mas los necios llevarán ignominia.
PROVERBIOS 3:34-35

Todos, no importa quiénes seamos o qué hayamos hecho, caemos bajo la gracia de Dios. No todos experimentan la gracia salvadora de Dios y aquí está la gran diferencia. La gracia de Dios es para todos, pero cuando la gracia de Dios opera a través de la fe en Jesucristo, se produce el nuevo nacimiento.

No todos experimentan esta gracia pero aun así Dios demora todo juicio que pudiera caer sobre el hombre hasta que en su bondad le haya dado a cada uno la oportunidad de arrepentirse.

La gracia es la bondad de Dios, la ternura de su corazón, su buena voluntad y su cordial benevolencia. Así es Dios.

Dios es bueno, lleno de gracia y buena voluntad, de cordialidad y benevolencia, todo el tiempo. Hallarás que Dios siempre actúa con gracia y en todo momento, con todos, todo el tiempo. Nadie podrá encontrar maldad en Dios ni resentimiento ni mala voluntad, porque en Él eso no existe.

Todos estos aspectos de Dios obran en perfecta armonía con la justicia y el juicio divinos. Sí, creo en el infierno y el juicio, pero también creo que aquellos a quienes Dios tiene que rechazar, igual caen bajo su gracia. Porque Dios no puede obrar de otro modo, más que con gracia.

Has dado tu palabra, de salvar a mi alma de la muerte.
Puedo confiar en ti, Señor,
En mi aliento de mortal,
Viviré sin miedo a la muerte,
Hasta que me lleves a mi hogar.
ISAAC WATTS (1676-1748)

Padre celestial, he sentido la gracia de tu amor. Te alabo porque no permitiste que permaneciera en mi pecado. Me rescataste y me pusiste sobre la Roca que es el Señor Jesucristo. Amén.

3 de junio

Pero la ley se introdujo para que el pecado abundase; mas cuando el pecado abundó, sobreabundó la gracia; para que así como el pecado reinó para muerte, así también la gracia reine por la justicia para vida eterna mediante Jesucristo, Señor nuestro.

ROMANOS 5:20-21

Dios aplica su gracia en medida contra nuestro pecado. La gracia ha sido abundante para muchos y donde el pecado abundaba, la gracia abundaba mucho más. Cuando Dios dijo «sobreabundó» no se refería a grados de gracia, ni a medidas progresivas de la gracia divina. Dios no tiene grados, como los tiene el ser humano. Es una terminología para que entendamos que la gracia de Dios es mayor que nuestra capacidad para pecar.

Por ejemplo, nosotros tenemos ciertos grados de pecado. Creemos que tal o cual pecado es mayor que otro. En cuanto a Dios, el pecado es pecado, sin grados ni medidas. Pero a fin de que lo entendamos, no hace falta más gracia divina para tal o cual pecado, que para tal o cual otro. El pecado es pecado para Dios, y su gracia es más grande que todos nuestros pecados en conjunto.

A veces hay personas que se creen mejores que otras porque su pecado no es tan terrible. Pero Dios, en su evaluación del pecado, ve al pecado como pecado, y su gracia cubre todos los pecados. El único camino a la gracia de Dios es a través de Jesucristo.

Maravillosa, infinita, inigualable gracia
¡Otorgada a todo el que cree!
Tú, que anhelas ver su rostro
¿Recibirás su gracia en este momento?

JULIA H. JOHNSTON (1849-1919)

Mi Padre celestial, te alabo por la gracia que me otorgas. ¡Aleluya! Tu gracia es más grande que mi pecado. Lo único que necesito saber es que tu gracia me ha cubierto. ¡Alabado sea el nombre de Jesús! Amén.

4 de junio

Pero el don no fue como la transgresión; porque si por la transgresión de aquel uno murieron los muchos, abundaron mucho más para los muchos la gracia y el don de Dios por la gracia de un hombre, Jesucristo.
ROMANOS 5:15

Juan Bunyan escribió la historia de su vida y la tituló: «Gracia abundante para el mayor de los pecadores». Sinceramente, pensaba que ese título era el que representaba su vida. Creía que él era el hombre con menos derecho a la gracia de Dios. No es que nadie tuviera ese derecho, pero sentía su propia condición de pecador en lo más profundo, y que solo la abundante gracia de Dios le había salvado.

Nuestro mayor error está en que pensamos que Dios es como nosotros, que un día somos amables, bondadosos, y al día siguiente estamos llenos de ira y resentimiento. Cuando la Biblia dice que la gracia de Dios sobreabunda no se refiere a que abunde más que cualquier otra cosa en Dios sino que abunda más que cualquier otra cosa en nosotros. No importa cuánto hayamos pecado, la gracia sobreabunda para con nosotros.

Cuanto más se precia el hombre, menos aprecia la gracia de Dios. Pero cuando una persona empieza a verse a sí misma como se veía Juan Bunyan, completamente bajo sentencia de muerte, la gracia de Dios se vuelve mucho más maravillosa. Cuando comparo la gracia de Dios con mi pecado, la gracia de Dios siempre gana.

Canta, alma mía, su maravilloso amor,
Que de su esplendoroso y elevado trono,
Ve a la raza humana,
Y al hombre le otorga su gracia.
ANÓNIMO

Amado Padre celestial, al igual que Bunyan y el apóstol Pablo, me siento el peor de los pecadores. Tu gracia es tan maravillosa que cubre a los pecadores como yo. Alabado sea el nombre de Jesús, amén.

5 de junio

Pero ¿es verdad que Dios morará sobre la tierra?
He aquí que los cielos, los cielos de los cielos, no te pueden contener;
¿cuánto menos esta casa que yo he edificado?
1 REYES 8:27

La gracia de Dios en mi vida es una sobrecogedora plenitud de bondad y benignidad. Si solo pudiera recordar y aferrarme a ello, no necesitaría buscar nada más ni querría entretenimiento alguno. Si solo pudiera caminar por allí recordando la gracia de Dios conmigo, que no tengo nada sino demérito y soy un desastre incomprensible, lo único que habría en mi corazón sería gratitud a Dios.

Es tan vasta, tan enorme, tan abrumadora la gracia de Dios, que nadie puede entenderla ni albergar esperanza de llegar a comprenderla. La gracia es el bondadoso amor de Dios por nosotros.

Solo piensa: ¿nos habría soportado Dios durante tanto tiempo si tuviera solo una cantidad limitada de gracia? Si tuviera limite en lo que fuera, no sería Dios porque para que Dios sea Dios, tiene que ser infinito.

No puedes usar la palabra «cantidad» en referencia a Dios, ya que «cantidad» implica medida y a Dios no se lo puede medir. No puedes medir a Dios en ningún aspecto porque Dios no habita dimensión alguna y no podemos medirle.

Acuérdate, Señor Jesús;
Acuérdate de mí;
Y por tu muerte y tu pasión,
¡Oh, ten piedad de mí!
Por la maldad que hice yo,
Murió el Redentor:
¡Oh, qué divina compasión!
¡Qué infinito amor!
ISAAC WATTS (1674-1748)

Te alabo, oh Dios, por tu abundante gracia salvadora, que recibo por tu precioso Hijo, el Señor Jesucristo, mi Salvador. Alabado sea su nombre, amén.

6 de junio

Y poderoso es Dios para hacer que abunde en vosotros toda gracia, a fin de que, teniendo siempre en todas las cosas todo lo suficiente, abundéis para toda buena obra.

2 CORINTIOS 9:8

Cuando decimos que Dios es infinito sabemos que la gracia divina siempre será inconmensurable. Cuando cantamos sobre la gracia de Dios, por supuesto que nos maravilla. Mírate, en tu condición de pecador, y di: «La gracia de Dios tiene que ser infinita, tanto como el espacio, para perdonar a alguien tan pecador como yo».

Cuando Dios extiende su gracia a un pecador no es que esté siendo dramático. Simplemente actúa como Él es, y jamás actuará de otra forma que no sea tal como es Dios.

Pensemos por ejemplo en un hombre a quien la justicia haya condenado. Cuando ese hombre le vuelve la espalda a la gracia divina en Cristo y se niega a ser rescatado, llega el momento en que Dios debe juzgarlo y cuando Dios juzga al hombre, actuará tal como es. Cuando Dios muestra su amor a la raza humana, está actuando tal como es. Cuando Dios muestra su juicio a los ángeles que se rebelaron, actúa tal como es. Dios siempre actúa en conformidad con la plenitud de su propia naturaleza, santa, perfecta, simétrica. Dios siempre siente su sobreabundante plenitud de bondad, y la siente en armonía con todos sus otros atributos.

No hay nada que pueda hacer que alabemos más a Dios, que saber que siempre actúa tal como es.

Sublime gracia del Señor
Que a mí pecador salvó;
Fui ciego mas hoy miro yo
Perdido y él me amó.
JOHN NEWTON (1725-1807)

Querido Señor Jesús, mi maravilloso Salvador, ¡cómo te bendigo por la gracia que pudo salvar a alguien pecador como yo! Te adoro porque has hecho que mi adoración sea digna de ti. Amén y amén.

7 de junio

Porque Jehová vuestro Dios es Dios de dioses y Señor de señores, Dios grande, poderoso y temible, que no hace acepción de personas, ni toma cohecho.
DEUTERONOMIO 10:17

Cuando meditamos en Dios, tenemos que recordar algo importante: Dios nunca se siente frustrado. Los humanos, sí. Y por una buena razón: no somos infinitos. Pero Dios no tiene razón para frustrarse con nada ni con nadie, en ningún momento.

Dios no se frustra porque es infinito. Esa infinitud de Dios significa que siempre es Dios y que no cambia nunca. Todo lo que Dios es permanece en completa armonía. Y su Hijo eterno comparte todo eso con Él.

Muchos hablan de la bondad de Dios y luego se ponen sentimentales; y dicen que Dios es demasiado bueno como para castigar a alguien. Así, descartan el infierno.

El que tiene un adecuado concepto de Dios no solo creerá en el amor divino sino también en la santidad de Dios. Creerá no solo en la misericordia divina sino también en la justicia de Dios.

Cuando ves al Dios eterno en su santa y perfecta unión actuando en juicio, sabes que aquel que elige el mal no puede jamás habitar en la presencia de este Dios santo.

A Dios, naciones, dad loor, porque es el único Señor;
A él con gozo alabad, y sus bondades celebrad.
Es infinito su poder; en él tenemos nuestro ser,
Pues del polvo nos formó y de la muerte nos salvó.
ISAAC WATTS (1674-1748)

Dios eterno y Padre de nuestro Señor Jesucristo, mi corazón está henchido de alabanza a ti. Por conocer mi maldad, aprecio tu gracia, amén.

8 de junio

Antes sed benignos unos con otros, misericordiosos,
perdonándoos unos a otros, como Dios también os perdonó a vosotros en Cristo.
EFESIOS 4:32

Dios es tan bueno que el infinito no podría medir su bondad. Es inconmensurablemente amoroso, pero también es santo y justo. Y esto es algo que tenemos que tener en cuenta todo el tiempo. La gracia de Dios solo viene a nosotros por medio de Jesucristo. La segunda Persona de la Trinidad abrió el canal de la gracia que fluye a través de sí mismo. Fluyó a través de Él desde el día en que pecó Adán, a lo largo de los tiempos del Antiguo Testamento, y nunca fluyó de otro modo que no fuera por Él.

Algunas personas no llegan a concebir a este Dios. Se vuelven soñadoras y poéticas sobre la bondad de nuestro Padre celestial que es amor y escriben: «El amor es Dios y Dios es amor, el amor es todo en todo y todo estará bien». Eso resume mucho de lo que se enseña en nuestros días, sin embargo es una falsa enseñanza.

Si quiero conocer esta gracia inconmensurable, esta asombrosa, maravillosa bondad de Dios, tendré que ponerme a la sombra de la cruz. Tengo que ir allí donde Dios otorga su gracia. Puedo esperarla o puedo encontrarla hurgando el pasado. De uno u otro modo, tengo que mirar la cruz en la que murió Jesús.

Todopoderoso Dios, imparte tu gracia
Y fija la profunda convicción en cada corazón.
Por qué desperdiciar en lo vano
La vida que Dios ha salvado.
PHILIP DODDRIDGE (1702-1751)

Te alabo, oh Dios y Padre de nuestro Señor Jesucristo, porque por medio de Cristo derramas tu gracia en mi vida, muy eficazmente. Tu gracia es mi porción de cada día. ¡Alabado sea el nombre de Jesús! Amén.

9 de junio

Y estando en la condición de hombre, se humilló a sí mismo, haciéndose obediente hasta la muerte, y muerte de cruz. Por lo cual Dios también le exaltó hasta lo sumo, y le dio un nombre que es sobre todo nombre, para que en el nombre de Jesús se doble toda rodilla de los que están en los cielos, y en la tierra, y debajo de la tierra.

FILIPENSES 2:8-10

«Nadie viene al Padre sino por mí», dijo nuestro Señor Jesucristo. La gracia que fluyó del costado herido de Cristo cuando estaba en la cruz y murió, es la misma que nos salva hoy a ti y a mí. Tenemos que recordarlo siempre.

Pedro se hizo eco de este sentimiento cuando dijo que no hay nombre humano bajo los cielos que nos pueda salvar. Por supuesto, la razón es que Jesucristo es Dios. Siempre fue Dios y siempre lo será. Cuando Cristo vino en la carne, ese fue solo un incidente en su existencia. Nadie más podía hacerse carne y aun así seguir siendo el Dios infinito. No preguntes cómo lo hizo. La simple verdad es que lo hizo.

La ley podía llegar a través de Moisés, solo la ley. Pero la gracia llegó a través de Jesucristo, que ya existía desde el principio mismo. La gracia solo podía venir por medio de Jesucristo puesto que nadie más que Dios podía morir por la humanidad.

Cuando Jesús caminaba aquí en la tierra, tocando con sus manos las cabezas de los bebés, perdonando a las prostitutas y bendiciendo a la humanidad, sencillamente estaba actuando como Dios en determinada situación. Eso es todo... actuaba como Dios.

El nombre más dulce es Jesús,
Y cual dulce nombre tal es Él,
Por eso le amo tanto,
Oh, sí el nombre más dulce es Jesús.

LELA LONG (1896-1951)

Padre nuestro que estás en el cielo, el nombre de Jesús resuena en mi corazón y nunca me canso de susurrarlo en la quietud de mi adoración y en alabanza. Que ese maravilloso nombre sea el tema de mi vida. En ese nombre de Jesús pronuncio mi oración. Amén.

10 de junio

Porque hay un solo Dios, y un solo mediador entre Dios y los hombres, Jesucristo hombre, el cual se dio a sí mismo en rescate por todos, de lo cual se dio testimonio a su debido tiempo.

1 TIMOTEO 2:5-6

Tenemos que recordar y meditar en la verdad de que en todo lo que Dios hace, siempre obra en perfecta armonía con la persona que Él es. La obra propiciatoria de Cristo, no podría haberse tratado de un acto divino nada más porque tenía que ser para la humanidad. Y no podría haber sido obra humana, porque solamente Dios podía hacerlo. Por eso, la expiación fue un acto humano y un acto divino en perfecta armonía.

La expiación sucedió en un momento de la historia, de una sola vez, cumplido allí en las tinieblas de la cruz, oculto, una acción secreta que jamás se repitió. Reconocida y aceptada por Dios el Padre Todopoderoso que resucitó a Jesús de entre los muertos y lo ascendió hasta su diestra. Por eso es tan importante que no nos rebajemos vulgarizando la expiación.

Yo creo que Jesús pagó el precio, y espero saber bien lo que significa para no desvalorizarlo, haciéndolo menos de lo que Dios quiere que sea. Tenemos que meditar atentamente y en oración, en esta maravillosa doctrina de la expiación.

Hay un precioso manantial de sangre de Emanuel,
Que purifica a cada cual que se sumerge en él,
Que se sumerge en él, que se sumerge en él,
Que purifica a cada cual que se sumerge en él.

WILLIAM COWPER (1731-1800)

Amado Dios, me maravilla la expiación que obró tu Hijo el Señor Jesús en la cruz. No sé en qué modo me afecta, aunque sí sé que me afecta, y alabo el maravilloso nombre de Jesús. Amén.

11 de junio

E indiscutiblemente, grande es el misterio de la piedad: Dios fue manifestado en carne, justificado en el Espíritu, visto de los ángeles, predicado a los gentiles, creído en el mundo, recibido arriba en gloria.

1 Timoteo 3:16

Al meditar en la expiación debo confesar que no sé de qué manera se cumplió. Solo sé que fue Dios el que la obró. Solo puedo estar ante el valle de huesos secos como lo hizo Ezequiel, levantando mi mano hacia Dios y diciendo: «Oh, Señor Dios, tú sabes».

Puedo imaginarme a los ángeles mirando por sobre el hombro de los profetas que escribían respecto de la expiación, con deseos de ver lo escrito. Ni siquiera los ángeles más despiertos que rodean el trono de Dios saben de qué modo lo obró.

En la sombra de la cruz, en secreto, Dios obró algo de una sola vez que jamás se había hecho antes y nunca volvió a repetirse. Fue una acción histórica, única, completa y terminada. Incluso el apóstol Pablo dijo que este es el misterio de Dios manifiesto a los hombres.

Y dado que Dios hizo eso, la sublime gracia divina fluye hacia todos los seres humanos.

Pablo, una de las más grandes mentes de todos los tiempos, no pudo descubrir el misterio de esa obra de expiación. ¡Alabado sea Dios porque no tenemos que entenderlo para poder recibir sus beneficios! La sublime gracia de Dios fluye hacia nosotros a través del Señor Jesucristo, que completó la obra propiciatoria para toda la eternidad.

Grande fue la gracia de Dios que mostró a mí, pecador;
Tierno fue el amor de Jesús, pues su sangre derramó.
Gracias, oh mi Dios, te doy; vengo a tu presencia con fe;
Lávame en tu sangre, Señor, y más blanco que nieve seré.
Lávame, Señor; lávame, Señor; lávame en tu sangre, Señor,
Y más blanco que nieve seré.

Eden R. Latta (1839-1915)

Amado Señor Jesús, te alabo por la sangre que derramaste en la cruz del Calvario. No comprendo todos los derivados de tu sacrificio, pero recibo sus beneficios en cada una de las áreas de mi vida. Te doy gracias por tu sacrificio por mí. Amén.

12 de junio

Y miré, y oí la voz de muchos ángeles alrededor del trono, y de los seres vivientes, y de los ancianos; y su número era millones de millones, que decían a gran voz: El Cordero que fue inmolado es digno de tomar el poder, las riquezas, la sabiduría, la fortaleza, la honra, la gloria y la alabanza.

APOCALIPSIS 5:11-12

Si los ángeles tuvieran capacidad para envidiar, tal vez mirarían a los pecadores por los que Jesús pagó el rescate, tratando de entender el misterio de la expiación de Dios. Los ángeles, que pueden henchirse de ardiente dicha ante el trono, jamás conocieron un mundo tan pecador como este. Dios solo les dice que ayuden a su pueblo y los envía para que sean espíritus que ministren a quienes serán herederos de la salvación. Pero nunca les explica el acto de la expiación.

Dudo que haya un ángel o un arcángel en el cielo que pueda entender lo que sucedió en la cruz. Me los imagino de pie en torno a la cruz, preguntándose qué era lo que sucedía. Nosotros sabemos más que ellos. Sabemos que Él murió. Sabemos que debido a que Él murió, nosotros no moriremos. Sabemos que resucitó de entre los muertos y que debido a que resucitó nosotros también resucitaremos de entre los muertos al creer en Él. Sabemos que fue a estar a la diestra de Dios, en perfecta aprobación. Y sabemos que debido a que hizo eso, iremos allí para estar con Él.

Dios enterró el secreto de la expiación en su gran corazón, para siempre. Y nosotros solo podemos decir: «Digno es el Cordero».

Digno eres, digno eres, digno eres, Señor.
Digno de gloria, gloria y honra, gloria y honra y poder.
Pues todas las cosas por ti fueron hechas,
existen por tu voluntad;
Todo lo creaste para tu gloria, ¡digno eres, Señor!

PAULINE M. MILLS (1898-1991)

*Amado Cordero de Dios, me fascinan los misterios en torno a tu obra.
Cuanto más medito en ellos, más misteriosos parecen.
Solo puedo decir: «Digno es el Cordero que fue inmolado».
Amén y amén.*

13 de junio

Pero Dios, que es rico en misericordia, por su gran amor con que nos amó, aun estando nosotros muertos en pecados, nos dio vida juntamente con Cristo (por gracia sois salvos).

EFESIOS 2:4-5

El apóstol Pablo nunca intentó explicar la expiación. Tampoco lo hizo ninguno de los apóstoles en sus epístolas. Ni los padres de la iglesia. Fue solo cuando apareció la influencia griega que la gente empezó a pensar en ello para tratar de explicarlo.

Aprecio esas explicaciones pero, por mi parte, solo acudo a Dios y lo miro, diciendo: «No lo sé. No lo sé». No sé cómo lo hizo, ni qué significa. Como un pequeño de dos años que mira el rostro de su madre y dice: «¿Cómo llegué hasta aquí, mamá?» La mamá sonríe y dice simplemente: «Ya lo sabrás, más adelante». No intenta explicárselo para que lo entienda la mente de un pequeñito.

No creo que Dios nos diga: «Lo sabrás más adelante». Más bien, pienso que dirá: «Cree en mi Hijo».

Lo que es de la tierra, Dios deja que lo conozcamos. Lo que es del cielo, lo guarda en su gran corazón y no se lo dice ni siquiera a los ángeles, y tal vez tampoco nos lo diga jamás.

Quizá tendríamos que dejar de esforzarnos por entender y maravillarnos ante la sublime gracia de Dios en la expiación.

Maravillosa gracia de Cristo rico don;
Que para describirla palabras vanas son.
Encuentro en ella ayuda, mi carga ya quitó,
Pues de Cristo divina gracia me alcanzó.

HALDOR LILLENAS (1885-1959)

Mi Padre celestial, solo puedo decir: «¡Oh, la maravilla de la expiación, tan sublime!» ¿Podré hablar, cantar, orar demasiado sobre la expiación? No creo que nada de lo que haga sea suficiente. Y lo haré durante el resto de mis días. En el nombre de Jesús, amén.

14 de junio

Y volviendo en sí, dijo: ¡Cuántos jornaleros en casa de mi padre tienen abundancia de pan, y yo aquí perezco de hambre!
LUCAS 15:17

Es probable que la historia del hijo pródigo sea una de las más grandes de toda la literatura.

El hijo menor se aburrió de su vida y, viendo las colinas a lo lejos, anhelaba la emoción de la aventura. Así que tomó su parte de la herencia, salió al mundo y llenó sus días con placeres, diversión, derroche. No podemos saber cuánto tiempo lo hizo, pero acabó buscando trabajo como cuidador de cerdos, la tarea más humillante para cualquier judío.

Las cosas empeoraron al punto que para poder sobrevivir, tenía que comer lo mismo que los cerdos. Pero un día empezó a pensar. Las Escrituras dicen que volvió en sí. Hasta este punto, había sido otro. Pero ahora volvía en sí.

Esa es la definición de arrepentimiento. Ese joven había explorado todos los placeres del mundo, pero nada lo satisfacía. Es ese el terrible problema de quienes viven buscando el disfrute, pero no logran hallar la plenitud.

Cuando volvió en sí, empezó a recordar de dónde venía.

Oveja vaga fui, no amaba al buen Pastor,
Su voz no quise yo seguir, ni su mando aceptar;
Descarriado fui muy lejos de mi Dios,
Amaba más lo sucio y vil que el ruego de su voz.
HORATIUS BONAR (1808-1889)

Amado Dios, recuerdo bien mis días pródigos y la búsqueda de lo que es verdad.
Te alabo porque volví en mí y regresé a la casa del Padre.
Alabado sea el nombre de Jesús, amén.

15 de junio

Y el menor de ellos dijo a su padre: Padre, dame la parte de los bienes que me corresponde; y les repartió los bienes. No muchos días después, juntándolo todo el hijo menor, se fue lejos a una provincia apartada; y allí desperdició sus bienes viviendo perdidamente.

LUCAS 15:12-13

Muchos han tratado de explicar la parábola del hijo pródigo. Unos dicen que cometió un error y otros afirman que era pecador. Pero puedo imaginarme a Dios, diciendo del pecador: «Este es mi hijo, que había muerto y ha vuelto a vivir».

No lograba aceptar eso, así que acudí a Dios y le dije: «Dios, ¿me lo mostrarás?»

Fui a un lugar en donde podía estar a solas y pasé varios días orando, sin nadie más. De repente, como relámpago, me llegó el entendimiento. Nunca tuve razones para dudar de Dios en cuanto a lo que me enseña su Biblia, y creo que Dios le dijo a mi corazón: «El hijo pródigo no es alguien que se equivocó, ni un pecador. El hijo pródigo es la raza humana. La humanidad que acabó en el chiquero, en la tierra lejana de Adán, y regresó en Cristo mi Hijo».

El hijo pródigo forma parte de un trío de parábolas. Está la parábola de la oveja perdida, la de la moneda perdida y la del hijo perdido. La oveja que se desvió era parte de la raza humana que será salva, y cuando regrese, es esa parte de la raza humana que es redimida y acepta la redención».

Jesús es mi Pastor, fue Él el que me amó,
Pues con su sangre me compró, y el mal Él me quitó;
Fue Él que me buscó, su oveja encontró,
Se dio a sí mismo en mi favor, y hasta ahora Él me guardó.

HORATIUS BONAR (1808-1889)

Amado Dios y Padre, aprecio tu persistencia para traerme de nuevo al rebaño. Mi redención es lo que me da la comunión contigo, y atesoro esa comunión más que cualquier cosa en este mundo, o en el mundo por venir. Te alabo y te doy gracias, en el nombre de Jesús, amén.

16 de junio

Pero el padre dijo a sus siervos: Sacad el mejor vestido, y vestidle;
y poned un anillo en su mano, y calzado en sus pies.
Y traed el becerro gordo y matadlo, y comamos y hagamos fiesta;
porque este mi hijo muerto era, y ha revivido; se había perdido, y es hallado.
Y comenzaron a regocijarse.
LUCAS 15:22-24

Cuando el hijo pródigo volvió, ¿qué reacción vio en su padre?

A pesar de la manera irrespetuosa en que el pródigo trató a su padre y más allá de la compasión de los vecinos, que decían: «Oh, qué terrible la forma en que ese chico trató a su pobre y anciano padre», el papá no había cambiado. Había pasado humillación, vergüenza, dolor y angustia. Pero cuando el muchacho volvió, el padre no había cambiado en absoluto.

Jesús nos dice: «Te fuiste en Adán, pero ahora vuelves en Cristo. Cuando regreses, verás que el Padre no ha cambiado. Es el mismo Padre que era cuando te fuiste, cuando todos nos fuimos». Cuando regresemos en Jesucristo le hallaremos exactamente tal como era cuando lo dejamos: sin cambios.

Esta es la historia del hijo pródigo. El padre salió corriendo a abrazar a su hijo, le dio la bienvenida, le puso el mejor vestido, un anillo, y dijo: «Mi hijo muerto era y ha revivido».

Esa es la gracia de Dios en la que vale la pena creer.

Oh, vagabundo cansado, vuelve a casa,
Tu Salvador te está llamando,
Vagaste en el pecado mucho tiempo,
Pero Él te sigue llamando, ven.
JOHN S. COFFMAN (1848-1899)

Amado Padre de todos los pródigos de todas las generaciones,
te doy gracias porque la invitación para volver a casa me llegó justo a tiempo.
¡Te alabo por el amor que nos has mostrado, a mí y a otros como yo!
Alabado sea el nombre de Jesús, amén.

17 de junio

Y a vosotros, estando muertos en pecados y en la incircuncisión de vuestra carne, os dio vida juntamente con él, perdonándoos todos los pecados, anulando el acta de los decretos que había contra nosotros, que nos era contraria, quitándola de en medio y clavándola en la cruz.

COLOSENSES 2:13-14

Después de todo lo que había vivido y pasado el hijo pródigo, al fin volvió en sí. Esa es una travesía que vale la pena emprender. Apenas volvió en sí, supo lo que tenía que hacer.

¿Cuántas personas se alejan del padre y salen a vagar en tierras distantes porque no saben qué tienen que hacer? Tal vez sus circunstancias creen frustración en ellos. O quizá intenten saber qué tienen que hacer. Hasta que vuelven en sí, a la realidad de lo que son. Hasta ese momento, no sabrán jamás qué hacer.

El pródigo tuvo que darse cuenta de dónde estaba y de dónde había llegado para poder saber con exactitud dónde debía ir. Cuando llegó a casa, su padre lo saludó y dijo: «Este es mi hijo que había muerto y revivió».

La gracia de Dios fluye libremente, eso es lo único que necesitamos. Si te opones a Dios, la gracia divina bien podría no existir y Cristo bien podría no haber muerto. Pero si te entregas a Dios y vuelves a casa, entonces estarán a tu favor la inconmensurable plenitud de la bondad de Dios y los ilimitados alcances de su naturaleza.

Estuve alejado de Dios,
Y ahora vuelvo a casa;
Recorrí el camino del pecado, mucho tiempo,
Señor, estoy volviendo a casa.

WILLIAM J. KIRKPATRICK (1838-1921)

Oh Dios, mi Padre celestial, «hogar» es una palabra maravillosa. El hecho de que me recibas con los brazos abiertos es más de lo que yo podría llegar a entender. ¡Pero tu bienvenida es tan maravillosa! ¡Alabado seas, Señor! Amén.

18 de junio

Enseñándoles que guarden todas las cosas que os he mandado; y he aquí yo estoy con vosotros todos los días, hasta el fin del mundo. Amén.
MATEO 28:20

Creo que cada vez es más difícil para los predicadores predicar la Palabra de Dios en su totalidad. Hay tantos especialistas ocupando el púlpito en nuestros días que lo que necesitamos es solo la predicación y la enseñanza sencilla y directa de la Palabra de Dios.

En la fe cristiana hay dos principios importantes: la omnipresencia y la inmanencia de Dios. Omnipresente significa que Dios está en todas partes. Inmanente significa que Dios lo penetra todo. La omnipresencia y la inmanencia de Dios son doctrinas cristianas comunes que se remontan al Antiguo Testamento de los judíos.

Lo que esto significa es que Dios está en todo, incluso aunque Él contiene todas las cosas. Me gusta ilustrarlo con la imagen de un cubo sumergido en el océano. El cubo está lleno de océano. El océano está en el cubo, pero también, el cubo está en el océano que lo rodea. Es la mejor ilustración que se me ocurre de cómo habita Dios su universo y, sin embargo, también el universo habita en Dios.

Dios está en mí y yo estoy en Dios. Y aunque no puedo llegar a entenderlo en realidad, puedo aceptarlo, creerlo y confiar en la sabiduría de Dios.

En este frío corazón, ¡Oh!, dígnate encender
El fuego de consagración; renueva tú mi ser.
Desciende presto al corazón, consolador y Luz;
Desciende a mí, precioso don enviado por Jesús. Amén.
ISAAC WATTS (1674-1748)

Precioso Padre celestial, tu naturaleza está mucho más allá de mi comprensión. Te alabo porque estás en mí y yo estoy en ti. No entiendo cómo puede ser eso, pero puedo aceptarlo y creerlo, y eso hago. Amén y amén.

19 de junio

Ciertamente llevó él nuestras enfermedades, y sufrió nuestros dolores;
y nosotros le tuvimos por azotado, por herido de Dios y abatido.
Mas él herido fue por nuestras rebeliones, molido por nuestros pecados;
el castigo de nuestra paz fue sobre él, y por su llaga fuimos nosotros curados.
ISAÍAS 53:4-5

Al meditar en la doctrina de la expiación, tenemos que considerar que esa es la obra objetiva de Cristo, lo que hizo en la cruz. Lo hizo antes de que naciera cualquiera de nosotros. Esa obra la cumplió a solas, a la sombra de la cruz.

Jesús cumplió la obra de la expiación sobre la cruz. La espada atravesó su costado, y los clavos perforaron sus manos y sus pies. El dolor de todo eso es más de lo que podemos llegar a comprender. Pero Jesús se separó del Padre en ese momento, y eso le dolió más que cualquier dolencia física que soportara.

La separación del Padre fue el costo de la expiación.

La expiación podría haberse efectuado sin afectar a nadie. Pero la verdad es que se cumplió y hay aun así millones de personas que mueren sin siquiera sentirse afectadas. Fue un acto externo, objetivo, más allá de nosotros, fuera de nosotros. Pero lo bello de la expiación es que esta obra que cumplió Él solo en la oscuridad, hace posible la justificación que lleva a Dios tanto a hombres como a mujeres reconciliados con Él.

Bendita la gloriosa nueva
Revelada al mundo sufriente.
Cristo obró la gran expiación,
Y por sus heridas somos sanados.
A. B. SIMPSON (1843-1919)

Oh Dios, la expiación me es preciosa. Más allá de mis circunstancias,
de mis problemas, la sangre del Señor Jesucristo me ha hecho libre,
libre para adorarte el resto de mi vida.
Amén y amén.

20 de junio

Pero Cristo, habiendo ofrecido una vez para siempre un solo sacrificio por los pecados, se ha sentado a la diestra de Dios, de ahí en adelante esperando hasta que sus enemigos sean puestos por estrado de sus pies; porque con una sola ofrenda hizo perfectos para siempre a los santificados.

HEBREOS 10:12-14

La justificación declara justo al pecador, pero es externa al hombre. Es decir, que el hombre justificado puede no estar en mejor situación a causa de su justificación si eso es todo lo que le ha sucedido, y nada más. La justificación es una cuestión judicial. Del mismo modo en que un hombre puede estar ante el tribunal y ser declarado inocente de un delito, sin que cambie en su interior. Pesa lo mismo que antes, tiene la misma estatura, tiene el mismo color de cabello y de ojos que tenía antes, las mismas relaciones y en todos los aspectos sigue siendo el mismo. La única diferencia es que judicialmente es libre, declarado no culpable ante la ley.

Cuando el hombre descubre que lo han declarado no culpable, se alegra. Pero no fue él quien lo hizo: fueron los del jurado, ante la ley.

La justificación es una acción de Dios, para reconciliarnos con Él.

Dios estableció la expiación primero y basándose en ello, obró la justificación. Como Jesús murió en la cruz y compró nuestra expiación, ahora Dios puede justificarnos ante sus ojos porque no somos nosotros quienes estamos ante sus ojos, sino Cristo.

Cante, oh cante, de mi Redentor,
Con su sangre, me compró.
En la cruz, selló mi perdón,
Pagó la deuda, y me hizo libre.

PHILIP BLISS (1838-1876)

Oh Padre, saber que me has justificado y liberado de la penalidad de mi pecado causa en mí gran regocijo. Te alabo por la obra que Cristo obró por mí. En el bendito nombre de Jesús, amén.

21 de junio

Sabiendo que fuisteis rescatados de vuestra vana manera de vivir, la cual recibisteis de vuestros padres, no con cosas corruptibles, como oro o plata, sino con la sangre preciosa de Cristo, como de un cordero sin mancha y sin contaminación, ya destinado desde antes de la fundación del mundo.

1 PEDRO 1:18-20

La expiación es la base sobre la cual Dios actúa para con la humanidad. Ella hace posible la justificación y esta lleva a la regeneración. Esa es la obra de Dios, externa al hombre, que tiene el potencial de cambiar el interior del hombre.

La regeneración ocurre al mismo tiempo que la justificación. Cuando Dios justifica a una persona, también la regenera. De modo que ninguno de los que han sido justificados, han quedado sin regenerar. Se puede pensar en cada acción por separado, pero siempre van juntas.

La justificación es algo objetivo y judicial, pero la regeneración ocurre dentro del corazón, de la vida de la persona, como algo subjetivo que tiene que ver con la naturaleza interior, que entra en la persona porque Jesús murió en la oscuridad y Dios aceptó ese pago por los pecados del hombre. Eso es la expiación.

Dios puede justificar a cualquiera que crea en Cristo, declarándole justo y luego regenerándole, impartiéndole la naturaleza de Dios. Dios asegura que participamos de la naturaleza divina a través de sus promesas. La persona regenerada participa de la naturaleza divina, tiene una nueva relación con Dios, que le da la vida eterna.

El oro y la plata no me han redimido.
Mi ser del pecado no pueden librar.
La sangre de Cristo es mi sola esperanza,
Su muerte tan solo me pudo salvar.

JAMES M. GRAY (1851-1935)

Oh Dios, hoy me gozo en mi redención. Solo lo que hiciste, y nada más que eso, pudo hacerme entrar en la relación correcta contigo; por eso alabo el nombre del Señor Jesucristo, amén.

22 de junio

En mi angustia invoqué a Jehová, y clamé a mi Dios. Él oyó mi voz desde su templo, y mi clamor llegó delante de él, a sus oídos.

SALMOS 18:6

Una de las grandes verdades de la Biblia que ha de producir gozo en nosotros es que el converso más nuevo, el que ha nacido de nuevo en este día, tiene cierto grado de semejanza moral con Dios, que le otorga una medida de compatibilidad. El cielo es un lugar de compatibilidad total. Fue el pecado el que introdujo la incompatibilidad entre Dios y el pecador.

El pecado rompe la comunión entre Dios y el ser humano. El pecado introduce la cualidad que rompe el acuerdo entre Dios y los hombres. No hay concordia ni congruencia entonces. Pero cuando ese pecador cree en la expiación por sangre que implica la confianza en Cristo, y es justificado en el cielo y regenerado en la tierra, hay entonces completa compatibilidad y comunión.

Somos justificados en el cielo y regenerados en la tierra porque el único lugar en donde podemos ser regenerados es aquí, en la tierra. No se puede esperar hasta la muerte ya que será demasiado tarde. No hay lugar donde puedas ser regenerado después que mueras. Cuando eres regenerado, se te otorga una medida del carácter de Dios, de modo que se restaura la semejanza a la imagen de Dios y la regeneración crea una medida de compatibilidad. Esa compatibilidad permite que Dios acerque a sí mismo a la persona y con ello la comunión es moralmente coherente.

Y cruzaré la noche lóbrega sin temor,
Hasta que venga el día de perennal fulgor.
Cuán placentero entonces con mi Jesús morar,
Y en la mansión de gloria siempre con Él reinar.

FANNY J. CROSBY (1820-1915)

Querido Padre y Dios, te alabo por la maravillosa y misteriosa unión que puedo tener contigo hoy. Mi andar contigo en este día es el mayor gozo de mi vida. Amén y amén.

23 de junio

No hay como el Dios de Jesurún, quien cabalga sobre los cielos para tu ayuda, y sobre las nubes con su grandeza. El eterno Dios es tu refugio, y acá abajo los brazos eternos; él echó de delante de ti al enemigo, y dijo: Destruye.

DEUTERONOMIO 33:26-27

No se puede tener comunión sin total semejanza. La comunión solamente es posible si la semejanza es absoluta. Podrás acudir a cualquier criatura con naturaleza distinta a la tuya pero no podrá haber comunión. Podrás palmear al perro en la cabeza pero no podrás estar en comunión con el perro. No se puede porque hay una enorme disparidad en ambas naturaleza.

Por la misma razón Dios no puede estar en comunión con el pecador puesto que hay una disparidad violenta que hace que sea imposible la comunión.

La nueva criatura que hay en ti es el ser humano regenerado. Diste inicio a tu camino hacia la semejanza de Dios, y hay medida suficiente incluso en el nuevo converso como para que pueda haber comunión con Dios sin incongruencias. Dios halla algo de su imagen en el ser humano regenerado. Como Dios que es, jamás podría estar en comunión con lo que no comparta su semejanza. Y si no hay semejanza no puede haber comunión entre Dios y lo que no tiene semejanza con Él. Cuando su imagen le es restaurada a la persona, Dios da inicio a la comunión y por supuesto que Él puede hacer que la comunión sea más profunda, dependiendo de la plenitud de esa compatibilidad.

Dulce comunión la que gozo ya
En los brazos de mi Salvador.
¡Qué gran bendición en su paz me da!
¡Oh!, yo siento en mí su tierno amor.

ELISHA A. HOFFMAN (1839-1929)

Amado Señor Jesús, mi andar es muy cálido hoy por mi comunión contigo a lo largo del camino. Te alabo porque esta comunión que me das hace que mi vida sea gozosa. Amén.

24 de junio

Y revestido del nuevo, el cual conforme a la imagen del que lo creó se va renovando hasta el conocimiento pleno

COLOSENSES 3:10

El apóstol Pablo dice en el libro de Colosenses que cristiano es aquel que se ha revestido del nuevo hombre. Les dijo a los colosenses que la semilla estaba en ellos, que la raíz estaba en sus corazones. Ellos fueron regenerados para que Dios pudiera estar en comunión con su imagen en ellos y ver un atisbo de su propio rostro allí, estando en comunión con su pueblo.

Es por eso exactamente que decimos: «Abba Padre».

Por ejemplo, el flamante padre que va al hospital a ver a su primer bebé. Se acerca a la ventana y mira a todos los bebés, pero busca al que se parece a él. Todos son bonitos, pero no le interesa ningún otro bebé, más que el suyo.

Cuando ve a su bebé, se busca en el pequeñín. Si tiene sus orejas, su nariz, sus ojos, etc. Lo que hizo que le atrajera ese bebé es su propia imagen que tiene el bebé.

Lo que acerca a Dios a nosotros es su imagen en nosotros, la que el pecado ha destruido pero que la regeneración nos devuelve. Ahora, ese nuevo hombre en Cristo puede tener comunión con el Padre, porque contiene su imagen.

Padre del cielo, cuyo profundo amor,
Pagó el rescate de nuestras almas.
Ante tu trono nos inclinamos los pecadores,
Para que nos extiendas tu amor y tu perdón.

EDWARD COOPER (1770-1833)

Oh Abba Padre, por la regeneración he vuelto al lugar en donde tú puedes ver en mí tu bendita imagen divina. ¡Te alabo por medio de Jesucristo mi Salvador! Amén.

25 de junio

Pero en cuanto a mí, el acercarme a Dios es el bien; he puesto en Jehová el Señor mi esperanza, para contar todas tus obras.
SALMOS 73:28

Es posible que el recién convertido no se parezca mucho a Dios, pero tiene parte de la semblanza de la deidad, por lo que Dios puede llamarlo suyo tal como es, y los ángeles pueden reconocer el parecido familiar.

Siendo así, debo decir que entre los cristianos hay un grave problema. El asunto es que a veces sienten que Dios está lejos, muy lejos. O viceversa. Es difícil sentir gozo si no sientes, porque sentir es regocijarse. Es difícil regocijarse si sufres la sensación de un Dios remoto. La mayoría de los cristianos sufren de esa sensación de divina lejanía.

Por cierto, sí saben que Dios está con ellos y están seguros de que son hijos de Dios, y pueden mostrarte su Nuevo Testamento subrayado y confirmarte con certeza que han sido justificados y regenerados. Pueden dar testimonio de que pertenecen a Dios y que el cielo será su hogar. Tienen toda la teología en la cabeza, pero igual sufren de la sensación de lejanía.

Una cosa es conocer algo en tu intelecto y otra muy distinta sentirlo en tu corazón. La mayoría de los cristianos intentan ser felices sin el sentido de la presencia de Dios.

Oh, Cristo mío
Oh, Cristo mío
Eres tú mi amigo fiel,
Seguro amparo solo en ti tendré.
En mis aflicciones;
Buen Jesús, iré a ti
Y consuelo y dicha me darás a mí.
Cristo, ven más cerca,
Dame gozo, paz, perdón;
Cerca, sí, más cerca de mi corazón.
FANNY J. CROSBY (1820-1915)

Oh Dios, anhelo estar más cerca de ti. Siento hambre y sed de tu presencia en este día. Que tu presencia sea hoy una realidad para mí. Amén.

26 de junio

A fin de conocerle, y el poder de su resurrección, y la participación de sus padecimientos, llegando a ser semejante a él en su muerte.
FILIPENSES 3:10

La mayoría de los cristianos sufre de cierta sensación de lejanía divina. No sienten la presencia de Dios.

Saben que está presente y la Biblia dice que lo está. Pueden citar versículos de la Biblia que sustancian esta verdad. Pero cuando se trata de su comunión con Dios, tienen esa sensación de lejanía.

Es como si intentaras que el día brillara sin sol. Alguien podría decir: «Son las doce del mediodía y eso significa que ha salido el sol. Alegrémonos con el sol. ¿No es bellísimo y brillante? Creamos que está, por fe, y gocémonos porque ha salido el sol, y todo está bien».

El sol saldrá según el calendario. Podrás señalar hacia arriba y decir que el sol ha salido, pero te estarás engañando. Porque mientras llueva, esté oscuro y las hojas mojadas sigan goteando, seguirá oscuro y el día no será brillante. Cuando el sol asoma, entonces sí puedes alegrarte en presencia del sol.

Pero el sol está allí todo el tiempo. Sin embargo, de la presencia del sol es que estoy hablando. Por otro lado, Dios siempre está allí, pero es su presencia lo que hace que día a día me regocije en Dios.

Señor de nuestra vida, Dios al que tememos,
Desconocido, aunque conocido; invisible, aunque cercano,
Aliento de nuestro aliento, en ti vivimos;
Vida de nuestra vida, recibe nuestra alabanza.
SAMUEL F. SMITH (1808-1885)

Amado Dios, mi vida consiste de la tuya. Vivo porque tú vives. Mi gozo es sentir la cercanía de tu presencia. Hoy quiero regocijarme en tu manifiesta presencia. En todo esto te alabo a través de mi Señor Jesucristo. Amén.

27 de junio

En ti, oh Jehová, he confiado; no sea yo confundido jamás; líbrame en tu justicia. Inclina a mí tu oído, líbrame pronto; sé tú mi roca fuerte, y fortaleza para salvarme.
SALMOS 31:1-2

La mayoría de los cristianos son creyentes teológicos. Saben que son salvos. En algún lugar, alguien les dio un Nuevo Testamento con anotaciones, lo cual es bueno para que entiendan su teología. El problema yace en que buscan ser felices sin la percepción de la presencia de Dios. Ese anhelo de estar cerca de Dios, de tenerlo cerca de nosotros, está en todas partes entre el pueblo de Dios, en las oraciones, en los cánticos, en los himnos.

Si crees que estoy diciéndote algo que inventé, solo acude a la próxima reunión de oración, y arrodíllate con los hermanos y las hermanas; escúchalos orar. Todos oramos de manera parecida: «Oh Señor, ven. Oh Señor, acércate. Oh Señor, muéstrate. Ven cerca de mí, Señor».

Si con eso no basta, entonamos canciones que dicen cosas como: «Ven, tú, fuente de toda bendición», o «Acércame a ti, bendito Señor».

Ese anhelo de estar más cerca de Dios y de que Dios se acerque a nosotros es universal para los cristianos nacidos de nuevo; pensamos que Dios viene de allá a lo lejos, hasta donde estamos nosotros. Sin embargo, Dios está dentro de nosotros.

Fuente de la vida eterna y de toda bendición;
Ensalzar tu gracia eterna debe cada corazón.
Tu piedad inagotable, abundante en perdonar,
Único Ser adorable, gloria a ti debemos dar.
De los cánticos celestes te quisiéramos cantar;
Entonados por las huestes, que lograste rescatar.
Almas que a buscar viniste, porque les tuviste amor,
De ellas te compadeciste, con tiernísimo favor. Amén.
ROBERT ROBINSON (1735-1790)

Dios eterno que habitas en la infinitud, ven cerca de mí y bendice mi vida con tu presencia en este día. Afina mi corazón para que hoy cante tu alabanza. Amén.

28 de junio

Y despertó Jacob de su sueño, y dijo: Ciertamente Jehová está en este lugar, y yo no lo sabía.
GÉNESIS 28:16

Dios no habita en el espacio. Por eso no se mueve como un cohete, ni como un rayo de luz que llega desde algún lugar remoto y parte hacia la lejanía. Dios contiene toda lejanía y todas las distancias en su propio corazón, su gran corazón; así que, ¿por qué sentimos que Dios está lejos?

Es a causa de la disparidad entre Él y nosotros. Hay en nosotros una falta de semejanza con la que Dios no puede estar en comunión ni llamarnos hijos suyos. En la práctica, percibimos esa diferencia de naturaleza; por eso es que Dios nos parece lejano.

La cercanía con Dios no es asunto de geografía o astronomía, ni de espacio exterior. Es, más bien, algo espiritual que tiene que ver con la naturaleza. Por eso podemos orar: «Acércame a ti».

No estamos pidiendo en oración que Dios baje desde algún lugar remoto. Sabemos que Dios está aquí, ahora. Jesús dijo: «Yo estoy con ustedes hasta el fin del mundo».

Pienso en Jacob cuando se encontró con Dios en lo que llamamos la escalera de Jacob. Al despertar de ese sueño, dijo: Jehová está en este lugar, y yo no lo sabía. No dijo que Dios había venido a ese lugar. Dijo: «Jehová está en este lugar».

Oh tú, en cuya presencia mi alma se deleita,
A quien llamo en mi aflicción,
Mi consuelo durante el día, mi cántico en la noche,
¡Mi esperanza, mi salvación, mi todo!
JOSEPH SWAIN (1761-1796)

Amado Dios, saber que estás conmigo ahora y siempre trae gozo y alegría a mi vida. No temo, porque tú estás cerca. ¡Aleluya! ¡Aleluya! Amén.

29 de junio

Mas yo soy Jehová tu Dios desde la tierra de Egipto; no conocerás, pues, otro dios fuera de mí, ni otro salvador sino a mí. Yo te conocí en el desierto, en tierra seca.

OSEAS 13:4-5

Querer estar cerca de Dios es, en efecto, el anhelo de ser como Él. Es el deseo del corazón rescatado, que quiere parecerse a Dios para poder estar en perfecta comunión, de modo que el corazón y Dios puedan unirse en divina comunión.

Hay una semejanza que hace que para Dios sea compatible estar en comunión con sus hijos, incluso con los más pobres y débiles de sus hijos nacidos de nuevo. Pero también hay disparidades y esas son las que no permiten que haya el grado de comunión que tendría que haber.

No hay perfección en la sensación de la presencia de Dios que anhelamos, por la que oramos y cantamos. ¿Cómo saber de qué manera es Dios para poder saber si somos hechos a su semejanza?

La respuesta es simple: Dios es como Cristo porque Cristo es Dios. Cristo es Dios manifestado ante la humanidad. Nuestra mirada tiene que estar en Jesús. Al mirar a nuestro Señor Jesús sabremos cómo es Dios y entonces sabremos cómo tenemos que ser para poder experimentar la continua e ininterrumpida presencia de Dios.

A menudo oigo un suave susurro,
Cuando mis tribulaciones parecen tan grandes.
Como el dulce tañido de la campana de la tarde,
Le dice a mi espíritu: «Tan solo, espera».

A. B. SIMPSON (1843-1919)

Oh, Señor Dios, estás siempre tan cerca de mí, que te alabo porque tu presencia es mi refugio. No importa qué tan difíciles sean mis circunstancias, puedo reposar en tu presencia. En el nombre de Jesús, amén.

30 de junio

Aunque ande en valle de sombra de muerte, no temeré mal alguno, porque tú estarás conmigo; tu vara y tu cayado me infundirán aliento.
SALMOS 23:4

Como cristianos sabemos que Dios está presente. Pero muchos sienten cierta sensación de que está ausente. Sí, somos nacidos de nuevo, destinados al cielo para toda la eternidad. Sí, creemos en la omnipresencia de Dios. Pero a pesar de ello, en lo más profundo, yace esa sensación indefinible de la ausencia de Dios. Nos falta algo. Anhelamos algo que parece no estar allí.

Así como sentimos que el sol desaparece en los días más oscuros, casi como si no fuese a regresar, sabemos que no es así pero de todos modos no estamos felices porque no podemos ver el sol. Está allí, pero tenemos la sensación de que no lo está.

A veces sentimos que Dios está lejos aunque sabemos que está presente. Por alguna razón, Dios no se manifiesta a nosotros como Él quiere. Hay varias razones posibles. Tenemos que encontrarlas y limpiar nuestros corazones de cualquier residuo espiritual que nos impida sentir la maravillosa presencia de Dios.

Acércate, Señor de las huestes
Y envía a tu Espíritu Santo,
Gobierna nuestras vidas con gracia y amor,
Danos tus verdades, para que las entendamos.
JOHANN MICHAEL ALTENBURG (1584-1640)

Oh bendito Espíritu Santo, me entrego a la guía de tu mano
para que me acerques al corazón de Dios mi Padre.
Ilumina mi corazón con la verdad de tu Palabra.
En el nombre de Jesús, amén.

1 de julio

Porque yo soy Jehová vuestro Dios; vosotros por tanto os santificaréis, y seréis santos, porque yo soy santo; así que no contaminéis vuestras personas con ningún animal que se arrastre sobre la tierra. Porque yo soy Jehová, que os hago subir de la tierra de Egipto para ser vuestro Dios: seréis, pues, santos, porque yo soy santo.

LEVÍTICO 11:44-45

Para conocer a Dios tenemos que conocer a Jesús. Cuanto más conozcamos a Jesús, tanto más entenderemos a Dios y a nosotros mismos como cristianos.

Lo primero que tengo que entender acerca de Jesús es su santidad. Nuestro Dios es santo; nuestro Señor Jesucristo es santo, y llamamos Santo al Espíritu de Dios. La santidad tiene que ser una de nuestras cualidades como cristianos. Como Dios es santo, tenemos que ser santos.

He notado lo manchado, carnal y sucio que está el cristiano promedio. Completamente distinto a la persona del Señor Jesucristo. Por alguna razón el cristiano promedio permite las manchas espirituales en su vida.

Pasan meses sin arrepentimiento. Años, sin pedir que Dios limpie o quite las manchas de nuestras vestiduras, sin pedirle que purifique nuestra carnalidad, o que limpie nuestro corazón para que no nos diferenciemos tanto respecto de la imagen de Dios. Y cantamos: «Acércame a ti, bendito Señor», y oramos «Ven, Señor. Ven a esta reunión». La verdad es que el Señor está allí, y lo que estamos pidiendo es: «Oh, Señor, muéstrate».

El santo Señor no puede mostrarse en plena comunión con un cristiano que no es santo. Para sentir a Dios en verdad, tenemos que ser conformes a Él en cada uno de los aspectos de nuestras vidas. Ser como Cristo, a semejanza de la santidad de Cristo.

¡Santo, santo, santo! La gloria de tu nombre
Publican tus obras en cielo, tierra y mar,
¡Santo, santo, santo! Te adore todo hombre,
Dios en tres Personas, bendita Trinidad.

REGINALD HEBER (1783-1826)

Bendito Espíritu Santo, me humillo ante tu santidad, eso es exactamente lo que me atrae a ti. Limpia mi corazón de modo que tu santidad sea lo que mi corazón desee. Te lo pido en oración, en el nombre de Jesús, amén.

2 de julio

Oh Jehová, he oído tu palabra, y temí. Oh Jehová, aviva tu obra en medio de los tiempos, en medio de los tiempos hazla conocer; en la ira acuérdate de la misericordia.

HABACUC 3:2

Lo que necesitamos hoy, más que cualquier otra cosa, es un reavivamiento. Entre otras cosas el reavivamiento es la manifestación repentina de la presencia de Dios. No es la salida del sol, sino el sol que irrumpe a través de las nubes. Aunque pueda estar oculto, el sol está allí hasta que aparece al despejarse las nubes.

El reavivamiento no es la venida de Dios a nosotros sino la irrupción de Dios a través de los obstáculos que nos impiden experimentar su presencia. Lo que más nos impide sentir en realidad esta presencia de Dios es nuestro egoísmo. Queremos que Dios haga algo en la vida de otra persona pero no tenemos planeado hacer cambios en nuestra propia vida. Estamos contentos tal como somos, aun cuando no sintamos la presencia de Dios en lo profundo del corazón.

Para tener comunión con Dios tenemos que ser como Él, como lo es Jesús. El egoísmo que se apodera de nuestro corazón, la autoindulgencia que gobierna nuestra vida, de eso tenemos que arrepentirnos y confesarlo como pecado ante Dios. Cuando limpiemos ese residuo espiritual de nuestro corazón, el sol de la presencia de Dios irrumpirá de entre las nubes y brillará en nuestros corazones.

Avívanos, Señor, demuestra tu poder,
Tu iglesia ven a reavivar, tu fuego haz descender...
Avívanos, Señor, tu gozo así sentir,
Y luego en todo corazón tu amor pueda surgir.

OSWALD J. SMITH (1889-1986)

Oh, Espíritu Santo de poder pentecostal, irrumpe entre las nubes de la desesperanza y el desaliento, y brilla en mi corazón, con el esplendor de tu santidad. Te pido en el nombre de Jesús que me llenes con la santa luz de tu presencia. Amén.

3 de julio

Quien cuando le maldecían, no respondía con maldición; cuando padecía, no amenazaba, sino encomendaba la causa al que juzga justamente.
1 PEDRO 2:23

Tengo el corazón enfermo de tristeza. Por mí, por mis amigos, por los predicadores del ministerio de hoy. Porque nos hemos vuelto egocéntricos y hablamos en voz alta glorificando a Dios y decimos, haciendo alarde: «Esta es la gloria de Dios».

¿Cómo saber si eres egocéntrico?

Es muy sencillo. Si alguien te ofende, se encienden en ti las luces de alerta al instante, por tu egocentrismo y tu autoindulgencia. Te defiendes enseguida de los que consideras como enemigos. Si alguien te hace enojar, se enterará de inmediato.

Cristo no era así. Se entregó a sí mismo, se derramó a sí mismo, sin una gota de egocentrismo. Lo insultaron, pero Él no insultó a sus enemigos.

El corazón del cristiano que vive en autoindulgencia y egocentrismo no logra calentarse porque el cristiano que se defiende a sí mismo jamás experimentará la profunda comunión con Dios.

Cristo nos amó. Él es nuestro Pastor. Es nuestro Abogado en el cielo y nos defiende. Somos Sus hermanos y Él es nuestro Dios. Pero los cambios de la comunión y la dulzura de los santos que caminan sobre esta tierra tienen que ser más que solo cambios técnicos.

Lluvias de gracia,
Lluvias pedimos, Señor;
Mándanos lluvias copiosas,
Lluvias del Consolador.
Cristo nos dio la promesa del Santo Consolador;
Paz y perdón y pureza,
Para su gloria y honor.
DANIEL W. WHITTLE (1840-1901)

Oh Dios, mi corazón necesita vientos de lo alto.
En el nombre de Jesús te pido que cambies en mí lo que haga falta
para que pueda entrar en la dulzura de tu comunión.
Amén.

4 de julio

Porque ni aun Cristo se agradó a sí mismo; antes bien, como está escrito: Los vituperios de los que te vituperaban, cayeron sobre mí.

ROMANOS 15:3

Me asombra que la gente permita que los médicos les digan qué hacer y siempre obedezcan. Lo que dice el médico es palabra santa. Para muchos, sus vidas cambiarían drásticamente si obedecieran a Dios tanto como obedecen a sus doctores. Es que el médico solo influye en tu salud. Dios influye en toda tu eternidad.

Son muchos los que planifican un presupuesto para su vida espiritual, y no gastan nada para Dios a menos que puedan justificarlo en la columna de sus planillas. Es una forma barata y carnal de vivir, pero son muchos quienes la eligen.

El amor del Señor Jesucristo fue apasionado, grandioso, e hizo que Él se entregara a sí mismo por completo. No buscó agradarse a sí mismo.

Hoy, lo que está tan mal con la mayoría de los cristianos es que buscamos agradarnos. Vivimos para nosotros mismos. Y aunque somos santos, aunque somos nacidos de nuevo, aunque subrayamos nuestro Nuevo Testamento, nuestro amor es calculador y estrecho. Es un amor que no se entrega, así que ¿cómo puede Él entregarse para entrar en comunión con nosotros? Nuestra absoluta entrega a Jesucristo pavimenta el camino para que Él derrame su amor sobre nosotros, y para que estemos en comunión con Él.

¡Oh amor de Dios! Su inmensidad, el hombre no podría contar
Ni comprender la gran verdad, que Dios al hombre pudo amar.
Cuando el pecado entró al hogar de Adán y Eva en Edén;
Dios les sacó, mas prometió un Salvador también.
Si fuera tinta todo el mar, y todo el cielo un gran papel,
Y cada hombre un escritor, y cada hoja un pincel.
Nunca podrían describir el gran amor de Dios;
Que al hombre pudo redimir de su pecado atroz.

FREDERICK M. LEHMAN (1868-1953)

Amado Dios, tu amor es mucho más de lo que puedo comprender en realidad. Abro mi corazón y mi vida para recibir de ti, lo que me lleva a estar en comunión contigo. Te lo pido en el nombre de Jesús, amén.

5 de julio

Y Jesús decía: Padre, perdónalos, porque no saben lo que hacen. Y repartieron entre sí sus vestidos, echando suertes.
LUCAS 23:34

La bondad de Jesús está reñida con la crueldad, la severidad, la crudeza, la amargura, lo ácido que hay en la vida de tantas personas. ¡Es un contraste muy grande!

¿Cómo podría un Salvador bueno sentirse a gusto con un cristiano rudo? Y hay algo más: el nuestro es un Señor de perdón, que perdonó hasta a los que lo clavaron en la cruz.

Sin embargo, muchos de los hijos del Señor son duros, vengativos. La gente recuerda cosas que pasaron hace veinte años y no pueden sobreponerse. «Oh, sí, perdono pero no olvido». Jesús perdonó, y demostró que perdonaba con su muerte. Nosotros demostramos que somos vengativos y duros, y damos muchas pruebas de ello.

Para tener el tipo de comunión con Dios que Él desea que tengamos, solo podremos hacerlo en el espíritu de Jesús. Lo que Dios acepta es lo que veo y descubro en el Señor Jesucristo: su santidad, su amor, su espíritu de perdón. Cuando todo eso forma parte de mi vida y se apodera de mí, me prepara para la comunión con Dios Todopoderoso.

¡Te amaré, Dios y Padre!
¡Mi redentor y mi Rey!
Te amaré, porque sin ti,
La vida es cosa amarga.

MADAME GUYON (1648-1717)

Querido Padre celestial, por el espíritu de perdón del Señor Jesucristo puedo tener en mí un espíritu de perdón hacia todos los que me ofendan. Purifícame al punto del absoluto perdón, y llévame al lugar del amor absoluto. En el nombre de Jesús, amén.

6 de julio

Así que, como por la transgresión de uno vino la condenación a todos los hombres, de la misma manera por la justicia de uno vino a todos los hombres la justificación de vida.

ROMANOS 5:18

Una de las cualidades más maravillosas y asombrosas de Jesús fue su humildad. Aunque Él era el Altísimo, bajó a nuestro nivel y vivió como hombre. Por otra parte, nosotros somos lo más bajo y muchas veces nos comportamos con mucho orgullo y arrogancia. Somos muy distintos a Jesús en nuestra vida cotidiana.

Alguien podrá preguntar: «¿Soy justificado si soy conforme a Dios?»

Somos justificados porque Dios Todopoderoso nos declaró justos al dictar su sentencia en la cruz de Jesús y por la muerte del Salvador en la oscuridad del monte. Por su propiciación Dios nos justifica, y cuando Dios justifica regenera. Ese es el proceso de la salvación.

La regeneración no congela en ti la imagen de Dios. Esa imagen de Dios tiene que seguir creciendo, entrar en ti y salir de ti. Así como el artista trabaja en su pintura, lo primero es un bosquejo, pero el artista sabe qué hay allí, por lo que lentamente empieza a surgir. Dios parece estar lejos porque nosotros somos muy diferentes de Él. No es la distancia lo que nos separa, sino nuestros corazones. El propósito de Dios en la regeneración es hacernos conformes a la imagen de Jesús, paso a paso. La humildad característica de Jesús tiene que brillar en nuestra vida cada día.

Dulce es andar con Jesús,
Paso a paso, día a día;
Andar en sus huellas,
Caminar con Él hasta el final.

A. B. SIMPSON (1843-1919)

Amado Señor Jesús, quiero que esa humildad que predominó en tu vida entre en la mía. Te pido que hoy hagas lo que haga falta para que llegue a ese punto. Amén.

7 de julio

Bendito sea el Dios y Padre de nuestro Señor Jesucristo, que nos bendijo con toda bendición espiritual en los lugares celestiales en Cristo.

EFESIOS 1:3

Una de las cosas en las que mi espíritu se deleita al leer los evangelios es que la mente de Jesús siempre estaba enfocada en el cielo. Estaba en el seno de su Padre mientras estuvo aquí en la tierra. Jamás dejó ese seno. Y durante su ministerio público ese enfoque principal en el cielo pareció ser el marco en el que se desplazaba entre los seres humanos.

La única vez que Jesús dejó el seno del Padre fue en la terrible y dolorosa angustia, cuando Dios se apartó de Él en la cruz, para que pudiera morir por la humanidad. Fue la única vez que Jesús se apartó del seno del Padre.

A lo largo de su ministerio en la tierra habló de cosas celestiales. Las parábolas que les contaba a sus discípulos tenían un significado celestial. Jesús muchas veces decía: «Vengo de lo alto» y «les digo las cosas del cielo».

Vivía en el corazón de Dios y el mundo que está por encima de este es el mundo en que Él habitó. Podríamos decir que la mente de Jesús estaba en otro mundo. Ese es el ejemplo que tenemos que seguir: estar tan absortos en las cosas celestiales que siempre tengamos la mente enfocada en lo alto.

Señor, muchos son mis pecados, como las arenas del mar,
Pero tu sangre, oh mi Salvador, me basta;
Porque tu promesa está escrita en letras relucientes:
«Aunque tus pecados sean rojos como la sangre,
Yo te lavaré y serás blanco como la nieve».

MARY A. KIDDER (1820-1905)

Padre nuestro, aunque vivo en este mundo mi corazón está en el mundo que está por encima de este. Quiero centrarme tanto en ti como para que no me importe nada más. Te lo pido en el nombre de Jesús, amén.

8 de julio

Jehová reina; regocíjese la tierra, alégrense las muchas costas. Nubes y oscuridad alrededor de él; justicia y juicio son el cimiento de su trono.

SALMOS 97:1-2

Al meditar en la experiencia del cristiano promedio, observamos que la mayoría en realidad no se enfoca en las cosas celestiales. Por mucho que cantemos «Más cerca de ti», sigue habiendo distancia entre nosotros y Dios. Todo cristiano está tan cerca de Dios como lo está cualquier otro creyente, excepto por un problema: Dios no puede manifestarse a sí mismo ante cristianos cuya naturaleza sea disímil respecto de la suya.

Hay cristianos con suficiente de la naturaleza de Dios como para ser justificados y regenerados, pero no les alcanza para estar en comunión con Dios. Necesitan desesperadamente la perfección de la comunión con Dios. Esa comunión que necesitamos nos eleva por encima de los asuntos carnales de esta vida. Los juguetes religiosos nos distraen, casi al punto de obsesionarnos.

Ha habido en las últimas generaciones un gran movimiento hacia la religión externa y lo que llamo cristianismo técnico. Es difícil para algunos cristianos abandonar sus juguetes religiosos para enfocarse en la comunión con Dios. Pero en nuestro corazón regenerado, todo está dirigido hacia el cielo. Lo que nutre nuestra comunión con Dios es esa enrarecida atmósfera del cielo. Pero jamás podrá satisfacerse con las cosas externas. Es hora de dejar los juguetes religiosos y enfocarnos en lo celestial, donde Dios reina supremo.

Del amor divino jamás sabré
La sublime majestad,
Hasta que contigo tranquilo esté
En tu gloria celestial.
FANNY J. CROSBY (1820-1915)

Oh Padre celestial, es muy fácil que nos distraigan los juguetes y los entretenimientos. Líbrame de esta distracción para que nada sea obstáculo en mi comunión contigo. Te lo pido en el nombre de Jesús, amén.

9 de julio

Y dijo: Yo soy el Dios de tu padre, Dios de Abraham, Dios de Isaac, y Dios de Jacob. Entonces Moisés cubrió su rostro, porque tuvo miedo de mirar a Dios.

ÉXODO 3:6

Muchos cristianos han aprendido a vivir siguiendo al Señor desde lejos. A medida que nos hacemos más viejos, aprendemos a vivir en las penumbras, en las sombras, y no nos importa mucho. Aprendemos a vivir en el frío y no nos preocupa.

Pedro seguía al Señor desde lejos pero, cuando este se dio vuelta y lo miró, Pedro salió y lloró amargamente.

¿Lloras porque no te pareces a Jesús? ¿Tienes lágrimas que llorar por esa distancia que hay entre tú y Dios, que en realidad no es tal pero así la sientes? Das gracias por cada bendición, por la bondad, la justificación y la gracia de Dios en tu vida. Dios ha sido tan bueno. Pero no puedes deshacerte de esa sensación de que Dios parece estar lejos de ti. Sabes que no lo está, pero sientes que así es.

Tal vez hayas permitido que la autoindulgencia, el espíritu de venganza, la actitud tibia o el amor al mundo cubran con su nube el rostro de Dios. ¿Qué harás al respecto?

Cuanto te ocupes de esa nube, el sol volverá a brillar como siempre. No hay nada que pueda reemplazar el gozo de la manifiesta presencia de Dios. ¡Ver su rostro, maravillados, adorándole siempre!

En presencia estar de Cristo,
Ver su rostro, ¿qué será?
Cuando al fin en pleno gozo
Mi alma le contemplará.

CARRIE E. BRECK (1855-1934)

Anhelo, oh Dios, ver tu rostro. Anhelo verte como deseas que te vea, sin los impedimentos del pecado y la rebeldía. Solo puedo hacerlo por medio de Jesucristo mi Salvador, y es esa mi oración en su nombre. Amén.

10 de julio

Porque ya sabéis que aun después, deseando heredar la bendición, fue desechado, y no hubo oportunidad para el arrepentimiento, aunque la procuró con lágrimas.

HEBREOS 12:17

El cristiano promedio piensa que porque ha oído una verdad, ahora es suya. La espiritualidad no es como el estudio. Cuando estudias lees los libros de texto, memorizas algunos datos y ya, dominas el tema.

Con lo espiritual no es así.

Solamente el Espíritu Santo puede darte la iluminación que hará que las palabras que oigas sean parte de tu naturaleza espiritual. El Espíritu Santo quiere abrir nuestros corazones para que la verdad forme parte de nosotros.

Muchas veces hay cosas que impiden la obra del Espíritu Santo, por lo que no puede iluminarnos. Para cada cristiano podrá ser algo diferente. Limpiar los residuos espirituales es un proceso continuo y la herramienta que tenemos que usar es el arrepentimiento.

Tenemos que empezar a arrepentirnos por nuestra falta de santidad en presencia del Santísimo; arrepentirnos de nuestra autoindulgencia en presencia de Cristo, que no tuvo egoísmo; arrepentirnos de nuestra crudeza en presencia de la bondad y el perdón de Cristo. Arrepentirnos de nuestra tibieza en presencia del Cristo celoso que inflama como llama ardiente.

El Espíritu Santo nos guiará a cada uno al área en la que debamos arrepentirnos.

Santo consolador, tu aliento pon en mí,
Que lo que tú amas, pueda amar pon tu voluntad en mí.

EDWIN HATCH (1835-1889)

Oh, Espíritu del Dios vivo, necesito que me guíes en el camino eterno para que deje atrás la tibieza. Te pido que me toques con el fuego del altar celestial, en el nombre bendito de Jesús, amén.

11 de julio

¿Por qué te abates, oh alma mía, y por qué te turbas dentro de mí? Espera en Dios; porque aún he de alabarle, salvación mía y Dios mío.
SALMOS 42:11

Los atributos de Dios dependen del carácter moral de Dios y están garantizados por los inmutables atributos del Señor Dios Todopoderoso, el Anciano de días.

Tenemos que entender lo que es el atributo de la omnipresencia de Dios y lo que significa en la experiencia humana. No se trata de la fría doctrina que hay que enseñar, para luego seguir con otra cosa. Cualquier doctrina que no tenga raíces en el carácter y la naturaleza de Dios no es bíblica, o significa que no entendimos la doctrina correctamente. Toda doctrina comienza en el corazón de Dios y luego fluye al corazón humano, creando una atmósfera divina en la persona.

El atributo de la omnipresencia significa simplemente que Dios está presente siempre. Dios está cerca de todo y de todos. Significa que está aquí. Junto a ti, dondequiera que estés.

Cuando oramos: «Oh Dios ¿dónde estás?», la respuesta es: «Estoy donde estás tú. Estoy aquí. Junto a ti. Cerca de todo y de todos».

No sé si lo entiendo, pero sé que lo creo y lo acepto. Eso afecta mi vida a tal punto que solo puedo decir: «¡Aleluya, estás conmigo!»

Cuán bello, qué hermoso
Ha de ser verte, Señor,
Tu infinita sabiduría y poder sin igual,
¡Y tu esplendorosa pureza!
FREDERICK W. FABER (1814-1863)

Amado Dios, reposo confiado que siempre serás el mismo. No puedo entender la profundidad de tu naturaleza, pero puedo aceptarte como mi Señor y mi Dios. ¡Aleluya! Estás cerca de mí. Amén.

12 de julio

Jehová reina; se vistió de magnificencia; Jehová se vistió, se ciñó de poder. Afirmó también el mundo, y no se moverá. Firme es tu trono desde entonces; tú eres eternamente.

SALMOS 93:1-2

Si solo tuviéramos intelecto, sin Escrituras que respaldaran las enseñanzas como la de la omnipresencia de Dios, esa instrucción sería dudosa. Si tuviéramos las Escrituras y no tuviéramos raciocinio, de todos modos la creeríamos. Pero tenemos Escrituras y tenemos raciocinio. Tenemos Escrituras que lo declaran y tenemos razón para gritar: «Es cierto, ¡sé que es la verdad!» Podemos estar seguros de que Dios es omnipresente, que está en todas partes.

Si hubiera algún lugar en donde no estuviera, ese lugar marcaría los confines, los límites de Dios. Si Dios tuviera límites, no podría ser el Dios infinito que es. Algunos teólogos llaman inmensidad a la infinitud de Dios, pero inmensidad no llegar a ser un término suficiente.

Puesto que inmensidad significa simplemente que estás hablando de algo vasto y enorme. Sin embargo, infinitud significa no solo que sea enorme y vasto, sino que no hay límites. Si Dios fuera enorme y vasto, podríamos decir que es inmenso. Pero como es infinito, solo podemos decir que no tiene tamaño. No puedes medir a Dios en ningún aspecto.

¡Dios, nuestro auxilio en los pasados siglos!
¡Nuestra esperanza en años venideros!
Nuestro refugio en hórrida tormenta,
Y nuestro protector eterno.

ISAAC WATTS (1674-1748)

Te amo, oh Dios, aunque no pueda entender del todo la largura y la anchura de tu naturaleza y tu carácter. Por fe reconozco tu presencia en mi vida. No puedo explicarlo pero, por cierto, puedo aferrarme a esa verdad, en el nombre del Señor Jesucristo. Amén.

13 de julio

En tu gloria sé prosperado; cabalga sobre palabra de verdad, de humildad y de justicia, y tu diestra te enseñará cosas terribles.

SALMOS 45:4

Dios está igualmente cerca de todas las partes de su universo. Cuando meditamos en Dios y en las cosas espirituales, podemos pensar correctamente solo si descartamos el concepto del espacio puesto que nuestro Dios infinito no habita el espacio. Lo comprende, lo engulle.

Dios llena los cielos y la tierra así como el océano llena un cubo que sumerges a un kilómetro de profundidad. El cubo está lleno del océano pero el océano también rodea al cubo por todas partes. Así que cuando Dios dice: «Yo lleno los cielos y la tierra», así es. Y los cielos y la tierra además están sumergidos en Dios. También nos dice que los cielos no pueden contener a Dios.

Verás que a Dios nada le contiene. Es Dios el que lo contiene todo, en lo que hay una diferencia. En Él vivimos, nos movemos y existimos.

Tenemos el hábito de intentar poner a Dios dentro de nuestras vidas. Tenemos nuestros límites, nuestras pequeñeces y pensamos que deberíamos hacer entrar a Dios allí. Todo eso se opone a la naturaleza misma de Dios. Nadie puede contener a Dios y por eso nadie puede controlarlo; es más, por eso Dios no hace lo que le pida ni le ordene nadie. Dios está ocupado cumpliendo *su propio* propósito y su voluntad.

Cerca, más cerca, ¡oh Dios, de ti! Cerca yo quiero mi vida llevar,
Cerca, más cerca, ¡oh Dios, de ti! Cerca a tu gracia que puede salvar.
Cerca, más cerca, tan pobre soy, nada, Señor, yo te puedo ofrecer;
Solo mi ser, contrito, te doy, para contigo la paz obtener.
Cerca, más cerca, Señor de ti, quiero ser tuyo, dejando el pecar;
Goces y pompas vanas aquí, todo, Señor, pronto quiero dejar.
Cerca, más cerca, mientras el ser aliente vida y busque tu paz;
Y cuando al cielo pueda ascender, ya para siempre conmigo estará.

LELIA N. MORRIS (1862-1929)

Padre y Dios eterno, quiero llenarme tanto de ti que no quede espacio para nada más. Que mi vida desborde con tu presencia cada día. Amén y amén.

14 de julio

¿A dónde me iré de tu Espíritu? ¿Y a dónde huiré de tu presencia?
Si subiere a los cielos, allí estás tú;
y si en el Seol hiciere mi estrado, he aquí, allí tú estás.
SALMOS 139:7-8

A veces hablamos diciendo que Dios está cerca o lejos de nosotros. Nuestra idea es errónea porque pensamos en términos geográficos o astronómicos, en años luz, en metros, pulgadas, centímetros, kilómetros o leguas. Pensamos en Dios como un ser ubicado en el espacio y no es así. Dios contiene al espacio, de modo que el espacio está en Dios. No debiéramos tener problemas con que Dios estuviera donde fuese porque en verdad, está en todas partes.

David dijo: «Si subiere a los cielos, allí estás tú; y si en el Seol hiciere mi estrado, he aquí, allí tú estás».

No me pidas que lo explique. Solo recuerda lo que afirmara John Wesley: «No lo rechaces porque no puedas entenderlo».

Si el ser humano se ubicara en el infierno, la omnipresencia de Dios requeriría que allí donde hay algo, tiene que estar la presencia de Dios. Es imposible escapar a la presencia de Dios. Dondequiera que estemos, Dios está allí. El problema está en reconocer su presencia, dondequiera que estemos ahora mismo.

Tú mi porción eterna
Más que amigo o vida para mí
Solo mi viaje de peregrino
Salvador déjame caminar contigo.
Cerca de ti, cerca de ti,
Salvador déjame caminar contigo.
FANNY J. CROSBY (1820-1915)

Querido Dios, aunque no puedo entender del todo estas cosas profundas de ti, creo en tu Palabra. No lo entiendo todo pero te amo y te abrazo en toda la bondad manifiesta de tu presencia. Alabado sea el nombre de Jesús, amén.

15 de julio

Si dijere: Ciertamente las tinieblas me encubrirán; aun la noche resplandecerá alrededor de mí. Aun las tinieblas no encubren de ti, y la noche resplandece como el día; lo mismo te son las tinieblas que la luz.

SALMOS 139:11-12

Cuando el mundo ora, en general lo hace sin sentir la cercanía de Dios. Dios siempre está en otra parte, por lo general, lejos.

La razón de eso yace en que en lo espiritual, la cercanía y la semejanza son lo mismo. La lejanía significa disparidad. Cuando se trata de la personalidad, de los espíritus, de lo que no es material, la distancia no significa ni lo más mínimo en este mundo enorme. Por eso Jesús pudo ir a la diestra de Dios Padre y decirles a los que estaban en la tierra: «Yo estoy con ustedes siempre». Jesucristo es Dios y Dios es espíritu, por lo que puede estar al instante en todas partes al mismo tiempo, sin problemas.

Los seres humanos estamos apartados de Dios, no porque Dios esté lejos en términos del espacio o porque sea remoto como lo está una lejana estrella o galaxia, sino por la disparidad de naturalezas. Al proyectar nuestro concepto humano sobre las cosas espirituales, no podemos descubrir a Dios.

Hoy hay una frase conocida: «Arriba hay alguien que me ama». No se me ocurre frase más horrible que esa. El mundo no tiene esa conexión íntima con Dios que solo es posible conociendo a Jesucristo. Para el cristiano, la frase es: «Cristo, que está en mí, me ama».

Sol de mi alma, querido Salvador,
No hay noche si estás cerca;
Que ninguna nube surgida de la tierra
Te oculte de los ojos de tu siervo.

JOHN KEBLE (1792-1866)

Amado Señor Jesús, es a través de ti que he entrado en la gloriosa y maravillosa presencia de Dios. Te conozco, me conoces, y dulce es nuestra comunión de cada día. Amén y amén.

16 de julio

Porque mis pensamientos no son vuestros pensamientos, ni vuestros caminos mis caminos, dijo Jehová. Como son más altos los cielos que la tierra, así son mis caminos más altos que vuestros caminos, y mis pensamientos más que vuestros pensamientos.

ISAÍAS 55:8-9

Tenemos la costumbre de proyectar nuestros conceptos humanos hacia arriba y hacia afuera. Por ejemplo, los que más cerca tenemos son nuestros amigos, y cuanto más íntimos, más cercanos serán. Por otra parte, a los enemigos queremos tenerlos bien lejos, lo más lejos posible, y ellos también quieren alejarse de nosotros.

Es un concepto humano que tiene que ver con las cosas materiales. Todos nos alegramos si el enemigo está lejos, y el enemigo también se alegra si está a diez kilómetros o en otro continente. Según lo ve el mundo, cuanto más lejos esté tu enemigo mejor te irá, porque el mundo piensa en términos de espacio.

Con Dios no hay ni cerca ni lejos. Dios no cambia nunca y no se muda. Dios espera con paciencia a que reconozcamos su presencia. Él abrirá las puertas y empezaremos a disfrutar de la manifestación de su presencia en nuestra vida cotidiana. ¡Qué bueno, conocer a Dios de manera tan personal!

¡Oh! ser como tú, bendito Redentor,
Es mi constante anhelo y oración;
Gustoso renunciaré a todos los tesoros del mundo,
Jesús, para poder vestirme de tu perfecta semejanza.

THOMAS O. CHISHOLM (1866-1960)

Anhelo, oh Señor Jesús, ser como tú en todos los aspectos posibles. Invito hoy al Espíritu Santo a mi vida, para que haga justamente eso. Te pido que el latir de mi corazón sea el del tuyo. Amén.

17 de julio

Oh Jehová, tú me has examinado y conocido. Tú has conocido mi sentarme y mi levantarme; has entendido desde lejos mis pensamientos.
SALMOS 139:1-2

Cuando los cristianos se reúnen en una asamblea, ¿qué es lo que hace que sea una asamblea cristiana? Lo único que hace que sea una asamblea cristiana es que Dios está allí, en medio de ellos.

Dos criaturas pueden estar en la misma habitación y, sin embargo, quizá les separen millones de kilómetros. Si fuera posible hacer que un ángel y un simio estuvieran en un mismo lugar, no habría compatibilidad, no habría comunión, no habría entendimiento ni amistad. Solo habría distancia porque el ángel resplandeciente y el torpe mono estarían infinitamente distanciados el uno del otro aunque estuvieran en una misma habitación.

Cuando se trata de lo intelectual, lo espiritual o lo del alma, lo que tenga que ver con el espacio, la materia, el peso y el tiempo no significa nada.

Si alguien que no es creyente llega a la iglesia un domingo por la mañana y se sienta junto a un cristiano, en términos espirituales, estarán a kilómetros de distancia. No hay comunión allí. El centro de la comunión cristiana yace en el hecho de que Dios está presente pero más que eso, en que en verdad experimentamos la presencia de Dios entre nosotros. La persona que no es salva jamás podrá experimentarlo, pero para el cristiano debiera ser su experiencia constante.

¡Cuán dulce es vivir, cuán dulce es gozar en los brazos de mi Salvador!
Allí quiero ir y con él morar, siendo objeto de su tierno amor.
No hay que temer ni que desconfiar, en los brazos de mi Salvador.
Por su gran poder él me guardará de los lazos del engañador.
ELISHA A. HOFFMAN (1839-1929)

Amado Dios y Padre de nuestro Señor Jesucristo, la comunión que disfruto con mis hermanos creyentes se debe a mi comunión contigo. Te pido que esta comunión continúe hasta que todos nos reunamos en el cielo. Amén.

18 de julio

En los cuales anduvisteis en otro tiempo, siguiendo la corriente de este mundo, conforme al príncipe de la potestad del aire, el espíritu que ahora opera en los hijos de desobediencia.

EFESIOS 2:2

Dios creó al hombre a su imagen pero el hombre pecó y se diferenció de Dios en su naturaleza moral. Puesto que dejó de ser conforme a la imagen de Dios esa comunión se rompió. La única razón por la que tenemos esa sensación de lejanía es la disparidad entre el carácter moral de Dios y el del ser humano.

Cuando dos personas se odian, son enemigas y se alejan, se separan, incluso si por un momento se ven obligadas a estar juntas.

Dos hermanos que se odian asistirán al funeral de su padre pero aunque estén junto al féretro estarán a kilómetros de distancia por la falta de semejanza entre ellos. Allí hay alienación o perturbación.

La alienación es, justamente, lo que la Biblia dice de esa incompatibilidad moral entre Dios y el ser humano. Dios no está lejos, pero nos lo parece porque en cuanto a carácter moral sí está muy lejos de nosotros. El ser humano ha pecado y Dios es santo. Solo la expiación de Cristo remedia esa brecha.

Alabado sea el Padre por su amorosa bondad,
Y su ternura hacia sus hijos que han errado:
Alábenle, ángeles, alábenle en los cielos
¡Alabado sea Jehová!

ELIZABETH R. CHARLES (1828-1896)

Oh Dios, reconozco la distancia entre tú y yo, y que solamente Jesucristo puede unirnos. Te doy gracias porque Jesús ha hecho por mí lo que yo jamás podría hacer por mis propios medios. ¡Aleluya al Cordero de Dios!

19 de julio

Pues habiendo conocido a Dios, no le glorificaron como a Dios, ni le dieron gracias, sino que se envanecieron en sus razonamientos, y su necio corazón fue entenebrecido.

ROMANOS 1:21

Nuestro Señor Jesucristo, que es Dios encarnado, es en carácter todo lo que es Dios. Él es perfecta y completamente, lo que es Dios exactamente. Pablo describe al pecador alienado como el que anda en la vanidad de su mente, con el entendimiento oscurecido.

¿Describe eso a Jesús? ¿Describe eso al glorioso Hijo de Dios? ¿Describe a Jesús la ignorancia en la mente, la ceguera del corazón que ya no siente nada, que se entrega a la lascivia y camina en la iniquidad y la codicia?

Eso describe exactamente lo opuesto a Jesús. Muestra que el pecador es tan incompatible con Dios que la distancia es de carácter, no de espacio. Dios no está a 100.000 años luz del pecador. Ni siquiera está a un centímetro del pecador. Y, sin embargo, aunque esté tan cerca como para sacarlo de las llamas del infierno, está muy separado del pecador.

Tiene que ser terrible para Dios estar tan cerca del hombre que creó a su imagen y que este le ignore por completo.

La obra de Cristo en la cruz fue para destruir esa disparidad e incompatibilidad y para traer al corazón humano esa magnificente presencia de Dios.

Más cerca, cerca de tu cruz
Llévame, oh Salvador;
Más cerca, cerca, cerca de tu cruz
Do salvaste al pecador.

FANNY J. CROSBY (1820-1915)

Padre celestial, hoy abrazo la cruz y todo lo que Jesús cumplió allí por mí. Sobre esa cruz, Él se puso entre tú y yo, y nos acercó en una unidad divina que era humanamente imposible. ¡Alabado sea el nombre de Jesús! Amén.

20 de julio

Fiel es Dios, por el cual fuisteis llamados a la comunión con su Hijo Jesucristo nuestro Señor.
1 CORINTIOS 1:9

Según los teólogos de todas las denominaciones del mundo Dios es omnipresente, lo cual significa que está cerca, junto a nosotros, en todas partes y dondequiera que estemos. No importa dónde nos reunamos como creyentes, estaremos en cercanía de la presencia de Dios.

Nuestra comunión con Dios no tiene nada que ver con el espacio sino con la diferencia de carácter moral.

Supongamos que un hombre muy fiel a Dios, y uno malvado y opuesto a Dios estuvieran obligados a sentarse juntos durante un viaje. Ninguno se moverá ni un centímetro de su lugar. El hombre conforme a Dios no rendirá ni un centímetro a favor del pecado, y el pecador ni siquiera permitirá que el santo le hable. Les han obligado a sentarse juntos por un tiempo.

¿De qué podrían hablar? Tendrán que encontrar algún terreno en común. Puede ser que hablen del paisaje, de un árbol bello o de algo parecido. Jamás estarán en comunión. Estarán a kilómetros de distancia el uno del otro aunque fuesen de la misma nacionalidad, casi de la misma edad y aunque viajen en el mismo vehículo al mismo destino.

La comunión no se basa en la proximidad sino en el carácter del corazón. Podemos estar en comunión con Dios porque tenemos algo en nosotros que responde a la persona de Dios.

Como estaba perdido, sin nada que hacer,
Por su nombre y su palabra perdonado fui,
Eso impide que me gloríe,
Salvo en la cruz de Cristo mi Señor.
ISAAC WATTS (1674-1748)

Te amo, Señor, y me encanta la comunión de los creyentes. Nuestra comunión se basa en la misma que tenemos contigo. No hay nada que pueda unirnos en bella armonía, más que tú. En el nombre de Jesús, amén.

21 de julio

Y oyeron la voz de Jehová Dios que se paseaba en el huerto, al aire del día; y el hombre y su mujer se escondieron de la presencia de Jehová Dios entre los árboles del huerto.

GÉNESIS 3:8

El mundo busca a Dios como si pudiera encontrarlo por casualidad, pero no lo encuentra porque Dios y el ser humano son dispares en sus naturalezas morales. Es por eso que a tanta gente le parece que Él está tan lejos.

Cuando Adán pecó, corrió a esconderse de la presencia de Dios.

Dios lo llamó: «Adán ¿dónde estás?» Dios sabía dónde estaba Adán. Adán era el que no sabía dónde estaba Dios. Adán estaba perdido porque estaba alienado de Dios. Había tenido comunión con Dios pero cuando entró el pecado, destruyó en Adán lo que estaba en correspondencia con el corazón de Dios.

Es esto lo que define al mundo perdido. Hay un remanente en los corazones de la gente, que anhela a Dios, pero sin el camino que pueda conectarles con Él. Y como el ser humano no puede conectarse con Dios en realidad, el diablo mete muchas cosas para distraer a la gente de ese anhelo que tienen en sus corazones, sin respuesta. El ruido, el bochinche, el ritual, el piloto automático reemplazan al Dios que están buscando.

Señor, cerré la puerta, di ahora la palabra
Que no podía oír en medio del bullicio.
A ahora mi corazón callado,
Susurra tu voluntad, aunque me alejé.
Ahora, que todo está quieto.

WILLIAM M. RUNYAN (1870-1957)

Espíritu Santo, el mundo apartado de Jesucristo está perdido. Ha perdido esa conexión vital con aquel que nos creó a su propia imagen. Todo lo que nos ofrece el mundo se interpone, y no les permite encontrar a Jesús. Te pido que obres hoy en los corazones para que puedan volver a donde pertenecen. Amén.

22 de julio

Y él les respondió: Soy hebreo, y temo a Jehová, Dios de los cielos, que hizo el mar y la tierra.
JONÁS 1:9

Jonás se negó a obedecer a Dios y se apartó, alienando su corazón de Dios y pensando que podía huir de Él.

Puso tanta distancia como creyó que podía poner entre él y Dios. Estoy seguro de que probablemente sentía que podía escapar de Dios. Es el corazón lo que crea la distancia entre Dios y nosotros. Sin embargo, Dios está más cerca de lo que tú lo estás con respecto a ti mismo, más cerca que tus pensamientos. Es el pecador el que está lejos de Dios.

Dios no está lejos como lo está un dios romano sobre un monte sagrado. No. Dios no está lejos, pero lo que nos aleja es nuestra disparidad respecto de su santidad.

Jonás corrió tan rápido y tan lejos como pudo, pero no logró crear distancia alguna entre él y Dios.

El hombre natural podrá buscar tanto como lo desee su corazón y no acercarse jamás a Dios.

Hay un sitio de dulce descanso,
Cerca del corazón de Dios;
Un lugar donde el pecado no molesta,
Cerca del corazón de Dios;
Oh Jesús, bendito Redentor,
Enviado desde el corazón de Dios,
Sostennos esperando en ti
Cerca del corazón de Dios.
CLELAND MCAFEE (1866-1944)

Oh Dios, puedo identificarme con Jonás. Intenté huir de ti y mi rebelión me costó muy caro. Quiero darte gracias porque jamás renunciaste a mí, como jamás renunciaste a Jonás. Te bendigo en el nombre de Jesús, amén.

23 de julio

Y no halló la paloma donde sentar la planta de su pie, y volvió a él al arca,
porque las aguas estaban aún sobre la faz de toda la tierra.
Entonces él extendió su mano,
y tomándola, la hizo entrar consigo en el arca.
GÉNESIS 8:9

La presencia de Dios es la dicha de toda criatura moral, así como el brillo del sol es la dicha de todas las criaturas que aman al sol. Todas las que buscan el sol, salen a la superficie cuando amanece. Por eso la presencia de ese Dios santo es la dicha de toda criatura moral, y la ausencia de Dios es el terror, el dolor y la angustia de todas las criaturas caídas.

No me refiero simplemente a la presencia de Dios sino a su manifiesta presencia. Hay una enorme diferencia. Porque la presencia de Dios puede hallarse incluso en el infierno, pero por supuesto no hallaremos allí su presencia manifiesta.

Así, uno podría caminar por el planeta y estar tan cerca de Dios como para susurrarle. Y Dios oirá ese susurro. Pero el que está tan alejado y remoto como para ir hasta el río a suicidarse, piensa que no hay Dios alguno en todo el universo.

Pienso que esto es lo que explica nuestras tantas ocupaciones, y la cantidad de opciones de entretenimiento que nos ofrece el mundo. Hay dentro una inquietud que no podrá satisfacerse, como dijo san Agustín, hasta que reposemos plenamente en Dios.

Más cerca, cerca de tu cruz, llévame, ¡oh Salvador!
Más cerca, cerca de tu cruz, do salvaste al pecador.
A seguirte, Jesús, me consagro hoy, Constreñido por tu amor;
Y gozoso mi ser entero doy, por servir a mi Señor.
FANNY J. CROSBY (1820-1915)

Amado Dios, en mi alma he sentido esa inquietud que nada podía saciar, hasta que reposé plenamente en Jesucristo. Su cercanía calmó mi alma. Amén.

24 de julio

He aquí, solamente esto he hallado: que Dios hizo al hombre recto, pero ellos buscaron muchas perversiones.
ECLESIASTÉS 7:29

Tras cada invento de instrumentos, tras cada tipo de entretenimiento, hay una razón sencilla. La humanidad, creada para estar en comunión con Dios, se ha alienado de Él e intenta lidiar con esa alienación. Tal vez piensen que el ruido y la actividad ahogará ese anhelo interior por algo que no logran explicar. Saben que algo está mal aunque puedan no llegar a explicarlo.

Entre el hombre alienado de Dios y el Dios que era su vida y su sol hay una sensación de lejanía. El infierno será tal cosa porque las criaturas morales están lejos del sol resplandeciente del rostro de Dios.

Si no hubiera calles de oro ni muros de jaspe, ni ángeles, ni arpas, ni criaturas vivientes, ancianos y mar de cristal, el cielo sería el cielo de todos modos porque veremos su rostro y llevaremos su nombre sobre la frente.

Es la presencia manifiesta y consciente de Dios lo que hace que el cielo sea lo que es. Y la negativa de Dios a manifestar su presencia en el infierno o en la tierra o dondequiera que los seres humanos no sean buenos o no quieran serlo, es lo que hace del infierno tan horrendo sitio.

Esa es la razón por la que nuestro mundo está en situación tan desesperada en nuestros días.

Desde que Cristo mi alma libró,
Este mundo ha sido un cielo para mí;
Y en medio del dolor y las angustias terrenas,
Me es un cielo conocer a Jesús aquí.
C. J. BUTLER

Dios eterno, tú que habitas en toda eternidad, llena mi corazón con tu presencia y este mundo será el cielo para mí. Te doy gracias por Jesús, que lo hace posible. Amén y amén.

25 de julio

Y él dijo: Mi presencia irá contigo, y te daré descanso. Y Moisés respondió: Si tu presencia no ha de ir conmigo, no nos saques de aquí.
ÉXODO 33:14-15

Me interesa principalmente la presencia manifiesta de Dios. Porque una cosa es saber que Dios está aquí, pero sentir su presencia como solo puede hacerlo el Espíritu Santo, es algo muy distinto. ¿Por qué hay tantos cristianos dispuestos a vivir a un metro de distancia de la presencia manifiesta de Dios?

Si Dios se manifestara hoy a sí mismo ante la humanidad de toda la tierra, se vaciarían todos los clubes nocturnos, y se convertirían en una feliz reunión de oración. Toda casa de mala reputación quedaría vacía en cinco minutos, y todos, con corazón acongojado y profundo arrepentimiento caerían de rodillas ante Dios, pidiendo perdón y enjugando lágrimas de felicidad.

Es la manifiesta presencia de Dios lo que da dicha a las criaturas morales, y es la ausencia de esa presencia manifiesta lo que produce angustia eterna a las criaturas morales.

El gobierno podrá promulgar tantas leyes como se le ocurran. No hay ley, en ningún libro, que haya sido fuente de dicha para el corazón humano. Lo único que puede hacer la ley es decirte qué tan malo eres.

La presencia manifiesta de Dios nos revela la bondad divina. Eso es lo que llena mi corazón de gozosos cánticos y alabanza.

Mi espíritu, alma y cuerpo, mi ser, mi vida entera,
Cual viva, santa ofrenda, entrego a ti, mi Dios.
Mi todo a Dios consagro en Cristo, el vivo altar:
¡Descienda el fuego santo, su sello celestial!
MARY D. JAMES (1810-1883)

Amado Dios, te alabo hoy por la maravilla y el milagro de tu presencia en mi vida. No quiero vivir ni un solo día sin esa presencia manifiesta. Te lo pido en el nombre de Jesús, amén.

26 de julio

Entonces una nube cubrió el tabernáculo de reunión, y la gloria de Jehová llenó el tabernáculo. Y no podía Moisés entrar en el tabernáculo de reunión, porque la nube estaba sobre él, y la gloria de Jehová lo llenaba.

ÉXODO 40:34-35

A todos nos gustan los días brillantes, incluso cuando no hay sol. Es como si se nos negara el sol pero, como queremos un día brillante, inventamos todo tipo de luces. Es como si juntáramos cantidad de velas, tan solo por tener algo de luz. A eso se le llama entretenimiento.

Por cierto, el entretenimiento como por ejemplo, el teatro y todo lo demás, ayuda a la gente a olvidar que están sin Dios. Y cuando se calla la música y termina el entretenimiento, siguen con un vacío en lo profundo de sus almas.

Hay quien dirá que si la naturaleza humana es diferente a la de Dios, la lejanía está determinada por una brecha eterna e insalvable. Dios no cambia y el hombre no puede cambiar, así que ¿cómo podrían juntarse Dios y la raza humana?

La respuesta es que las diferencias pueden reconciliarse solo por medio de Uno que es Dios y hombre al mismo tiempo. El hombre no puede instruirse para ser conforme a Dios, ni podrá cultivarse para llegar a ser a la semejanza de Él. Podrás visitar galerías de arte, leer obras de Shakespeare, ir a ópera las noches de estreno, pero cuando todo eso acaba, interiormente serás lo mismo que eras antes: alguien que anda en la vanidad de su mente, cegado por la ignorancia interior, apartado de la vida de Dios, sin esperanza y sin Dios en este mundo.

Cuando uno está dispuesto a dejar la oquedad de este mundo y abrazar a Jesucristo, descubre que la manifiesta presencia de Dios está en su propio corazón.

Mi corazón, oh examina hoy; mis pensamientos, prueba, oh Señor.
Ve si en mí, perversidades hay; por sendas rectas llévame tu amor.

J. EDWIN ORR (1912-1987)

Padre nuestro que estás en el cielo, me he apartado de la vanidad del mundo y encontré en ti todo lo que necesito. Alabado sea el nombre de Jesús, amén.

27 de julio

Por lo cual debía ser en todo semejante a sus hermanos, para venir a ser misericordioso y fiel sumo sacerdote en lo que a Dios se refiere, para expiar los pecados del pueblo.

HEBREOS 2:17

La reconciliación entre dos personas suele significar que cada una de las partes cede en algo para que puedan volver a estar juntos. Si un hombre y yo estuviéramos apartados por cuatro cosas, podríamos reunirnos y decir: «Ahora, hermano, no quiero perder tu amistad y por eso haré una concesión en esto». Y el otro dirá: «Bueno, yo cederé en aquello». Por eso, si uno y otro dan un paso en ese sentido, llegarán a la reconciliación.

Pero, ¿cómo podría decirle Dios al pecador: «Avanzaré a mitad de camino y tú harás lo mismo y entonces nos encontraremos en el medio y nos reconciliaremos»?

Para ello, Dios debería vaciarse de su deidad y dejar de ser Dios. Prefiero ir al infierno en vez de ir a un cielo presidido por un Dios que negocie con el pecado. Queremos que Dios sea el Dios santo que es y que siga siendo el Dios santo que es.

Dios, por medio de Jesucristo, hizo que fuera posible que el hombre avanzara todo el camino para llegar al lado de Él. Ese es el tipo de reconciliación en el que puedo creer. La única forma en que la persona alejada puede reconciliarse con Dios es a través de Jesucristo.

Vengan, pecadores pobres y necesitados,
débiles y heridos, enfermos y doloridos;
Jesús está listo para salvarles, lleno de piedad, amor y poder:
Él puede, es poderoso y está dispuesto: no más duda.

JOSEPH HART (1712-1768)

Oh Dios, te alabo porque por medio de Jesucristo he hallado la plena reconciliación contigo. No hace falta negociar, ni hace falta nada más. Gracias, Jesús, amén.

28 de julio

Porque la paga del pecado es muerte, mas la dádiva de Dios es vida eterna en Cristo Jesús Señor nuestro.
ROMANOS 6:23

Una de las maravillosas verdades de Dios es que no negociará con el pecado. No creo que quisiéramos que Dios aprobara con un guiño nuestra iniquidad. Más bien, queremos que haga algo al respecto. ¿Qué hizo Dios en cuanto a nuestra iniquidad?

Descendió, se hizo carne, y fue Dios y hombre en Uno para que por la muerte de este pudiera eliminar todo obstáculo, de modo que el ser humano pudiera volver a estar en comunión con Dios. Antes de eso el ser humano no podía volver, o no quería volver en Cristo. Ahora, como Cristo vino, murió, y eliminó todo obstáculo moral, el ser humano puede volver a casa como lo hizo el hijo pródigo.

Si vemos la parábola del hijo pródigo, resulta interesante observar que el padre jamás negoció con el hijo. El hijo se fue, pero tuvo que volver.

Lo mismo pasa con nosotros. Hay un solo camino de regreso al Padre y Jesús nos dijo que Él es ese camino, el único camino. Y como no negoció con el pecado tenemos la certeza de que cuando regresamos a Dios, volvemos a un Dios que no cambia jamás. Esa es nuestra seguridad.

A ti venimos, Cristo,
Verdadero Hijo de Dios y hombre,
Por quien todas las cosas consisten,
En quien comenzó toda vida.
Solo en ti vivimos y nos movemos,
Y existimos en tu amor.
E. MARGARET CLARKSON (1915-2008)

Oh Dios, mi pecado, mi pecado ¡de tan solo pensarlo!
Pero en Jesucristo, me has lavado y me has llevado a la dulce comunión contigo.
Alabado sea el nombre del Señor, amén.

29 de julio

Por medio de las cuales nos ha dado preciosas y grandísimas promesas, para que por ellas llegaseis a ser participantes de la naturaleza divina, habiendo huido de la corrupción que hay en el mundo a causa de la concupiscencia.

2 PEDRO 1:4

El apóstol Pedro explica a su manera este tema de la reconciliación. Dice que Dios nos ha dejado promesas en el evangelio y que por esas promesas podemos ser partícipes de la naturaleza divina.

¿Qué significa eso?

Significa que cuando el pecador vuelve a casa, cuando se arrepiente y cree en Cristo con fe salvadora, Dios implanta en el corazón de ese que antes era pecador, parte de su propia naturaleza. Luego la naturaleza de Dios en Dios, y la naturaleza de Dios en el pecador ya no son dispares. Ahora son semejantes y el pecador está en casa. Ya desaparecida la disparidad, eliminada la falta de semejanza, la naturaleza de Dios en el hombre hace que sea moralmente adecuado que Dios y el hombre estén en comunión.

Sin negociar en manera alguna, ahora Dios recibe al pecador que regresó y pone en la vida de ese pecador una parte de su propia naturaleza.

Todas las promesas del Señor Jesús,
Son apoyo poderoso de mi fe;
Mientras luche aquí buscando yo su luz,
Siempre en sus promesas confiaré.

R. KELSO CARTER (1849-1928)

¡Oh, Dios amado, cuando pienso en ello! Puedo entrar en bendita comunión contigo. Mi corazón anhela esa comunión. Te doy gracias porque lo hiciste posible a través de Jesucristo mi Salvador.
Amén.

30 de julio

Amados, ahora somos hijos de Dios, y aún no se ha manifestado lo que hemos de ser; pero sabemos que cuando él se manifieste, seremos semejantes a él, porque le veremos tal como él es.

1 JUAN 3:2

Hay una ilustración un tanto grotesca que parece transmitir bien la idea: consiste en poner a un ángel al lado de un mono, sentados en una habitación, mirándose el uno al otro.

No hay forma en que puedas lograr que haya comunión allí. ¿Cómo podrías?

Si el gran Dios Todopoderoso pudiera tomar del ángel esa gloriosa y bendecida naturaleza celestial que tiene, y depositarla en el mono, este saltaría, le daría la mano al ángel y lo llamaría por su nombre porque al instante habría semejanza entre ellos.

Mientras el uno tenga la naturaleza de un mono y el otro tenga la naturaleza de un ángel, no habrá nada más que eterna disparidad. Por eso, el mundo con todo su dinero, cultura, educación, ciencia y filosofía sigue siendo un mono moral. El santo Dios no puede rebajarse para estar en comunión con él, ni puede el hombre natural entender a Dios, porque le es imposible y por eso no puede haber comunión.

Dios se movió en Cristo, murió en la cruz, eliminó los obstáculos y ahora por medio del nuevo nacimiento otorga al pecador parte de su propia naturaleza divina, y por eso el pecador mira hacia arriba y dice: «Aba Padre», por primera vez en su vida.

Todas sus promesas para el hombre fiel,
El Señor en sus bondades cumplirá.
Y confiado sé que para siempre en él,
Paz eterna mi alma gozará.

R. KELSO CARTER (1849-1928)

Abba Padre, suena tal dulce en mis labios, cuando medito en mi relación contigo. Antes no era más que un mono moral, pero Jesús lo cambió todo al morir en la cruz por mí. ¡Aleluya por el Cordero que ha sido inmolado! Amén.

31 de julio

He aquí, yo estoy contigo, y te guardaré por dondequiera que fueres,
y volveré a traerte a esta tierra; porque no te dejaré hasta que
haya hecho lo que te he dicho.
GÉNESIS 28:15

En el Antiguo Testamento, en la historia de Jacob y su escalera, Jacob fue convertido y recibió el poder del Espíritu de Dios. Jacob era un retorcido, un pecador que escapaba de su hermano gemelo Esaú al que había engañado para quedarse con la primogenitura. Jacob dejó Beerseba y fue hacia Harán.

Llegó a un lugar y allí pasó la noche porque ya se había puesto el sol. Tomó unas piedras, las dispuso para usarlas como almohada y se durmió. Mientras dormía vio una escalera que subía desde la tierra, y Dios estaba arriba, y los ángeles subían y bajaban por la escalera. Dios y Jacob se encontraron y este creyó en su Dios. ¡Qué maravillosa experiencia!

Al despertar, tenía un nuevo entendimiento de su relación con Dios. Su testimonio fue: *Ciertamente, Jehová está en este lugar y yo no lo sabía.* No lo sabía cuando se durmió esa noche, pero al despertar por la mañana sabía que la presencia de Dios estaba con él. Había estado allí todo el tiempo pero por primera vez en su vida Jacob experimentaba la presencia manifiesta de Dios, y eso cambió el resto de su existencia.

Subimos la escalera de Jacob,
Subimos la escalera de Jacob,
Subimos la escalera de Jacob,
Soldados de la cruz.
CANCIÓN ESPIRITUAL AFROAMERICANA

Oh, Dios, así como Jacob descubrió tu presencia en la antigüedad, también yo quiero descubrirla. Quiero reconocer que estás conmigo y que tu presencia es el consuelo de mi alma. Es mi oración en el nombre de Jesús, amén.

1 de agosto

Porque donde están dos o tres congregados en mi nombre, allí estoy yo en medio de ellos.
MATEO 18:20

En la vida de cada pecador que se convierte y nace de nuevo opera una milagrosa obra de gracia. Es el trasplante consciente de la naturaleza divina a su corazón por medio de la fe en Jesucristo. Es una experiencia tan abrumadora que es probable que la persona estalle de felicidad. Podrá gritar como lo hizo Jacob: «Dios está en este lugar y yo no lo sabía». ¿Qué es lo que ocurrió? ¿Qué fue lo que marcó la diferencia? ¿Qué le fue restaurado? No la presencia de Dios sino la presencia consciente de Dios. ¿Qué es lo que hace que el cielo sea el cielo? La inmaculada e ininterrumpida presencia de Dios. ¿Qué hace que el infierno sea el infierno? La ausencia de la consciencia de la presencia de Dios.

Esa es la diferencia entre una reunión de oración y un baile. La inmaculada presencia de Dios llena los cielos y la tierra, conteniendo el cielo y la tierra, presente en todas partes. En la reunión de oración una ancianita se arrodilla y dice: «Oh, Jesús, donde están dos o tres congregados en tu nombre, tú estás allí». Dios está allí. En el salón de baile, se avergonzarían si la presencia de Dios se hiciera manifiesta.

Mi conversión es la implantación de la vida divina en este pecador arrepentido.

Sin límite océano de amor y salvación,
Jesús, desde el cielo, nos trajo redención,
Su sangre preciosa él derramó por mí,
Y fluye por todos, y fluye por mí.
WILLIAM BOOTH (1829-1912)

Querido Padre celestial, el milagro de la gracia ha obrado en mi vida, llevándome a la comunión contigo. ¡Te alabo por mi salvación sin límite! Por medio de Jesucristo mi Señor, amén.

2 de agosto

Justo es Jehová en todos sus caminos,
Y misericordioso en todas sus obras.
Cercano está Jehová a todos los que le invocan,
a todos los que le invocan de veras.
SALMOS 145:17-18

Lo que busco en estos días es un par de conversiones a la antigua. Debo admitir que no se ven demasiadas de ese tipo. Lo que tenemos hoy, en cambio, son cosas aguadas, pobres, desprolijas, andrajosas. Convencemos a la gente de que se han convertido pero no se ha implantado en ellos la vida divina. No guardan semejanza con Dios y por ello no hay comunión.

Necesitamos otra vez las conversiones en las que el hombre se arrodilla, y estallando en llanto angustioso, confiesa sus pecados ante Dios, cree en Jesucristo, luego se pone de pie con el rostro iluminado, y saluda dándoles la mano a todos. Llorará, pero se esforzará por contener las lágrimas.

¿Qué era lo que lograba eso? No solo la consciente eliminación del pecado sino la consciente presencia de Dios revelada a su corazón. Ese es el gozo de la conversión, no el traer a Dios desde alguna estrella distante, sino conocer a Dios mediante un cambio de naturaleza, que Él esté cerca, «y yo no lo sabía».

La enseña tremolad, las fuerzas Dios dará,
Con paso firme y fiel marchad, la lucha fin tendrá.
¡A Dios load! ¡Dad gracias y cantad! Amén.
EDWARD H. PLUMPTRE (1821-1891)

Oh, Dios que estás en el cielo, cuánto anhelo ver hoy verdaderas conversiones a Jesucristo, como las que veíamos antes. Úsame hoy para dar testimonio a alguien que necesite esa clase de conversión. Te lo pido en el nombre de Jesús, amén.

3 de agosto

Alegraos en Jehová y gozaos, justos;
y cantad con júbilo todos vosotros los rectos de corazón.
SALMOS 32:11

Mi oración es que la iglesia evangélica descubra que la salvación no es tan solo una bombilla de luz, que no es una póliza de seguro contra el infierno, sino una puerta hacia Dios y a su corazón.

A las sectas les gusta practicar un jueguito religioso. Les gusta ofrecer una forma de seguridad parecida a la de una póliza de seguros. Por desdicha, lo que brindan es mucho menos que lo que ofrecen las Escrituras, a cada uno de nosotros.

Me preocupa que la iglesia evangélica haya llegado a estar tan peligrosamente cerca de ese tipo de actitud. Por alguna razón, todo el propósito de la conversión se ha degenerado para llegar a tan bajo nivel. No se trata tanto de aquello de lo que la persona ha sido salvada, aunque gracias a Dios por ello, sino para qué ha sido salvada.

El cielo que se ofrece últimamente es un lugar al que quieren ir casi todos. Un sitio donde tendrán todo lo mejor: una casa de varios niveles, dos autos, una fuente, una piscina y, como si fuera poco, calles de oro.

Ese cielo no tiene atractivo para mí. En su libro *Revelaciones del amor divino,* Juliana de Norwich dice que el cielo será eso porque la Trinidad llenará nuestros corazones con gozo sin fin. Es esto lo que tenemos que tener en la cabeza y en el corazón: Jesucristo es la plena y total manifestación de la Trinidad.

En horas de angustia conmigo Él está,
Y puedo escuchar su dulcísima voz,
Que me habla, y su paz inefable me da,
La paz infinita de Dios.
CHARLES H. GABRIEL (1856-1932)

Amado Dios, tu cielo es el lugar de tu bendita habitación. Perdóname por tratar de poner cosas terrenales en el cielo. Quiero anhelar ese lugar en donde tu presencia es manifiesta continuamente. Es mi oración, en el nombre de Jesús, amén.

4 de agosto

Me mostrarás la senda de la vida; en tu presencia hay plenitud de gozo; delicias a tu diestra para siempre.

SALMOS 16:11

El cristianismo es una puerta hacia Dios. Cuando llegas a Él, con Cristo en Dios, has emprendido tu travesía hacia la infinitud.

Lo que más me cuesta entender es la idea de que Dios es infinito. Debo confesar que no llego a entenderlo del todo, nadie puede comprenderlo en realidad. Pero la lógica se hinca de rodillas y reconoce que Dios es infinito. Puedo deducir lo que significa el infinito: significa que Dios no conoce límites, restricciones, ni final. Lo que sea Dios, lo es sin límites. Y todo lo que es Dios, lo es sin límites.

Mi mayor y más importante propósito es conocer a Dios. A lo que sé sobre Él y a lo que estoy aprendiendo acerca de Él tengo que sumarle este elemento de la infinitud. Lo que Dios sea y yo vaya entendiendo, eso tengo que multiplicarlo por infinito.

Incluidos están el amor de Dios, su gracia, su misericordia y todo lo demás que pueda yo aprender y conocer de Dios. Y cuando me encuentro con este aspecto de lo infinito, debo entender que soy finito. Más allá de cuáles sean mis problemas, nada son en comparación con la infinitud de Dios.

¿Te sientes muy triste aquí
Y muy solo también?
Todas tus cargas Jesús llevó,
Pues Él murió por ti.

JOHN M. MOORE (1925-)

Mi Padre celestial, a veces siento que mis problemas son tan grandes que nunca podré con ellos. Pero con una mirada a ti empiezo a entender que en comparación con otros, mis problemas no son nada. Mientras te tenga a ti, tendré todo lo que necesite. Amén.

5 de agosto

Grande es Jehová, y digno de ser en gran manera alabado,
en la ciudad de nuestro Dios, en su monte santo.
SALMOS 48:1

Todos, y me incluyo, somos culpables de hablar sin pensar. Decimos palabras que en realidad no van juntas. Por ejemplo, decimos que alguien tiene energía sin límites. Como cuando miramos a nuestros hijos corriendo en un jardín, y exclamamos que tienen energía sin límites. Eso no existe. Pronto se les agotarán las energías, y estarán listos para ir a la cama.

También decimos que un artista hace un esfuerzo ilimitado para acabar su obra. No hace un esfuerzo ilimitado. Hace un gran esfuerzo, lo mejor que puede. Pero en algún momento, levanta las manos y dice: «Todavía no está bien, pero tendré que dejarlo así». Decimos que su esfuerzo es ilimitado, pero estamos usando mal la palabra.

Usamos mal las palabras «sin límites», «ilimitado» e «infinito» porque para nosotros todas significan lo mismo. Sin embargo, son términos que describen a Dios. No hay forma ni aspecto alguno en que puedan describir al ser humano. Porque nosotros tenemos un límite para todo. Dios, por otro lado, no los tiene. Cuando decimos que Dios no tiene límites, que es infinito, allí sí estamos aplicando bien las palabras. Hoy mi gracia reposa en la infinita naturaleza de Dios.

Señor mi Dios
Al contemplar los cielos
El firmamento y las estrellas mil
Al oír tu voz en los potentes truenos
Y ver brillar el sol en su cenit.
Mi corazón entona la canción
Cuán grande es Él, cuán grande es Él
Mi corazón entona la canción
¡Cuán grande es Él, cuán grande es Él!
CARL BOBERG (1859-1940)

Padre nuestro que estás en el cielo, cuando medito en ti y en tus maravillas veo cuán grande eres. ¿Qué tengo que temer, mientras te tenga a ti? ¡Alabado sea el nombre de Jesús! Amén.

6 de agosto

El Dios de dioses, Jehová, ha hablado, y convocado la tierra,
desde el nacimiento del sol hasta donde se pone.
De Sion, perfección de hermosura, Dios ha resplandecido.
SALMOS 50:1-2

Como seres creados nos hemos ingeniado formas de medir las cosas o explicarlas. Tenemos la compulsión a medirlo todo.

Sabes cuánto pesas, pero te gustaría no pesar tanto; sin embargo, lo que determina tu peso es la fuerza de la gravedad.

Medimos la distancia en centímetros, metros, kilómetros. Queremos saber qué tan lejos está algo con respecto al lugar en donde estamos en cierto momento. Y luego queremos saber cuánto tiempo se tardaría recorrer esa distancia, en segundos, minutos, horas y días.

Tenemos diversas formas de medir las cosas puesto que todo es relativo. Es limitado. Siempre puedes medir las cosas. Sabemos cuánto mide el sol, cuánto mide la luna, cuánto pesa la tierra, cuánto pesa el sol y otros cuerpos celestes.

Podemos medir todas esas cosas y pesarlas puesto que son finitas. Pero cuando se trata de Dios no hay forma de medir nada en cuanto a toda su gracia ni a ninguno de sus atributos. La gracia de Dios es infinita y está más allá de nuestra capacidad para medirla. Su gracia no tiene principio y, por eso, tampoco tiene fin.

La misericordia de Dios es un océano divino,
Una marea sin límites, incomprensible.
Lánzate en lo profundo, aléjate de la orilla,
E intérnate en la misericordia de Dios.
A. B. SIMPSON (1842-1919)

Padre celestial, puedo medir lo que sea en mi mundo y explicar casi todo,
pero no puedo medirte a ti. Tu gracia para conmigo es incalculable.
Te alabo por medio de Jesucristo mi Señor. Amén.

7 de agosto

Ten misericordia de mí, oh Dios, ten misericordia de mí; porque en ti ha confiado mi alma, y en la sombra de tus alas me ampararé hasta que pasen los quebrantos.
SALMOS 57:1

En una ocasión, me paré junto al Océano Atlántico, en la playa, y con la vista recorrí lo que me parecía un mar sin límites. Parecía que el agua no tenía fin. Si iniciara un viaje a través del océano, me llevaría bastante tiempo; pero al fin llegaría a Gran Bretaña, si mis coordenadas estuviesen bien.

Lo que se ve infinito desde nuestra posición lo es solamente porque nosotros somos muy finitos. Cualquier cosa que sea más grande que nosotros parece ser infinita, desmedida e ilimitada. No hay nada ilimitado a excepción de Dios. Y no hay nada infinito, excepto Dios. No es solo porque Dios sea más grande que nosotros. Hay mucho más que eso.

La razón por la que Dios es infinito es porque es autoexistente y absoluto, y todo lo demás es contingente y relativo. Todo es relativo, excepto Dios. Él no tiene grados. Dios no es más Dios un día que otro. Yo no podría acudir a Dios y hallar que es menos que lo que era el día anterior. Dios no se extiende en el espacio. Dios contiene al espacio. Más allá de lo que sepamos sobre Dios, y sobre quién es Él, sabemos que no tiene límites y que nunca cambia.

Te adoramos, te alabamos, confiamos en ti,
Y te damos gracias por siempre,
Oh Padre, porque tu gobierno es justo,
Es sabio y no cambia jamás.
Tu infinito poder reina sobre todas las cosas.
Lo que tu voluntad ordene, se hace.
¡Benditos somos los que te tenemos por Rey!
ANÓNIMO

Amado Padre, me inclino ante ti en humilde reconocimiento de tu infinita sabiduría. Tú lo sabes todo en absoluto y a la perfección. Solo te conozco a ti y con eso me basta. Amén.

8 de agosto

Grande es el Señor nuestro, y de mucho poder; y su entendimiento es infinito.
SALMOS 147:5

C. S. Lewis entendía correctamente la idea de la eternidad. Cierta vez dijo que si pudiéramos pensar en una hoja de papel infinitamente extendida en todas las direcciones, y si tomáramos un lápiz para dibujar una línea de dos centímetros en ese papel, esa línea representaría el tiempo. Cuando empiezas a dibujar con tu lápiz, ese es el comienzo del tiempo. Y cuando lo levantas, es el fin del tiempo. Todo lo que hay alrededor es el infinito.

Esa es una buena ilustración.

Si hubiera un punto en el que se terminara Dios, entonces no sería perfecto. Si, por ejemplo, Dios lo supiera casi todo, pero no todo en absoluto, entonces no sería perfecto en conocimiento. Y su entendimiento no sería infinito como lo afirma David.

Dondequiera que empiece mi vida, Dios estaba antes que yo. Y dondequiera que acabe mi vida, Dios sigue estando. No hay principio, no hay final para Él. No logro entenderlo, pero puedo aceptarlo por fe y reposar confiado sabiendo que Dios es todo lo que realmente necesito en esta vida. Si necesitara algo más que no fuese Dios, entonces eso que necesitaría sería Dios.

Alabado sea Dios, Él es mi todo, en todo.
Esperaba en Jesús, y ahora sé que es mío;
Mis lámparas se apagaban, ahora brillan con luz,
Antes la muerte esperaba, ahora saludo su llegada,
Y mis esperanzas están a salvo en Él.
A. B. SIMPSON (1843-1919)

Oh, Señor Jesús, todo lo que soy y todo lo que tengo reposa en ti.
Lo único que realmente satisface mi corazón en estos días es tu presencia.
¡Te alabo por eso! Amén y amén.

9 de agosto

Voz de Jehová sobre las aguas; truena el Dios de gloria, Jehová sobre las muchas aguas.
SALMOS 29:3

Lo que me maravilla, y hasta cierto punto me divierte, es cuando alguien ejerce algo de poder. ¡Y hay gente a la que le encanta mostrar su poder! Puedes verlo muchas veces en los políticos y me temo que hasta cierto punto se ve también en la iglesia.

Más allá de cuánto poder tenga una persona, siempre habrá otra que la supere.

En cuanto a Dios, sucede todo lo contrario. Si tuviera todo el poder excepto un poquito, y alguien tuviera un poquito de poder al que Dios no pudiera acceder, entonces Dios no sería todopoderoso. No podríamos decir que este Dios tiene poder infinito porque no sería un poder ilimitado, sino casi infinito. El hecho de que le faltara un poco a Dios, lo descalificaría como ser todopoderoso.

Veo a algunos hombres que ambicionan el poder y me resulta divertido. Pero cuando pienso en Dios y en su poder, en mi corazón surgen olas de alabanza y adoración. Hinco mi rodilla ante aquel que es todopoderoso sabiendo que detrás de su poder está el amor sin límites por mí. Dios nunca intenta engañarme para escatimar su poder o su autoridad. No importa cuánto poder necesite yo de Dios, jamás lo agotaré, en la más mínima medida.

Dios da más gracia cuando aumenta las cargas.
Y envía más fuerzas cuando mayor sea el esfuerzo.
A mayores aflicciones, mayor misericordia.
Si las pruebas son muchas mayor es la paz.
ANNIE J. FLINT (1886-1932)

Querido Padre, hay momentos en que llego al punto en que me agoto. Y luego pienso en los inacabables recursos de tu gracia. Te alabo por tu verdad, en el precioso nombre del Señor Jesús mi Salvador. Amén.

10 de agosto

Los que confían en Jehová son como el monte de Sion, que no se mueve, sino que permanece para siempre. Como Jerusalén tiene montes alrededor de ella, así Jehová está alrededor de su pueblo desde ahora y para siempre.

SALMOS 125:1-2

Nuestro Dios es perfecto en conocimiento, en poder y en bondad. Si tuviera bondad pero hubiera un punto en que no fuera bueno, entonces no sería nuestro Dios y Padre. Si Dios tuviera amor, pero no por completo sino solo un noventa y nueve por ciento del amor, no sería Dios.

Para que Dios sea deidad, tiene que ser infinito en todos los aspectos. No tener límites, final, ni ningún punto que le impusiera fin, que no pudiera atravesar. Cuando reflexionas en Dios, o en las cosas de Él, tienes que pensar en términos del infinito de Dios.

Pensar así tal vez te confunda, pero creo que es la mejor elección. Este Dios pequeño y económico que tenemos ahora con el fundamentalismo moderno, este Dios barato que es tu compinche, el tipo de allá arriba al que le agrado, el buen tipo que me ayuda a ganar los juegos de béisbol; ese Dios, hermanos míos, no es el Dios de Abraham, de Isaac ni de Jacob. No es el Dios que hizo los cielos y la tierra. Es otro dios cualquiera.

Al tratar de entenderlo, tal vez me duela la cabeza. Pero lo que a la cabeza le cuesta es bálsamo para el corazón.

No importa si el camino está oscuro,
No importa si el costo es grande,
Dios sabe cómo alcanzaré la meta,
Derecho es el camino que me lleva a Él.

FREDERICK BROOK

Confieso, Señor Jesús, que tu gracia está más allá de lo que la razón puede explicar. No puedo entenderla, pero por fe la abrazo y permito que domine hoy mi vida. Amén.

11 de agosto

Nuestro Dios está en los cielos; todo lo que quiso ha hecho.
Los ídolos de ellos son plata y oro, obra de manos de hombres.
SALMOS 115:3-4

Los cristianos a veces nos asombramos ante los dioses de los paganos. Gastamos mucho dinero tratando de llegar a esos paganos para presentarles al Dios real y Padre de nuestro Señor Jesucristo.

Lo triste es que los cristianos también podemos crear dioses como lo hacen los paganos. Los instruidos no hacemos dioses de plata, oro, madera o piedra porque esa clase de idea nos resultaría ridícula. Sin embargo, podemos crear un dios con nuestra imaginación. En muchos lugares hoy se adora al dios de la imaginación.

En esta generación el cristianismo está perdiendo, yéndose por el drenaje, porque el dios del cristianismo moderno no es el Dios de la Biblia. No estamos llegando al nivel.

No quiero decir que no estemos orando. Lo que esto significa es que le oramos a un dios que no llega a estar a la altura en que tiene que estar. No le estamos orando al Dios verdadero, al Dios infinito, perfecto, omnisciente, amoroso, infinitamente Dios. Más bien, le estamos orando a un dios que hemos creado en nuestra imaginación y que no llega a estar a la altura del Dios verdadero.

Acércate, alma mía, al trono de misericordia
Donde Jesús responde a la oración;
Y allí, ríndete humilde a sus pies,
Porque en ese lugar nadie perece.
JOHN NEWTON (1725-1807)

Querido Dios y Padre de nuestro Señor Jesucristo,
te pido perdón por mirar las «cosas» en vez de mirarte a ti.
Quiero que mi atención se centre en ti mientras viva y te sirva.
Te lo pido en el nombre de Jesús, amén.

12 de agosto

Y vio Dios todo lo que había hecho, y he aquí que era bueno en gran manera. Y fue la tarde y la mañana el día sexto.
GÉNESIS 1:31

Tal vez lo que voy a decir ahora te conmueva. A menudo nos hace falta algo de impacto para volver al plano de la realidad, para quitarnos las telarañas de la cabeza. He orado, meditado, leído y escudriñado la Palabra demasiado tiempo como para callarlo. Lo creo con la misma firmeza como creo en todas las demás verdades de la Palabra de Dios.

Dios se agrada en sí mismo y se regocija en sus propias perfecciones. La divina Trinidad se alegra en sí misma. Dios se deleita en sus obras. Cuando Dios creó el cielo, la tierra y todas las cosas que hay en ella, siempre decía: «Dios vio que era bueno».

Después de haberlo creado todo, Dios creó al hombre a su imagen y semejanza. Y dijo lo mismo sobre el hombre, como lo había dicho sobre todo lo demás que había creado. «Y Dios vio que era bueno».

Dios se regocijó en todas sus obras. Se alegró en todo lo que había hecho; y así mismo, cuando llegamos a la redención, Dios se deleita sobremanera en la obra de Jesucristo consumada en la cruz. Hoy también Dios mira toda su creación, aunque por un tiempo esté bajo el dominio del pecado y la maldad, y ve que todas las cosas son buenas.

Alma, bendice al Señor que a los orbes gobierna,
Y que en sus alas te lleva, cual águila tierna;
Él te guardó como mejor le agradó,
¿No ves su mano paterna?

Alma, bendice al Señor, de tu vida la fuente,
Que te creó, y en salud te sostiene clemente.
Tu defensor en todo trance y dolor,
Su diestra es omnipotente.

JOACHIM NEANDER (1650-1680)

Oh, Dios, me regocijo hoy porque me ves como alguien a quien redimiste y dices que es bueno. Me gozo como tú te gozas en mí. Amén.

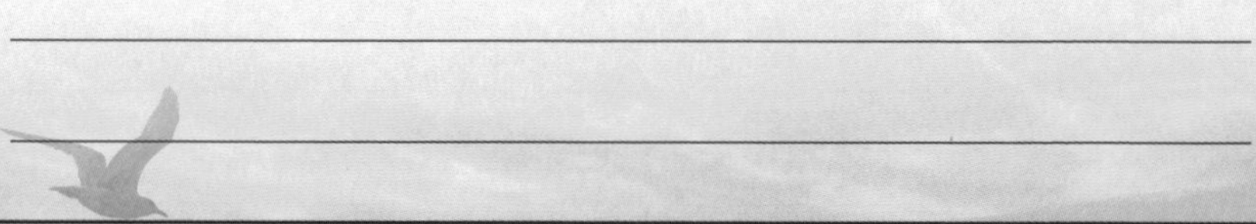

13 de agosto

Me mostrarás la senda de la vida; en tu presencia hay plenitud de gozo; delicias a tu diestra para siempre.
SALMOS 16:11

Dios hizo esta creación y amó lo que creó. Dios se agradó en sí mismo y en sus propias perfecciones así como en la perfección de su obra.

Cuando llegamos a la redención, no es esta una tarea pesada que se le imponga a Dios por necesidad moral. Tampoco es algo que tomara a Dios por sorpresa de modo que tuviera que dejarlo todo para solucionar un problema. Dios quería obrar la redención.

Redimir a la humanidad no era una necesidad para Él. No tenía que enviar a su Hijo Jesucristo para que muriera por la humanidad. No te imagines a la Trinidad sentada en torno a una mesa en el cielo tratando de pensar qué hacer, debatiendo si valía la pena salvar a la humanidad o no.

Nada estaría más alejado de la verdad. Jesús vino voluntariamente para morir en la cruz. La redención fue voluntad gozosa de Dios.

Una madre no tiene que levantarse a alimentar a su bebé a las dos de la mañana. No hay ley que la obligue a hacer algo así. No tiene que darle a su bebé el cuidado amoroso que le brinda. Quiere hacerlo. Lo hace porque le agrada hacerlo.

A Dios sea la gloria, grandezas obró,
Amó tanto al mundo que a su Hijo nos dio;
Rindió Él su vida, ganó redención,
La puerta a la vida a todos abrió...
¡Oh, qué maravillas, las obras de Dios!
Hay gran regocijo por su Hijo Jesús;
Más puro, más bello, más grande será,
Cuando le veamos nos transportará.
FANNY J. CROSBY (1820-1915)

Oh Señor, observo la creación que me rodea y casi puedo ver cómo te agradas al ver mi corazón redimido. Tu obra perfecta te permite mirar mi corazón y ver parte de ti. ¡Honor y alabanza al Señor Jesucristo, mi Salvador! Amén.

14 de agosto

Los cielos cuentan la gloria de Dios, y el firmamento anuncia la obra de sus manos.
SALMOS 19:1

En el oeste de Pensilvania unos codiciosos empresarios adquirieron los derechos de extracción del carbón en algunas secciones del estado. Allí creí y me gustaba ver cómo besaba el sol a las colinas, observar los atardeceres y ver el manantial que alimentaba a los ríos que desembocaban en el mar.

Volví a mi antiguo hogar hace unos años y encontré que los derechos de minería se los vendieron a ciertas empresas. Ellos no abrieron un hueco para llegar al carbón, como se hacía antes. Usaron excavadoras y arrancaron árboles, hierba, todo lo que había a su paso, para llegar al carbón y extraerlo. Como resultado, miles de hectáreas quedaron devastadas, como si se tratara de una enorme tumba vacía.

Pagaron una multa de trescientos dólares cuando se fueron, dejando todo tal como lo vi.

Hace poco volví, y la querida, entusiasta, divertida Madre Naturaleza había estado ocupada echando su velo verde sobre la fea basura.

Lo que el hombre había destruido virtualmente Dios hizo que la Madre Naturaleza pudiera revertirlo, haciendo que volvieran a crecer los árboles. Hoy puedes ver el esplendor de Dios en esos valles que el ser humano intentó destruir.

Hoy canto al gran poder de Dios;
Los montes Él creó;
Habló a los mares con fuerte voz;
Los cielos extendió.
A su mente sabia cantaré;
Poder al sol le dio.
Las luces de la noche, sé:
Que Él las decretó.
ISAAC WATTS (1674-1748)

Todopoderoso Creador, ¡qué maravillas has puesto ante nuestros ojos, que te adoran! Aunque el camino del ser humano es la destrucción, tu gracia redentora puede volver a hacer que todo te agrade una vez más. Amén.

15 de agosto

¿Dónde estabas tú...
Cuando alababan todas las estrellas del alba,
y se regocijaban todos los hijos de Dios?
JOB 38:4, 7

Creo que tenemos que dejar de cavilar como científicos y empezar a pensar como cristianos. Estaremos bien con Dios cuando dejemos de pensar como técnicos o mecánicos.

Necesitamos ver que Dios se entusiasma con su obra. No necesitamos entender cómo es que Dios podrá resolver lo que sea. Dios es absolutamente feliz ante su creación.

Los científicos tratan de explicar la creación y el mundo en términos técnicos. Pero apenas logran entender una cosa, descubren otra que descalifica su primer descubrimiento. No estoy seguro, pero creo que Dios lo organizó todo para que así fuera.

Necesito ver este mundo nuestro, no como un técnico, un mecánico o un científico, sino como alguien que ama a Dios y aprecia su entusiasmo por su creación.

Dejemos de pensar en Dios como el anciano que frunce el ceño, triste y amargado. Cuando Dios creó el cielo y la tierra, las estrellas de la mañana cantaron al unísono y se unieron a Él en gozosa celebración. En mi caso, puedo sentirme triste al ver en qué condiciones está hoy el mundo que nos rodea. Pero hay un remedio para eso: mirar el rostro sonriente de Dios, que con entusiasmo ama lo que ha creado.

El mundo es de mi Dios,
escucho alegre el son del ruiseñor que a su Señor eleva su canción.
El mundo es de mi Dios y en todo mi redor las flores mil, con voz sutil,
Declaran fiel su amor.
MALTBIE D. BABCOCK (1858-1901)

Querido Dios, ¡qué placer me da descubrir lo que te agrada! En todas partes veo muestras de tu buena voluntad y de tu placer. Permite que me centre en esas cosas hoy mientras vivo en el poder del Señor Jesucristo, mi Salvador. Amén.

16 de agosto

Anunciaré tu nombre a mis hermanos;
en medio de la congregación te alabaré.
SALMOS 22:22

A veces me irritan los técnicos religiosos que intentan explicar las Escrituras con tecnicismos.

En la anunciación del nacimiento de Cristo la Biblia nos dice que los ángeles decían: «Paz en la tierra, a los hombres de buena voluntad». Los técnicos señalan con énfasis que los ángeles no estaban cantando sino que, de acuerdo al texto griego, estaban «diciendo». Los ángeles, según ellos, no cantan. Pero sabemos que eso no es verdad por el paralelismo de algunos elementos que aparecen en Job 37:7.

No sé bien cuál es el propósito de esa clase de retorcido tecnicismo. Te aseguro que no puedo leer esa anunciación sin que me conmueva. Tiene tanto ritmo que tu corazón resuena con música: «Paz en la tierra a los hombres de buena voluntad», decían. Confieso que no soy músico pero, hermanos ¡eso es cantar!

Hubo canto en la Encarnación y en la Resurrección. Cuando Jesús se levantó de entre los muertos, no nos lo dice el Nuevo Testamento pero lo predice el Antiguo en el Salmo 22:22, que una de las primeras cosas que hizo Jesús fue cantar.

Una de las últimas cosas que hizo Jesús antes de la cena, fue cantar un himno junto con sus hermanos.

¡Cómo me gustaría haber podido oír ese himno!

Cantaré la bella historia
Que Jesús murió por mí,
Cómo allá en el Calvario
Dio su sangre carmesí.
FRANCIS H. ROWLEY (1854-1952)

Querido Dios, me canso de las explicaciones expertas de aquello que está por encima de toda explicación humana. Tan solo quiero que mi corazón te cante alabanzas por tu bondad conmigo. Amén.

17 de agosto

Mas tú, Jehová, para siempre eres Altísimo.
SALMOS 92:8

Me gusta cantar, en especial esos himnos antiguos de la iglesia que exaltan y magnifican al Dios que amo.

Hace poco escuché algo de la nueva música que hoy está en auge, sobre todo en las iglesias evangélicas. En lo personal, me cuesta unirme a los demás para cantar algunos de esos nuevos coros.

Disfruto de los himnos antiguos. Canto desafinado alguno de ellos, como parte de mi adoración cotidiana. Eso es parte de mi conexión con el Dios al que sirvo. Mi conflicto es que cuando dejas los antiguos himnos de Wesley, Montgomery, Watts y otros más que ponen énfasis en el «Tú eres, tú eres, oh Dios, tú eres», pasas a otro lugar. El tema de muchos de los coros del fundamentalismo moderno de hoy es «Yo soy, yo soy, yo soy».

Me duele el estómago con tanto «Yo soy».

Sé que podemos dar testimonio y que es nuestro derecho. Y, en ocasiones, un buen himno es un testimonio. Creo que nos pasamos de la raya, como lo hemos hecho con casi todo lo demás.

Mi objetivo es volver a «Tú eres, oh Dios, tú eres».
Cuando Cristo venga con voces de aclamación
Y me lleve a casa, ¡qué alegría llenará mi corazón!
Entonces he de inclinarme en adoración humilde,
Proclamando: ¡Dios mío, qué grande eres tú!
CARL BOBERG (1859-1940)

Espíritu Santo, hoy mi corazón tiene por delante el reto de exaltar el nombre del Señor Jesucristo en alabanza. Lo único que puedo decir, simplemente es: ¡Qué grande eres tú, oh Dios! Amén.

18 de agosto

Y cantaban un nuevo cántico, diciendo: Digno eres de tomar el libro y de abrir sus sellos; porque tú fuiste inmolado, y con tu sangre nos has redimido para Dios, de todo linaje y lengua y pueblo y nación.

APOCALIPSIS 5:9

Todos los días celebro el gozo del Señor. Me alegro en el hecho de que Dios me ha rescatado y liberado de la tiranía del pecado y la maldición. Cuando lleguemos al cielo, el tema de lo que cantaremos será: «Tú eres digno, oh Dios, de tomar el libro».

La dignidad de Dios es lo que hace que mi corazón cante. Ese será el tema de mi cantar por toda la eternidad. Ansío caminar por las calles de oro celestiales y cantar sobre mi Salvador, que me liberó.

Hace poco he notado cierto interés en la Segunda Venida de Cristo, en el Rapto y en nuestro destino en el cielo. Hay quienes vuelven a hablar de Apocalipsis. Una de las cosas que me llamó la atención en algunos de los libros nuevos que salen a la venta es la fascinación con los ángeles. Todo el mundo parece estar tratando de describir a esas criaturas celestiales. Supongo que si puedes darte el lujo de especular, sería bueno tratar de saber quiénes son esas criaturas celestiales.

Me preguntaron tiempo atrás si sabía algo de ellas, y respondí simplemente: «Ven a verme cinco minutos después del Rapto y te lo diré».

¡Jerusalén dorada! Bendita con leche y miel,
Al contemplarte el corazón se calla y la voz no resuena;
No sé, oh, no sé qué gozo nos espera allí.
El esplendor de la gloria será, una dicha sin igual.

BERNARDO DE CLUNY (SIGLO DOCE)

Ansío, oh Dios, el regreso del Señor Jesucristo.
Hay tanto de la profecía que no conozco ni conoceré, pero esto sé:
Jesús volverá pronto por mí para llevarme a su hogar.
¡Alabado sea el nombre del Señor! Amén.

19 de agosto

Y miré, y vi que en medio del trono y de los cuatro seres vivientes, y en medio de los ancianos, estaba en pie un Cordero como inmolado, que tenía siete cuernos, y siete ojos, los cuales son los siete espíritus de Dios enviados por toda la tierra.

APOCALIPSIS 5:6

El Dios infinito nos invita para que seamos partícipes de todas las intimidades de la Trinidad, cuya puerta es Jesucristo. No hay otro camino para llegar al corazón mismo de la Trinidad.

Este tipo de verdades hace que irrumpamos en cántico, diciendo: «Digno es el Cordero». Es más digno y en más aspectos de lo que pudiéramos imaginar jamás. Cuanto más contemplo la dignidad de este Cordero, más tropiezo con mis propias palabras, y no logro expresar mi gratitud. Siento hambre de conocer tantas cosas más sobre ese Cordero y hay tanto de Él que deseo explorar. Al acercarme a Él es como si mi cerebro dejara de funcionar, por lo que mi corazón late fuerte y no puedo hacer nada sino alabarle.

Estoy seguro de que la mayor parte del cielo consistirá en explorar a ese Cordero que fue inmolado por nuestros pecados. No voy a dejar de buscar. Mi búsqueda cada día es en esa dirección.

Aunque el Dios eterno es tan vasto, tan infinito y se extiende tan a lo lejos en la infinitud, al punto que no puedo albergar esperanza alguna de conocerlo todo sobre Dios, Él hace resplandecer su rostro sobre nosotros y nos llena de gozo sin igual.

Oh, mortales, hoy cantemos, con el coro celestial;
Como hermanos habitemos, en amor santo y real.
Alabando siempre vamos, en la vida a conquistar;
Si gozosos caminamos, fácil nos será triunfar.

HENRY VAN DYKE (1852-1933)

Oh Dios, también yo me uno a las estrellas de la mañana en canto a tu alabanza. No sé quiénes son, pero si ye aman como yo, cantaré con ellas por toda la eternidad alabando el maravilloso nombre del Señor Jesucristo. Amén.

20 de agosto

Aun estando nosotros muertos en pecados, nos dio vida juntamente con Cristo (por gracia sois salvos), y juntamente con él nos resucitó, y asimismo nos hizo sentar en los lugares celestiales con Cristo Jesús.

EFESIOS 2:5-6

Hace años oí a un hombre que entonaba una canción que yo no conocía. Una frase de esa canción decía algo así como que los ángeles jamás conocerán la gracia que nosotros conocemos, como humanos.

Solo el que realmente necesita a un médico sabe de los doctores de su zona. Si tu hijo tiene una enfermedad crónica sabes más de los médicos de tu área que lo que yo pueda saber. No necesito un doctor, de modo que saber quiénes son los médicos y qué pueden hacer es algo que para mí no resulta pertinente.

Pero si mi salud sufre de manera repentina, podría acudir al conocimiento de los médicos de mi vecindad. Querría conocer a los mejores y saber de qué modo podrían ayudarme.

Los ángeles no necesitan gracia y por eso conocen muy poco de ella. Yo sé muchísimo sobre la gracia de Dios porque recibo su gracia sublime cada día de mi vida. Cuanto más sé sobre el pecado que hay en mi corazón, tanto más quiero saber de la gracia de Dios.

La gracia de Dios penetra a lo más profundo de mi corazón y se ocupa del pecado que acecha en la oscuridad de mi alma.

Cantaré de la maravillosa promesa que me ha dado Jesús:
«Bástate mi gracia; porque mi poder se perfecciona en la debilidad».
Y para que mi corazón no lo olvide, me repite la promesa siempre:
«Bástate mi gracia».

A. B. SIMPSON (1843-1919)

Oh Dios de gracia y misericordia, me gozo en meditar sobre tus atributos. Mi pecado y su profundidad han hecho que buscara yo la sublime gracia que prometes a quienes acuden a ti. Acudo hoy a ti en el nombre de Jesús, amén.

21 de agosto

A éstos se les reveló que no para sí mismos, sino para nosotros, administraban las cosas que ahora os son anunciadas por los que os han predicado el evangelio por el Espíritu Santo enviado del cielo; cosas en las cuales anhelan mirar los ángeles.

1 PEDRO 1:12

He estado pensando últimamente en los ángeles. En la diferencia entre ellos y los seres humanos, los cristianos en particular. A los ángeles los rodean todo tipo de especulaciones misteriosas; supongo que cuando lleguemos al cielo veremos muchísimos ángeles y los entenderemos un poco más.

Pienso en ellos y se me ocurre que aunque los ángeles se maravillan ante la gracia de Dios, jamás llegan a conocer la profundidad de esa gracia. Ningún ángel puede cantar: «Sublime gracia de nuestro Dios amoroso». Ninguno de ellos puede cantar: «Sublime gracia, dulce sonido».

Sí, claro que pueden cantarlo intelectualmente, sin desafinar, porque es una teoría. Pero no podrían sentirlo porque no tienen ocasión de recibir la gracia de Dios.

En un domingo cualquiera, ¿cuánta gente canta estos himnos sobre la gracia de Dios, y lo hacen solo intelectualmente? Saben las palabras y cantan en armonía. Pero se trata solo de la experiencia técnica del canto.

Sin embargo, para los que hemos tenido ocasión de experimentar la sublime gracia de Dios, cantar sobre ella es uno de los momentos más grandiosos de nuestras reuniones como creyentes.

Y cuando en Sion por siglos mil
Brillando esté cual sol, yo cantaré por siempre allí,
Su amor, que me salvó.

JOHN NEWTON (1725-1807)

Amado Padre, canto sobre tu gracia todos los días porque la he experimentado en gran medida. Anhelo el día en que pueda cantarla en tu presencia por toda la eternidad. ¡Aleluya por el Cordero! Amén.

22 de agosto

Sean vuestras costumbres sin avaricia, contentos con lo que tenéis ahora; porque él dijo: No te desampararé, ni te dejaré.
HEBREOS 13:5

A mis padres les encantaba contar la historia de cuando pronuncié mi primera palabra. Cada vez que nos reuníamos, en particular cuando yo iba creciendo, papá o mamá volvían a contarla.

Según ellos, lo primero que dije cuando era bebé fue una palabrota. Digo en defensa propia que no inventé esa palabra. El hecho es que yo estaba aprendiendo a hablar y oí a algún bandido que profería insultos. De modo que cuando abrí la boca para pronunciar mi primera palabra, surgió esa.

Siendo bebé, no tenía forma de controlar eso. Solo repetía lo que oía y no entendía, en realidad, lo que estaba diciendo. Aunque no pude controlar la primera palabra que dije, sé cuál será la última que profiera.

La última palabra que diga será una doxología elevada en honor a la sublime gracia de Dios. Eso sí puedo controlarlo. Creo que en la economía de Dios mi última palabra es la que realmente define lo que soy yo en Jesucristo. Esa primera palabra que pronuncié fue resultado de mi entorno.

La primera palabra fue una mala palabra. Sin embargo, mi última palabra será de alabanza.

Alabado sea Dios, de quien emanan todas las bendiciones,
Alabado sea en la tierra, por todas las criaturas.
Alabado sea en el cielo por las huestes celestiales.
Alabado sea el Padre, el Hijo y el Espíritu Santo. Amén.
THOMAS KEN (1637-1711)

Amado Padre que estás en el cielo, anhelo que mi última palabra sobre la tierra sea de alabanza. A fin de prepararme para ese momento, pienso alabarte cada día de mi vida. En el bendito nombre de Jesús, amén.

23 de agosto

El Señor no retarda su promesa, según algunos la tienen por tardanza,
sino que es paciente para con nosotros, no queriendo que ninguno perezca,
sino que todos procedan al arrepentimiento.

2 PEDRO 3:9

Al meditar en la gracia de Dios, me es de gozo incomprensible ver la abrumadora plenitud de bondad por parte de nuestro amoroso Dios.

Si cada mosquito de todos los pantanos del mundo fuese pecador, y todas las estrellas del cielo fueran pecadores, y cada grano de arena en las playas de los siete océanos fuesen pecadores, la gracia de Dios los comprendería a todos. Estoy firme en la Palabra, que dice que allí donde abundaba el pecado abundó mucho más la gracia. Y lo creo, hermanos míos.

En un seminario hubo un presidente que me definió como «un santificacionista legalista». Sé lo que significan esas palabras. Lo que no sé es qué quiso decir ese hombre de mí. Solo quiero aclarar esto: básicamente, filosóficamente, teológicamente, prácticamente y en lo que atañe a mi experiencia, creo en la gracia de Dios.

¿Cómo podría un hombre tan vil y malo como yo albergar esperanza de ayuda, que no sea de la gracia de Dios?

La gran diferencia es que el pecado se puede medir, porque tiene principio y fin. Pero la gracia es ilimitada, infinita, sin principio ni fin. Mi pecado, en ninguna manera agota la sublime gracia de Dios.

No quiso que pereciera ninguno,
Jesús en su trono de gloria,
Vio nuestro pobre mundo caído y se compadeció de nuestra angustia.
En maravilloso amor, derramó su vida por nosotros.

LUCY R. MEYER (1849-1922)

Amado Señor Jesús, precioso Cordero de Dios ¡mi corazón canta tu alabanza! Tu gracia, que te llevó a la cruz, fue más grande que la suma total de todos mis pecados. Te doy gracias por todo lo que hiciste por mí. Hoy te dedico mi día. Amén.

24 de agosto

Palabra fiel y digna de ser recibida por todos: que Cristo Jesús vino al mundo para salvar a los pecadores, de los cuales yo soy el primero.

1 TIMOTEO 1:15

En mis viajes he encontrado personas a las que amo en verdad. Y como nos sucede a muchos, me encanta estar con la gente que quiero.

A veces pasamos por alto que no iremos al cielo por ser simpáticos. Hay gente muy simpática que jamás llegará al cielo. Sé que lo olvidamos. Vemos a alguien y pensamos que es buena persona, simpática. Pero olvidamos que la salvación no depende de las buenas obras.

Puedes ser de lo más bueno y simpático, y acabar en el infierno. Lo que nos salva es la gracia de Dios y solamente la gracia de Dios. No hay otro camino al cielo. La gracia de Dios jamás toma en cuenta si eres simpático o buena persona.

Muchos no son buenos en absoluto, ni son simpáticos o agradables. Pero la gracia de Dios los cambia, maravillosamente. Doy gracias a Dios por su gracia, una gracia que nos es dada solo por medio del Hijo eterno, solo por Jesucristo, el Señor.

La gracia de Dios ya existía antes de que naciera Cristo en Belén. Existía antes de que Él muriera en la cruz. Existía antes de que resucitara. Pero no podía operar si Él no moría en la cruz.

Mi Dios me envió del cielo un canto melodioso, arrobador;
Lo cantaré con gozo y gratitud, con muy dulce y tierno amor.
Amo a Jesús que en el Calvario, mis pecados borró,
Mi corazón se inflama en santo amor, que en mi ser Él derramó

ELTON M. ROTH (1891-1951)

Padre nuestro que estás en el cielo, si ser agradable fuera prerrequisito para ir al cielo, yo no podría entrar. Te alabo porque la entrada al cielo es por la gracia del Señor Jesucristo, mi Salvador.
Alabado sea Él. Amén.

25 de agosto

Porque si siendo enemigos, fuimos reconciliados con Dios por la muerte de su Hijo, mucho más, estando reconciliados, seremos salvos por su vida.
ROMANOS 5:10

Jesús contó una parábola sobre un hombre que tenía dos hijos. Un día, uno de ellos le dijo: «Padre, dame lo que me corresponde». El padre se lo dio y, tras unos días, el hijo partió a tierras lejanas.

En esta parábola Jesús cuenta que ese hijo menor se gastó toda su herencia dándose la gran vida. Se divertía mucho, sin saber que estaba destruyendo gran parte de su vida. Cuando terminó de gastarlo todo, sobrevino una hambruna al lugar y todos los que habían sido amigos de ese hijo menor lo dejaron solo. Al final, el joven se encontró en ese lugar lejano trabajando en los campos, alimentando cerdos. Para un joven judío, esa era una humillación terrible. Mientras alimentaba a los cerdos, la hambruna empeoró, tanto que no tuvo que comer.

Tiempo después el joven volvió en sí. Fue ese el punto de inflexión de su vida. Hasta entonces, no era él mismo en verdad. Porque vivía una mentira. Cuando el joven volvió en sí, recordó a su padre y regresó con él. Todo lo sucedido entonces es celebración de la buena gracia de Dios.

Con ternura me buscó,
Cuando cansado y enfermo
De pecado estaba yo,
Y en sus hombros me trajo
De regreso al redil,
Mientras ángeles en su presencia
Cantaban y se alegraban.
W. SPENCER WALTON (1850-1906)

Amado Padre, yo también era como el hijo pródigo, y estaba lejos de ti. Te alabo porque cuando volví en mí, hallé el camino de regreso a tus brazos abiertos. Hoy descanso en ti. Amén.

26 de agosto

Porque si os volviereis a Jehová, vuestros hermanos y vuestros hijos hallarán misericordia delante de los que los tienen cautivos, y volverán a esta tierra; porque Jehová vuestro Dios es clemente y misericordioso, y no apartará de vosotros su rostro, si vosotros os volviereis a él.

2 CRÓNICAS 30:9

Cuando reflexiono en la parábola del hijo pródigo que contara Jesús, me fascina la frase «cuando volvió en sí». Fue en ese momento que se dijo: «¿Qué estoy haciendo aquí?» Cuando volvió en sí, al fin se dio cuenta de dónde estaba.

Mientras se divertía no pensó en su padre en ningún momento. Pero cuando volvió en sí, lo recordó. Entonces pensó en cómo regresar al padre. Es algo común a los seres humanos. Pensamos en nuestra estrategia para volver a entrar en la buena gracia de nuestro Padre celestial.

Le iba a decir: «Padre, no soy digno. He pecado ante el cielo y ante ti». Intentaba imponer sus propios términos para el regreso.

Pronto el hijo descubrió que el padre estaba exactamente en donde él lo había dejado. El hijo se había alejado, había vivido muchas cosas, lo había perdido todo y ahora regresaba a su hogar.

Cuando estaba cerca, su padre lo estaba esperando y corrió hacia él, lo abrazó contra su pecho, y con su abrazo le devolvió su vida.

Nuestro Padre celestial está esperando para devolvernos la vida con su abrazo.

Me alejé remotamente de Dios,
Ahora regreso a mi hogar.
Recorrí los caminos del pecado, ya no más.
Señor, regreso a mi hogar.

WILLIAM J. KIRKPATRICK (1838-1921)

*Mi precioso Padre celestial, la palabra «hogar» significa mucho para mí.
Recuerdo los días en que estaba lejos de mi hogar.
Pero también recuerdo que al regresar, me diste la bienvenida.
Alabado sea el nombre de Jesús, amén.*

27 de agosto

La altivez de los ojos del hombre será abatida, y la soberbia de los hombres será humillada; y Jehová solo será exaltado en aquel día.

ISAÍAS 2:11

A diferencia del hijo pródigo hay muchos que intentaron regresar y no lo lograron. Trataron de hacerlo, una y otra vez, pero sin éxito.

El camino que te aleja del Padre es fácil, seductor. El diablo se ha asegurado bien de que así sea. Brilla el sol, el cielo es azul y todo parece ir de maravillas. Lo que es difícil es el camino de regreso al Padre. También de eso se aseguró bien el diablo.

¿Cuántos hijos pródigos han regresado a la casa del Padre? ¿Y cuántos se rindieron o no volvieron en sí todavía?

Han acudido a los altares y seguido a los evangelistas pero, por algún motivo, parecen no lograrlo. Siguen empantanados en la angustia, dando brazadas que no los llevan al otro lado.

¿Cuántos han vuelto en sí y recordaron a Padre pero no creen que este los aceptará? Esa es la mentira de Satanás.

San Bernardo dijo algo así como que cuanto más negra es la iniquidad, más profunda es la caída, y más dulce aun es la misericordia de Dios que los perdona a todos. No importa lo terrible y profundo que sea el lugar en que estés, siempre puedes decir: «Me levantaré e iré a mi Padre».

Desperdicié tantos años preciosos,
Ahora vuelvo a casa;
Ahora me arrepiento con amargas lágrimas,
Señor, vuelvo a casa.

WILLIAM J. KIRKPATRICK (1838-1921)

Querido Señor, muchos se han alejado de la casa del Padre a tierras lejanas, y no encuentran el camino de regreso. Úsame hoy de modo que anime a algún pródigo a volver en sí para que pueda regresar a la casa del Padre. Amén.

28 de agosto

Tus muertos vivirán; sus cadáveres resucitarán. ¡Despertad y cantad, moradores del polvo! porque tu rocío es cual rocío de hortalizas, y la tierra dará sus muertos.

ISAÍAS 26:19

Encuentro que muchas personas cometen errores pequeños. En una época siempre estábamos ocupados en la iglesia haciendo la obra del Señor, con hermanos buenos, trabajadores, activos, fieles a la grey.

Pero algo cambió. Un nuevo puesto, que obliga a tal o cual hermano a trabajar hasta muy tarde por la noche. Y lo primero que debe dejar es la reunión de oración. Poco a poco, va cayendo. Ya no está donde estaba hace unos meses. Gana mucho dinero ahora y le va muy bien, pero a su rostro le falta esa luz que antes tenía.

¿Qué hará falta para que ese hombre «vuelva en sí»?

Si fueras bueno como un arcángel, ganaras miles de dólares, no te equivocaras nunca y jamás pecaras serías un santo y no habría lugar para ti en la gracia de Dios. Pero como eres la clase de persona que eres, y cada tanto te dejas llevar un poco, la gracia de Dios viene sobre ti y es esta tu esperanza.

Digo entonces que hay que estar alegres, esperanzados, atreviéndonos a ponernos de pie para decir: «Ya no me quedaré sin hacer nada, lamentándome. Creo confiadamente que la gracia de Dios, tan vasta, me es suficiente».

Cuando combatido por la adversidad
Creas ya perdida tu felicidad,
Mira lo que el cielo para ti guardó,
Cuenta las riquezas que el Señor te dio.
¡Bendiciones, cuántas tienes ya!
Bendiciones, Dios te manda más;
Bendiciones, te sorprenderás
Cuando veas lo que Dios por ti hará.

JOHNSON OATMAN (1856-1922)

Querido Dios, te alabo por tu gracia sobreabundante en mi vida. No hay problema que pueda enfrentar, que sea más grande que tu gracia. Te agradezco en el nombre de Jesús, amén.

29 de agosto

Jehová miró desde los cielos sobre los hijos de los hombres,
para ver si había algún entendido, que buscara a Dios.
SALMOS 14:2

Cuando era niño me gustaba ir a los estanques y golpear los juncos. Porque allí se escondían los sapos, y cuando yo golpeaba, todos saltaban al agua.

Es lo que intento hacer en mi ministerio. Quiero dar golpecitos a los juncos para ver qué puedo hacer alentando a algunos a dar el gran salto, no al estanque sino al ancho océano de la gracia de Dios.

Nos resulta fácil juzgar a la gente y decir que tal o cual persona obtuvo lo que se merecía. Bueno, tal vez tengamos razón. Pero lo mismo es válido para cada uno de nosotros. Suelo oír cosas como: «Solo quiero lo que merezco, lo que hay reservado para mí». Jamás se me ocurrió algo así y, por cierto, no querría lo que me merezco.

Tenemos que dar el salto y sumergirnos en la gracia de Dios. Esa misma gracia de Dios que me salvó, te salvará a ti. Por eso, sugiero que si tropezaste o caíste en algo, y eso nos sucede a todos en algún momento, te animes a dar el salto al océano de la gracia de Dios.

Hay inmensidad en la piedad de Dios
Como la amplitud del mar;
Hay tal bondad en su justicia,
Que es más que libertad.
FREDERICK W. FABER (1814-1863)

Oh Padre, reconozco todas esas veces en que me aparté y caí.
No me enorgullecen esos momentos pero te agradezco por el océano de tu gracia,
que me trajo de nuevo adonde necesitaba estar.
Alabado sea el nombre de Jesús, amén.

30 de agosto

E invócame en el día de la angustia;
te libraré, y tú me honrarás.
SALMOS 50:15

Hace tiempo leí un testimonio de santa Teresa de Ávila, que confesaba: «Sentí tal desaliento que dejé de orar».

Decía: «Dejé de orar por mucho tiempo. Quería orar de nuevo, pero me decía: "Oye, dejaste de orar hace tanto... No eres digna de orar". Sentía que no era digna de ello. Que no era digna porque no había orado y entonces no oraba porque no era digna de hacerlo».

Hay mucha gente atrapada en esa clase de trampas.

Pronto vio la realidad y descubrió que eso era lo que le decía Satanás. «Decidí que no era cuestión de si yo era digna o no, sino que se trata de la bondad de Dios. Así que me arrodillé y volví a orar».

Hoy hay personas que no oran porque no se sienten dignas de orar. Si el diablo te dice que no eres digno, sonríe y dile: «Ah, ¿sí? Bueno, diablo, eso hace que sea justo el tipo de persona que necesita la gracia de Dios, ya que si fuera digno la gracia de Dios no podría alcanzarme. Pero me basta con saber que no lo soy».

Entonces, arrodíllate y vuelve a orar.

¡Oh, que amigo nos es Cristo!
Él llevó nuestro dolor,
Y nos manda que llevemos
Todo a Dios en oración,
¿Vive el hombre desprovisto
De paz, gozo y santo amor?
Eso es porque no llevamos
Todo a Dios en oración.
JOSEPH M. SCRIVEN (1819-1886)

Padre nuestro que estás en el cielo, me invitaste a acudir a ti en la disciplina de la oración. El enemigo ha tratado de impedírmelo, pero por tu gracia puedo entrar en tu presencia por medio de Jesucristo mi Señor. Amén.

31 de agosto

Porque el pecado no se enseñoreará de vosotros;
pues no estáis bajo la ley, sino bajo la gracia.
ROMANOS 6:14

Mi viejo amigo el Dr. Max Reich, hijo de un rabino, se convirtió en Londres, Inglaterra, y se graduó en la Universidad de Oxford. Era poeta, académico y un maravilloso hombre de Dios.

Visitó en una oportunidad a una mujer que podríamos llamar caída. Todos somos caídos. Pero esa mujer estaba en su lecho de muerte.

La dama le dijo:

—Doctor Reich, usted es un hombre bueno, pero no me conoce. Soy una mujer mala, terriblemente mala. No soy digna de que usted se siente junto a mi cama.

Él le contestó con calma:

—Está muriendo.

—Sé que estoy muriendo —respondió ella—. Pero llevé una vida vil, terrible.

—Dios la salvará —le respondió.

La mujer miró a Max y le dijo:

—No, a mí no, no. No soy lo suficientemente buena. No como para entrar.

En la misma actitud, él le contestó:

—Hermana, si su bondad no le alcanza para entrar, su maldad no alcanza para que quede fuera.

—¿Es cierto eso, Dr. Reich? —dijo y comenzó a llorar.

—Así es. Si la bondad no la deja entrar, la maldad no la dejará fuera.

La mujer creyó en Jesucristo y se convirtió. Cuando la gracia de Dios confronta una situación moral, dicta sentencia de vida.

Pecador, ¡Jesús te llama! ¡Cuánto le haces esperar!
¿Por qué ingrato así rechazas quien te vino a rescatar?
Deja entrar al Rey de gloria, abre bien tu corazón;
Cuéntale tu triste historia, en sus labios hay perdón.
DANIEL W. WHITTLE (1840-1901)

Mi querido Señor y Salvador, ¡cómo te alabo hoy por mi salvación! No es de mí, sino todo de ti. Alabado seas porque tu gracia me ha hecho libre. Amén.

1 de septiembre

Porque Dios, que mandó que de las tinieblas resplandeciese la luz, es el que resplandeció en nuestros corazones, para iluminación del conocimiento de la gloria de Dios en la faz de Jesucristo.

2 Corintios 4:6

Estoy convencido de que en el cielo hay muchos santos por los que las pomposas señoras de la Sociedad de Damas Solidarias nunca habrían votado para que fueran aceptados como miembros de su agrupación.

«¡No! ¡Esa mujer, no! Es un mal ejemplo».

Tal vez la evaluación fuese verdad, al menos a simple vista. Agradezco que la entrada al cielo no dependa de que alguien vote por mí. No me gustan en particular los que se creen más santos que los demás y no creo que a Dios le agraden. Agradezco que no sean los encargados de inscribir a los miembros del cielo.

Jamás habrían aceptado en su agrupación a María, famosa en el Nuevo Testamento, la que tenía siete demonios.

Quiero dar testimonio y decir que a la mujer de más baja calaña, versada en los vicios de la calle, la gracia de Dios obra para salvarla y la sangre de Jesucristo la lava. Es tan digna como la virgen más pura y tan limpia como la mujer más santa que haya pisado la tierra.

La bondad no te hace entrar al cielo, pero si confías en la gracia de Dios, la maldad no podrá dejarte fuera. Deja de sentir angustia y desaliento. Levántate, brilla, porque la luz de la gracia de Dios ha descendido sobre ti.

Cristo está conmigo: ¡Qué consolación!
Su presencia quita todo mi temor,
Tengo la promesa de mi Salvador:
«No te dejo nunca: siempre contigo estoy».

Eliza E. Hewitt (1851-1920)

Te alabo, oh Dios de mi salvación, porque tu gracia es mayor que mi bondad y que mi maldad. Confío en ti, oh Cristo, ¡por toda mi eternidad! Alabado sea tu nombre. Amén.

2 de septiembre

Dijo más: No podrás ver mi rostro; porque no me verá hombre, y vivirá. Y dijo aún Jehová: He aquí un lugar junto a mí, y tú estarás sobre la peña; y cuando pase mi gloria, yo te pondré en una hendidura de la peña, y te cubriré con mi mano hasta que haya pasado. Después apartaré mi mano, y verás mis espaldas; mas no se verá mi rostro.

ÉXODO 33:20-23

Cuando Moisés quiso conocer y ver la gloria de Dios, el Señor le dijo que iba a cubrir a Moisés con su mano y que le revelaría su gloria. El Señor descendió en la nube, estuvo allí con Moisés y proclamó el nombre del Señor.

He leído esa historia muchas veces y siempre siento que habría sido un enorme privilegio haber estado con Moisés cuando Dios se reveló allí. Estoy seguro de que esa revelación de Dios fue uno de los grandes puntos de inflexión en la vida de Moisés. Porque una cosa es conocer algo en lo técnico y lo teológico, pero es muy distinto vivirlo.

Me niego a permitir que mi relación con Dios se vea limitada por mi entendimiento de la teología. Quiero que mi relación con Dios esté en sus manos y le permita levantarme y rodearme con la nube de su presencia. ¡Conocer a Dios es lo que más quiero!

Ese día memorable, el Señor pasó junto a Moisés y proclamó: «¡Jehová! ¡Jehová! fuerte, misericordioso y piadoso; tardo para la ira, y grande en misericordia y verdad».

Me entrego y lo rindo todo, y a todos, y así me posiciono para experimentar la gloria de Dios en mi vida. Nada más importa en realidad.

Todo a Cristo yo me rindo;
A sus pies postrado estoy
Para siempre quiero amarle
Y entregarle todo a Él.

JUDSON VAN DE VENTER (1855-1939)

Padre celestial, quiero conocerte en la plenitud de tu revelación. No hay nada en mi vida más importante que conocerte. Lléname de ti. Te lo pido en el nombre de Jesús, amén.

3 de septiembre

¿Quiero yo la muerte del impío? dice Jehová el Señor. ¿No vivirá, si se apartare de sus caminos?
EZEQUIEL 18:23

El pueblo de Dios se deleita en la misericordia de Él.

Las cosas iban mal pero Jeremías creía que si no hubiera sido por la misericordia de Dios, este los habría consumido como hojas secas en el fuego.

Ezequiel afirma: «No quiero la muerte del impío, dice el Señor Dios viviente».

El lenguaje humano no puede describir la profundidad de la atroz iniquidad del hombre. En la historia hallamos registro de hechos de crueldad, de acciones de gente mala que prácticamente destruyen a la sociedad. Y la maldad continúa. Viví los tiempos del horror de Adolfo Hitler y las cosas terribles que les hizo a las naciones que le rodeaban, e incluso a su propio pueblo.

Podría seguir enumerando nombres de seres tan malos que de solo pensar en ellos uno siente desprecio. Cuando esa gente murió el mundo suspiró aliviado. Sin embargo, eso no sucede con Dios. A Él no le complace la muerte del malvado, por mucho que se la merezca. Dios no se agrada con la muerte de nadie, en particular cuando la persona es mala.

Toda la obra de Dios apunta a la redención humana. Todo lo que hace tiene un elemento redentor. Dios se deleita en atraer al ser humano de regreso a donde pertenece, a la comunión con Dios. Él es el Padre de misericordias y el Dios de todo consuelo.

¡Oh Jesús, mi gran amor! En tu seno cúbreme.
Guárdame ya del furor; de las olas líbrame.
Salvador, aléjame del error y la maldad.
A tu puerto guíame, y mi alma paz tendrá.
CHARLES WESLEY (1707-1788)

Oh, Dios, sé hasta dónde puede llegar la maldad. Conozco la iniquidad de mi propio pecado. Por eso acudo a ti, mi refugio y mi reposo. Es mi oración en el nombre de Jesús. Amén.

4 de septiembre

He aquí, tenemos por bienaventurados a los que sufren.
Habéis oído de la paciencia de Job, y habéis visto el fin del Señor,
que el Señor es muy misericordioso y compasivo.
SANTIAGO 5:11

Si Santiago hubiera dicho que el Señor tiene bastante compasión lo habríamos aceptado. Como el Señor es compasivo, su compasión tiene que ser infinita. Santiago, con su pasión, usa la palabra «muy» y dice que Dios es «muy compasivo».

Pedro explica por qué no son destruidos los malvados. Él dice que Dios no se tarda en cumplir sus promesas como creen algunos, sino que es paciente con nosotros porque no quiere que nadie perezca si no que todos lleguemos al arrepentimiento.

Estos pocos versículos nos dicen que Dios es misericordioso. La misericordia es un atributo divino, lo cual significa que la misericordia es lo que Dios es. La misericordia no es algo que Dios tiene.

Si fuese algo que Dios tuviera, entonces podría perderla, tener menos o no tenerla más. Pero es una faceta del ser unitario de Dios, es como un diamante con muchas facetas que relucen. Es un único diamante pero con miles de facetas que reflejan los rayos del sol en miles de direcciones. Por eso Dios es uno y todo uno, y una de las facetas del carácter de Dios es su misericordia.

Oh, entremos en este océano tan vasto
Desbordante de aguas de salvación,
E internémonos en la misericordia de Dios,
Hasta conocer la profundidad de su plenitud.
A. B. SIMPSON (1843-1919)

Nuestro Padre celestial, me sobrecoge tu infinita compasión conmigo. Mi pecado y mi maldad no pueden contra tu misericordia. En el nombre de Jesús, amén.

5 de septiembre

Te glorificaré, oh Jehová, porque me has exaltado,
y no permitiste que mis enemigos se alegraran de mí.
Jehová Dios mío, a ti clamé, y me sanaste.
SALMOS 30:1-2

La infinita bondad radica en que Dios desea la felicidad de su criatura, y tiene la irresistible urgencia de bendecirla. Dios no se place en la muerte del malvado, pero se agrada en lo que complace a su pueblo. Su bondad es la que hace que Dios sufra con sus amigos y que le duelan sus enemigos.

Lo que llamamos misericordia, en Dios, es ese aspecto divino que surge cuando Él ve con compasión a los que necesitan ser juzgados.

Según el Antiguo Testamento, la misericordia es un tipo de bondad que nos lleva al punto en que nos rebajamos a un nivel ínfimo. Es tener compasión y ejercerla. La misericordia de Dios no es pasiva. Es activa. Dios es compasivo, activamente compasivo.

Dios quiere ser compasivo para con nosotros, mucho más de lo que nosotros ansiamos recibir su compasión. Lo que pensamos acerca de Dios, en realidad, es lo que abre una gran brecha entre Él y nosotros. Admito que hay una separación pero sé que Dios ansía cubrir esa brecha, y que ha hecho todo lo necesario para subsanar esa separación. Dios ha facilitado que su compasión pueda fluir en nuestras vidas a través de Jesucristo.

El profundo amor de Cristo, grande sin comparación,
Es refugio de descanso, es mar de gran bendición.
El profundo amor de Cristo es un cielo para mí;
Me levanta hasta la gloria; pues me atrae hacia ti.
SAMUEL TREVOR FRANCIS (1834-1925)

Amado Señor Jesús, con gozo recibo tu amor. Creo en verdad que siempre piensas en lo mejor para mí. Bendito sea tu nombre, amén.

6 de septiembre

Por la misericordia de Jehová no hemos sido consumidos, porque nunca decayeron sus misericordias. Nuevas son cada mañana; grande es tu fidelidad.
LAMENTACIONES 3:22-23

Permíteme brindarte algunos datos sobre la misericordia de Dios, según lo que nos revelan las Escrituras. La misericordia de Dios no tiene principio.

El río Mississippi, por ejemplo, tiene un principio en el norte, en Minnesota, y recorre largas distancias hasta el golfo de México. Comienza en un punto y termina en otro, y lo que hay en medio está todo afectado por ese principio y ese final.

No tenemos que pensar en la misericordia de Dios como algo con principio y fin, con origen y final. Nunca comenzó porque es un atributo del Dios no creado, de modo que existió siempre y nunca fue más de lo que es ahora.

Si piensas que hubo algún momento del pasado en que Dios fue más misericordioso que ahora, te equivocas de plano. La misericordia de Dios no cambia. Fluye del corazón de Dios, sin principio, sin final. Es absolutamente pura en todos los aspectos. Así como Dios fue misericordioso con Moisés, Abraham y todos los otros personajes del Antiguo Testamento, también lo es hoy contigo y conmigo. La misericordia de Dios es lo que hace que mi vida tenga la alegría, el gozo que vivo hoy.

Oh Dios eterno, tu misericordia
Ni una sombra de duda tendrá.
Tu compasión y bondad nunca fallan
Y por los siglos el mismo serás.
THOMAS O. CHISHOLM (1866-1960)

Oh Dios de misericordia que nunca falla, mi vida es lo que es hoy y disfruto de tu gozo, gracias a la misericordia que derramaste sobre mí. Alabado sea el nombre de Jesús, amén.

7 de septiembre

Bendito sea el Dios y Padre de nuestro Señor Jesucristo, Padre de misericordias y Dios de toda consolación, el cual nos consuela en todas nuestras tribulaciones, para que podamos también nosotros consolar a los que están en cualquier tribulación, por medio de la consolación con que nosotros somos consolados por Dios.
2 CORINTIOS 1:3-4

Muchos predicadores y evangelistas cuentan historias que hacen llorar. quieren que la misericordia fluya del ojo humano y piensan que si lloramos lo suficiente el Señor tendrá misericordia de nosotros.

Dios tendrá misericordia de ti incluso si tu corazón es duro como la piedra. Si no lloras por tu iniquidad, igual Dios será misericordioso. Porque a Él le es imposible ser de otra manera. Si todos los habitantes del mundo de repente se hicieran ateos, y el mundo entero se convirtiera en demonios, la misericordia de Dios no cambiaría en absoluto. Dios seguiría siendo tan misericordioso como lo es hoy.

Si Cristo muriera cien veces en la cruz, eso no haría que Dios fuera más misericordioso que lo que es ahora. Nada de lo que ocurra podrá aumentar, disminuir o modificar la calidad de la misericordia de Dios. La cruz no aumentó la misericordia de Dios. Recuerda que la misericordia de Dios no empezó en el Calvario sino que fue ella la que hizo que hubiera Calvario. Fue porque Dios es misericordioso que Cristo murió en la cruz.

En el monte Calvario estaba una cruz,
Emblema de afrenta y dolor,
Y yo amo esa cruz do murió mi Jesús
Por salvar al más vil pecador.
GEORGE BENNARD (1873-1958)

Querido Padre, tu misericordia llevó a Jesús al Calvario a morir por mí. Te doy gracias por tu infinita misericordia, que me permite entrar en tu favor. En el nombre de Jesús, amén.

8 de septiembre

Por cuanto todos pecaron, y están destituidos de la gloria de Dios, siendo justificados gratuitamente por su gracia, mediante la redención que es en Cristo Jesús.
ROMANOS 3:23-24

La misericordia es la bondad de Dios que confronta la culpa y el sufrimiento de los seres humanos; y todos recibimos esa misericordia. No hay un solo ateo en el continente que no sea receptor de la misericordia de Dios.

Si Dios diera rienda suelta a su juicio sin misericordia, bien podría y con justicia hacer que lloviera fuego sobre nuestro continente. Aquí en Estados Unidos estamos muy orgullosos de nosotros mismos. Orgullosos de que vivimos muy bien, en comparación con el resto del mundo. Si a la justicia se le diera rienda suelta, sin misericordia, Dios haría llover fuego desde el río Grande hasta la bahía de Hudson. todos somos receptores de la misericordia de Dios. Porque todos pecamos y estamos destituidos de la gloria de Dios, y la misericordia es la que posterga la ejecución.

La justicia y el juicio son la forma en que Dios confronta a la iniquidad, pero la misericordia de Dios nos evita el juicio postergando la ejecución. Incluso aquellos que levantan su puño enojados con Dios son receptores de su misericordia porque de otro modo, caerían muertos allí donde están. La misericordia de Dios nos da la oportunidad de cambiar de vida, arrepentirnos, y poner nuestra confianza en Jesús como Salvador. Sin esa misericordia, no quedaría un solo ser humano vivo.

Maravillosa gracia de Cristo rico don;
Que para describirla palabras vanas son.
Encuentro en ella ayuda, mi carga ya quitó,
Pues de Cristo divina gracia me alcanzó.
De Jesús el Salvador maravillosa gracia,
Don precioso, rico e inefable,
Libre es para todo pecador.
HALDOR LILLENAS (1885-1959)

Padre nuestro que estás en el cielo, te alabo por tu misericordia, que me ha rescatado de la justa pena que merezco. En el nombre de Jesús, amén.

9 de septiembre

Sabiendo que el hombre no es justificado por las obras de la ley,
sino por la fe de Jesucristo, nosotros también hemos creído en Jesucristo,
para ser justificados por la fe de Cristo y no por las obras de la ley,
por cuanto por las obras de la ley nadie será justificado.
GÁLATAS 2:16

Doy gracias a Dios por su misericordia para con nosotros. La misericordia llevó a Jesucristo a la cruz y estableció la expiación con sangre, por nosotros. Los que han aceptado a Jesucristo son distintos a todas las demás personas del mundo. Ahora, la justicia y la misericordia ven rectitud más que iniquidad; por otro lado, el Dios justo mira al pecador cubierto por los méritos expiatorios de la sangre de Jesús; por eso ya no ve a un pecador, sino a un hombre justificado.

La justificación por la fe es la gran piedra angular de la iglesia y de las epístolas de san Pablo. Pero al verlo de este modo, nos maravillamos ante las perfecciones de Dios y la naturaleza unitaria de su ser, esa unidad de todos sus atributos, su infinitud y su perfección. ¿En qué manera puede tal clase de Dios mirar a alguien tan pecador?

Imagino que uno de los mayores misterios para mí y para cualquier pensador cristiano es cómo puede sufrir un Dios que es perfecto, autocontenido y autosuficiente. Dios envió a su Hijo a sufrir por mí, y solo puedo parafrasear lo que dijo Frederick W. Faber: «¿Cómo puedes tú sufrir, oh mi Dios, y ser el Dios que eres? Para mi intelecto, es algo oscuro. Pero es sol para mi corazón».

Tengo gozo en mi alma,
Donde todo es amor y paz
Y Cristo reina con amor;
Tengo gozo y solaz.
ELIZA E. HEWITT (1851-1920)

Querido Dios, mi corazón se encoge cuando pienso que te he causado sufrimiento.
No lo entiendo, no puedo comprender la profundidad de ese sufrimiento.
Pero sé que Jesucristo ha marcado la diferencia en mi vida. Amén.

10 de septiembre

Mas al que no obra, sino cree en aquel que justifica al impío,
su fe le es contada por justicia.
ROMANOS 4:5

No quiero ofender a nadie, pero déjame decir que lo que menos importa de ti (o de mí, para tal caso) es la cabeza. Dios te dio una cabeza y quiere que la uses. Usé la mía bastante poco en una época, aunque hay gente que piensa que la usé demasiado. Lo que quiero decir es que lo que menos importa de ti es tu cabeza.

Sí, puede ser importante para ponerte un sombrero, para usar lentes o cualquier tipo de accesorios útiles. Quiero decir que lo que aparece oscuro en tu intelecto puede ser luz solar para tu corazón. Tu cabeza puede hacer que desvíes tu camino, pero tu corazón te llevará al calor del sol de la gracia y la misericordia de Dios.

Cada día intento entender a Dios. Agoto mi cerebro tratando de entender, de razonar para llegar a Él. De nada sirve. El conocimiento de Dios es contrario a la razón humana, y está por encima del razonamiento y el intelecto. Por fe acepto lo que no puedo entender de manera intelectual.

Mi relación con Jesucristo va más allá de la teología; descansa con calma y firmeza en el área de la doxología.

Alabaré a mi Creador mientras tenga aliento,
Y cuando mi voz se pierda en la muerte,
La alabanza será por medios más nobles.
Jamás pasarán mis días de alabanza,
Mientras la vida, mi ser, me duren,
O la inmortalidad perdure.
ISAAC WATTS (1674-1748)

Querido Dios, por fe afirmo todo lo que intelectualmente no puedo entender.
Tu misericordia es tan maravillosa que me llena de incontrolable alabanza.
En el nombre de Jesús, amén.

11 de septiembre

Gracias te damos, oh Dios, gracias te damos, pues cercano está tu nombre;
los hombres cuentan tus maravillas.
SALMOS 75:1

No sé qué es lo que hizo Jesús en la cruz y me asusta el hombre que, con gran inteligencia, explique la expiación demasiado bien. Porque por cierto, ese es el misterio del amor de Dios. Y además, lo que Él hizo jamás podría caber en la mente humana. Por cierto, lo que hizo Jesús en esa oscura mañana tan oscura como mil noches, lo hizo nuestro Señor en la hora terrible; es algo que jamás podremos explicar.

Después de que Cristo resucitara de entre los muertos, Pedro dijo algo bastante raro: que los ángeles desean entender estas cosas. No sé cómo fue la expiación. No sé qué hizo Jesús en la cruz. Pero lo que sé es que lo que hizo agradó a Dios por siempre. Sí sé que lo que sea que haya hecho tornó mi maldad en justicia, mi parcialidad en equidad, y puso fin a la sentencia de muerte que me correspondía en el juicio de mi vida. Eso es lo que sé que Jesús hizo.

Por eso, solo puedo estar ante Él y decirle: «Oh, mi Dios, mi Dios, eres tú». Para mi intelecto es algo oscuro, pero brilla con la luz del sol en mi corazón, alabado sea Dios.

Alabado sea aquel que reina en el cielo
En suprema majestad,
Que entregó a su Hijo a la muerte,
Para redimir a la humanidad.
WILLIAM H. CLARK (SIGLO DIECINUEVE)

Oh Dios, estoy ante ti en este día, ante tu maravilla.
Mi vida ha cambiado aunque mi mente no logra entender cómo lo hiciste.
Alabado sea el nombre de Jesús, amén.

12 de septiembre

He anunciado justicia en grande congregación;
he aquí, no refrené mis labios, Jehová, tú lo sabes.
SALMOS 40:9

Hay tantas cosas que no logro entender. Por eso me encuentro de rodillas ante Dios, clamando desde lo más profundo de mi corazón: «Tú, sabes, oh mi Señor y mi Dios, tú sabes».

Me refugio en el hecho de que quizá yo no lo sepa todo, pero sí conozco y confío en alguien que todo lo sabe. Quizá algún día en el mañana brillante cuando conozcamos tanto como Él nos conoce, estas pobres cabezas confundidas que tenemos sean glorificadas repentinamente, y serán como la suya. Tal vez, con una visión más clara e iluminada veamos el milagro de la expiación y sepamos lo que significó. Ni siquiera todas las mentes brillantes de la cristiandad en conjunto a lo largo de los siglos tienen capacidad para explicar de manera adecuada la expiación obrada en la cruz del Calvario.

No comprendo ese misterio, aunque conozco el gozo, la luz que tiene su efecto en mí, en mis amigos y en quienes conocen a Dios en verdad. Nuestro gozo no está en el entendimiento, sino en creer, en la fe. De rodillas ante este Dios misericordioso elevo mi voz en adoración y alabanza. Dios no quiere mi cerebro sino mi corazón, un corazón que reposa plenamente en Jesucristo.

En todo tiempo alabaré el Nombre de Jesús;
Las glorias de mi Redentor, los triunfos de su cruz...
Escondedero del turbión y sombra del calor;
Habiendo padecido, Él es mi Consolador.
Es luz y guía, escudo y sol, que gracia y gloria da;
«Tal es mi Amado» y a este, yo he de ensalzar y amar.
CHARLES WESLEY (1707-1788)

Mi Dios y Padre, mi mente no llega a conocerlo todo.
Tal vez algún día sí lo sepa todo pero ahora reposo en paz porque te conozco.
Te alabo por medio de Jesucristo, mi Señor, amén.

13 de septiembre

Como el padre se compadece de los hijos, se compadece Jehová de los que le temen. Porque él conoce nuestra condición; se acuerda de que somos polvo.
SALMOS 103:13-14

Durante la Segunda Guerra Mundial viajaba en tren, cruzando el continente. A bordo del tren había un policía que se encargaba de mantener el orden. Era el tipo de aspecto más malo y cruel que haya visto en mi vida, y recorría con la mirada la muchedumbre del tren, severo y duro.

Cuando alguien intentaba bajar del tren en alguna estación, el policía ladraba: «Vuelva a subir. Usted no lleva uniforme». Todos los del tren iban muy quietos, sentados y tiesos mientras el oficial pasaba por los pasillos centrales.

De uno de los asientos, asomó la cabeza de una pequeña con rizos dorados y ojitos brillantes. Todo el mundo pensó que el rudo policía la haría llorar con un grito de reprensión. La niña empezó a dar saltitos por el pasillo.

Cuando el tipo llegó donde estaba la pequeña, le palmeó la dorada cabecita unas tres o cuatro veces, y siguió.

Frente a mí, una señora rió y dijo: «Yo sabía que era una actuación».

A muchos se les ha enseñado que la ternura no es cosa de hombres, pero Dios, que conoce a las personas, dijo: «Como el padre se compadece de los hijos, se compadece el Señor de quienes le temen».

Dios jamás abandona a sus hijos,
Sea que les dé o les quite.
Su amoroso propósito es
Preservarlos puros y santos.
CAROLINA V. SANDELL BERG (1832-1903)

Querido Padre celestial, porque recibo tu compasión me regocijo, siempre. Acudo a ti en temblor y temor, y descubro la gracia en tu naturaleza. Bendito sea el nombre de Jesús, amén.

14 de septiembre

Porque mejor es un día en tus atrios que mil fuera de ellos. Escogería antes estar a la puerta de la casa de mi Dios, que habitar en las moradas de maldad.
SALMOS 84:10

La misericordia de Dios es mi vida y mi aliento. Es lo que respiro a diario. ¡Oh, la misericordia de Dios, la compasión de Dios hace que sea misericordioso con su pueblo!

La misericordia de Dios, para mí es más que una doctrina teológica. Es más que algo en lo que creo. Es algo que vivo día tras día. Lo que soy, lo debo a su misericordia.

Lo que más me deleita de estar con Dios es el hecho de que comprende mi dolor y se conduele conmigo. Conoce las profundidades de mi dolor, mi pena y mi angustia. No puedo saber hasta dónde llega mi angustia porque no logro entender del todo mi dolor, mi pena. Siento angustia cuando acudo a Dios. Él conoce mi dolor, más de lo que pueda yo conocerlo.

Puesto que me conozco, sé que no merezco nada de Dios. Solo merezco el infierno. Por eso acudo a la misericordia de Dios como el ciervo sediento acude al arroyo. No hay nada que pueda saciar mi sed espiritual como lo hace cada dosis de la misericordia de Dios.

No te angusties, alma mía
Confía, espera y cantarás
Alabanzas a aquel que es tu Dios,
Eterno manantial de tu salud. Amén.
NAHUM TATE (1652-1715) Y NICHOLAS BRADY (1659-1726)

Oh, Dios de misericordia y compasión ¡me deleito en ti en este día! Sé lo que merezco pero tu gracia me ha concedido tu agrado. Y todo, por medio de Jesucristo, mi Salvador. Amén.

15 de septiembre

Por tanto, id, y haced discípulos a todas las naciones, bautizándolos en el nombre del Padre, y del Hijo, y del Espíritu Santo; enseñándoles que guarden todas las cosas que os he mandado; y he aquí yo estoy con vosotros todos los días, hasta el fin del mundo. Amén.

MATEO 28:19-20

Tenemos un mensaje y un testimonio que darle al mundo. Somos enviados a decirle al mundo lo que no oirá, si no se lo decimos nosotros. Somos enviados a decirle al mundo que Dios es misericordioso, lleno de gracia, lento para la ira, amoroso y bondadoso. Este Dios envió a su Hijo a la muerte, por lo que se nos ha abierto una puerta de misericordia. Tenemos que decirle eso al mundo y seguir diciéndolo, hasta que aquí y allá, uno por uno, lo oigan y vuelvan a casa, y resuenen las campanas del cielo. Ese es nuestro mensaje.

No salimos al mundo a pedir permiso, preguntando: «¿Qué les gustaría oír?» Supongo que hay muchos que lo hacen y tratan de decir lo que el mundo quiere oír. Tenemos que salir al mundo y decirle: «Así dice el Señor».

No importa si hoy vivimos en la era de los viajes espaciales o si nuestros antepasados vivían en la época de las carretas. Dios sigue siendo el mismo. Tenemos que salir al mundo para decirles a todos que vuelvan a casa porque Dios está esperando para recibirles.

Contaré al mundo la historia,
Allí donde nadie la oyó,
A millones que no saben de su amor,
Les contaré la historia de lo que pasó.

A. B. SIMPSON (1843-1919)

Amado Señor Jesús, tu comisión es que vayamos al mundo y prediquemos el evangelio. Quiero cumplir con diligencia esa comisión. Haz que pueda contarle al mundo sobre tu sublime gracia. Amén.

16 de septiembre

He aquí, yo estoy a la puerta y llamo; si alguno oye mi voz y abre la puerta, entraré a él, y cenaré con él, y él conmigo.
APOCALIPSIS 3:20

Oigo a muchos que hablan de su apostasía, de haberse apartado de Dios. En lo personal, no me gusta la palabra pero debo reconocer que sí, nos apartamos. Los que le dan la espalda a su primer amor, a su mayor gozo en la vida, se encuentran en un terrible dilema. Porque lo que eran antes, ya no lo son. Y no logran encontrar el camino de regreso a casa.

Tengo un mensaje para esas personas: Dios sigue acordándose de ti. El corazón de Dios te busca y Él se compadece de ti; es más, quiere que vuelvas a casa. Una vez que des la vuelta para volver, verás que las puertas están abiertas. Nunca se cerraron. No se cerrarán mientras Jesús esté a la diestra de Dios Padre.

Pero aquí está lo que me duele: no puedes lograr que algunos tomen esa decisión cuando les hablas del amor, la gracia y la misericordia de Dios. Por alguna razón, tienes que predicar el juicio y el infierno para lograr que la gente avance en la dirección correcta. Ya sea que lo hagan o no, cumpliré con mi obligación y daré mi testimonio bíblico de que Dios es misericordioso, compasivo y que desea recibirte con los brazos abiertos. ¿Por qué no vuelves a casa hoy mismo?

Maravillosa gracia única salvación;
Hallo perdón en ella, completa redención.
El yugo del pecado de mi alma ya rompió
Pues de Cristo divina gracia me alcanzó.
Maravillosa gracia cuán grande es su poder;
El corazón más negro blanco lo puede hacer.
Gloria del cielo ofrece, sus puertas ya me abrió,
Pues de Cristo divina gracia me alcanzó.
HALDOR LILLENAS (1885-1959)

Oh, Salvador de toda la humanidad, es para mí un privilegio contar la buena nueva de tu gracia a quienes la necesitan hoy. Dame poder para compartir tu gracia con todos los que hoy se crucen en mi camino. Amén.

17 de septiembre

Con tremendas cosas nos responderás tú en justicia, oh Dios de nuestra salvación, esperanza de todos los términos de la tierra, y de los más remotos confines del mar.
SALMOS 65:5

Creo que es de enorme importancia saber cómo es Dios. Es de tremenda importancia que conozcamos al que servimos.

El teólogo alemán Gerhard Tersteegen (1697-1769) dijo: «Oh Dios, eres muy distinto a lo que soñaron y enseñaron los hombres; no hay lenguaje que pueda describirte ni pensamiento que pueda imaginarte».

En verdad, estoy de acuerdo en que es imposible saber todo lo que hay que saber acerca de Dios. Pero el que busca a Dios es el corazón que adora. Es el corazón inflamado con amor divino el que escudriña el conocimiento de lo sacro.

No permito que lo imposible me impida buscar a Dios. Lo único que sé de Dios es que es un Dios justo. Quizá no nos agrade pensar en ello, pero lo cierto es que sabemos que es uno de sus atributos. En las Escrituras, «justicia» y «rectitud» aparecen muchas veces en el mismo pasaje porque tienen igual significado. Rectitud moral significa justicia, y por eso muchas veces las traducciones usan estas palabras de manera indistinta.

Lo que mi mente no puede comprender, mi corazón puede adorarlo.

Tierras lejanas han oído tu fama,
Hasta los más despreciables han aprendido a balbucear tu nombre:
Pero, ¡oh! gloriosos recuerdos
Olvidemos los pensamientos pasados.
ISAAC WATTS (1674-1748)

Oh, Dios, no puedo entender todo lo que a ti concierne, pero mi corazón late adorándote y alabándote. Alabado sea el nombre de Jesús, amén.

18 de septiembre

*Jehová juzgará a los pueblos; júzgame, oh Jehová,
conforme a mi justicia, y conforme a mi integridad.*
SALMOS 7:8

Cuando se aplica la justicia a una situación moral, la persona obtiene un juicio. Se convoca al acusado ante el tribunal, donde hay un hombre que será el fiscal, que es el que acusa. Están estos dos, y ante ellos hay una situación legalmente moral; por lo que la justicia debe decidir quién tiene la razón.

Cuando el juez dicta sentencia, lo hace respecto de la situación moral, sea penal o civil. Por eso, la sentencia podrá ser favorable o desfavorable. Cuando hablamos de juicio, imaginamos que la sentencia será desfavorable, pero no siempre es así. A veces el tribunal dicta sentencia favorable.

No siempre el veredicto será: «culpable». A veces será todo lo contrario, dependiendo de qué diga la justicia en cuanto al problema moral. Si el acusado fue inicuo en su conducta, se le declara culpable. Pero si no lo fue, se le juzgará inocente. Así es la justicia. En la equidad moral, la balanza tiene que estar en equilibro, para que no haya ni demasiado de un lado, ni demasiado del otro. Ni mucho, ni tan poco. Tan solo, lo correcto.

Abre mis ojos a la luz,
Tu rostro quiero ver, Jesús;
Pon en mi corazón tu bondad,
Y dame paz y santidad.
Humildemente acudo a ti,
Porque tu tierna voz oí;
Mi guía sé, Espíritu Consolador.
CLARA H. SCOTT (1841-1897)

Amado Dios, no se puede dudar de tu justicia. Te alabo por la justicia con que me juzgas. Quiero que mi vida te dé gloria y alabanza. Amén.

19 de septiembre

¿Acaso torcerá Dios el derecho, o pervertirá el Todopoderoso la justicia?
JOB 8:3

Los predicadores hablamos tonterías muchas veces y pienso que debemos cuidar con atención lo que decimos puesto que las Escrituras dicen que rendiremos cuentas en el día final, incluso por las palabras que menos importantes nos parezcan. Yo también cometo ese error, aun cuando trato de cuidar mis palabras.

Algunos predicadores dicen: «La justicia requiere de Dios».

Decimos que cuando aceptas a Jesús, la justicia requiere que Dios te salve. La justicia requiere que Dios te lleve al cielo.

Ese es un gran error, tanto de concepto como de discurso. La justicia no requiere nada de Dios. Si decimos que la justicia requiere de Dios tal o cual acción, estamos postulando un principio de justicia al que Dios debe ajustarse.

Ponemos a la justicia arriba, como una gran columna perpendicular, y decimos: «Allí está, la alta columna de la justicia y hasta Dios está obligado a obedecer».

La justicia no está fuera de Dios. Recordémoslo. La justicia es Dios, y no hay nadie que pueda manipular a Dios para que haga lo que sea, por pequeño que sea.

Me siento agradecido porque la justicia está en manos de Dios ya que el ser humano la aplicaría mal, como lo hace cuando estropea todo lo demás.

Frágiles hijos del polvo, tan débiles como quebrantables,
En ti confiamos y encontramos que no nos fallas;
Tus misericordias, qué tiernas, qué firmes hasta el final,
Nuestro Hacedor, Defensor, Redentor y Amigo.
ROBERT GRANT (1779-1838)

Amado Dios, perdóname por mis tontas palabras, esas que digo sin pensar.
Te pido que me ayudes hoy a cuidar lo que diga y también lo que piense.
Alabado sea Jesús en este día. Amén.

20 de septiembre

¿Quién como tú, oh Jehová, entre los dioses? ¿Quién como tú, magnífico en santidad, terrible en maravillosas hazañas, hacedor de prodigios?

ÉXODO 15:11

Cuando alguien dice que la justicia exige que Dios haga algo, se refiere a que hay un principio externo al que Dios tiene que ajustarse. Yo solo sé una cosa: ¿Quién hace que se cumpla eso?

Si hay algo que Dios está obligado a hacer, ¿quién le obligará? ¿Quién va a controlarlo? Si Dios se negara a ajustarse a algún principio de justicia entonces, ¿quién le arrestará y llevará ante el tribunal? ¿Quién esposará al Todopoderoso, para llevarlo ante un tribunal que diga si ha sido justo o no, si se ha ajustado a ese principio externo que llamamos justicia?

Es un asunto completamente tonto, porque si hubiera alguien superior a Dios, entonces esa persona sería Dios.

Todo eso me parece muy insensato. No hay nada fuera de Dios que pueda obligarle a hacer algo, ni exigirle nada, porque entonces eso que está aparte de Él sería Dios. Me niego a adorar a un Dios al que algo externo pueda manipularlo o controlarlo.

Recuerda que no hay nada que esté fuera de Dios. Dios contiene todas las cosas y todo lo que hay, existe dentro de los confines de Él.

Inmortal, invisible, único sabio Dios,
Oculto de nuestros ojos en luz accesible,
El más bendito, el más glorioso, el Anciano de días,
Todopoderoso, victorioso... Alabamos tu gran nombre.

WALTER CHALMERS SMITH (1824-1908)

Mi Padre celestial, no hay nada más alto que el Altísimo. Te honro hoy porque mereces toda mi adoración. Te ofrezco mi adoración a través de mi Señor y Salvador, Jesucristo. Amén.

21 de septiembre

Nubes y oscuridad alrededor de él;
justicia y juicio son el cimiento de su trono.
SALMOS 97:2

El tenor de la enseñanza bíblica es que no hay nada ajeno a Dios que le haga mover. Claro que a ti y a mí nos mueven muchas cosas que son ajenas a nosotros. Todos los seres creados somos vulnerables a las fuerzas externas que nos mueven, hacia un lado u otro.

Sin embargo, con respecto a Dios no hay nada fuera de Él que lo mueva en lo más mínimo. Nada se añadió a Dios de la eternidad. Y nada se le quitó. Dios es incapaz de ganar o perder nada. Dios actúa con justicia desde dentro y no en obediencia a algún abstracto principio de la justicia. Actúa tal como Él es, con respecto a toda la creación. Y cuando Dios es justo, no está fingiendo sino actuando según lo que Él es.

Cuando Dios obra con justicia no está inclinándose ante algún principio rector de justicia. El juez que gobierna un tribunal tiene que supeditarse a la justicia pero cuando Dios actúa con justicia, tan solo actúa como lo dicta su condición de Dios. Tal como es, así actúa, es Él quien equilibra la balanza.

Eso me gusta. Porque un juez puede ser corrupto y abusar de su posición de autoridad. Eso no pasa con Dios. Dios siempre será justo y siempre obrará según Él es. Es una maravillosa verdad en la que puedo confiar.

Jesús, confío y descanso gozoso en ti,
Y hallo la grandeza de tu amoroso corazón.
Me has pedido que te mire, tu belleza llena mi alma,
Porque por tu poder transformador, me has sanado.
JEAN S. PIGOTT (1845-1882)

Amado Juez de toda la tierra, te alabo porque siempre eres justo con la humanidad. Hoy me gozo en la absoluta justicia que hay en ti. En el nombre de Jesús, amén.

22 de septiembre

Verdad has dicho, que uno es Dios, y no hay otro fuera de él.
MARCOS 12:32

Creo, con todo mi ser, que Dios equilibrará la balanza. Condenará al inicuo y reivindicará al justo. Recuerda que el juicio no solo condena al inicuo y al parcial, sino que también reivindica al justo.

Anselmo de Canterbury (c. 1033-1109) dijo: «Pero, ¿cómo salvas al malvado si eres justo en todo, supremamente justo? Porque, ¿cómo, si eres supremamente justo, harías algo que no es justo?» Luego se consuela un poco y dice: «Vemos hacia dónde fluye el río, pero no vemos el origen de donde nace. Vemos el río de la misericordia de Dios que fluye a lo largo de los siglos, pero no conocemos su origen».

¿Cómo es posible que Dios justifique a un pecador inicuo? ¿Qué es eso de que Dios se voltee y nos pronuncie justos?

Dios no está formado por partes unidas en armonía. No hay engranajes en el ser infinito de Dios que se fundan con perfecta precisión, porque eso significaría que Dios está compuesto por partes. Y si tuviera partes, alguien tendría que haberlo armado. Si alguien le hubiera armado, ese alguien sería Dios. Por eso, no hay nada en lo que hace la justicia de Dios que le prohíba ejercer su misericordia, porque es Dios mismo el que actúa. Dios es misericordioso y justo.

A Dios dad gracias, dad honor
Y gloria en las alturas:
Pues sabio y grande protector,
Bendice a sus criaturas,
Con fuerte y buena voluntad
Remedia la necesidad
Y alivia las tristuras.
NIKOLAUS DECIUS (C. 1485-1541)

Amado Dios, misericordioso y justo, te entrego este día confiando en que sabes qué es lo mejor para toda mi vida. En el nombre de Jesús, amén.

23 de septiembre

Porque tres son los que dan testimonio en el cielo: el Padre, el Verbo y el Espíritu Santo; y estos tres son uno.

1 JUAN 5:7

A veces imaginamos que Dios preside un tribunal y administra leyes que le disgustan, con las que no está de acuerdo. Lo vemos con lágrimas y disculpas, sentenciando a alguien a un infierno en el que Él no cree. Imaginamos al Padre enojado, lleno de justicia, y al Hijo tierno y lleno de misericordia. Pero las dos imágenes no concuerdan.

Tenemos entonces al Padre que avanza blandiendo una espada para destruir a la humanidad y el Hijo, que se pone en medio, recibe el golpe y muere en la cruz. Dios ofrece arrepentimiento porque su Hijo murió, de modo que nos perdona en nombre de su Hijo.

La verdad es que el Padre y el Hijo jamás han estado en desacuerdo y no podrán estarlo nunca porque son uno. El Padre y el Hijo juntos creen en lo mismo y tienen una misma voluntad. Cristo entregó su vida porque quería hacerlo y porque el Padre quiso que lo hiciera. El Padre, el Hijo y el Espíritu Santo obran en armonía porque son de una misma naturaleza, un mismo pensar, una misma voluntad y un mismo deseo.

Gloria sea a Él que nos amó, que nos lavó de toda mancha.
Gloria sea a Él que nos compró, y nos hizo reyes para reinar con Él.
¡Gloria, gloria, gloria, gloria!
Al Cordero inmolado una sola vez.

HORATIUS BONAR (1808-1889)

Oh, santa Trinidad, a veces no te reconozco lo suficiente a ti, que eres tres en uno. Hoy celebro tu bendita unidad. Descanso en calma, en ti. ¡Amén y amén!

24 de septiembre

Lejos de ti el hacer tal, que hagas morir al justo con el impío,
y que sea el justo tratado como el impío; nunca tal hagas. El Juez de toda la tierra,
¿no ha de hacer lo que es justo?
GÉNESIS 18:25

El juez en su estrado sentencia bajo la ley lo que quizá no quiera, pero no es él quien estableció la ley. Él solo es un servidor de la ley.

En contraste, Dios no es servidor de nadie ni de nada. No toma decisiones basándose en criterios externos que estén fuera de Él. Si Dios tiene que torcer la justicia para llevarte al cielo, no te llevará. Si tiene que torcer su santidad para salvar a alguien, jamás le salvará.

¿Cómo es posible entonces que Dios sea justo y al mismo tiempo salve al malvado?

Sencillamente porque los atributos de Dios no entran en conflicto entre sí. Cuando Dios castiga al malvado, es justo porque es congruente con la maldad del mismo. Y cuando Dios perdona al malvado, también es justo porque esto es coherente con la bondad de Dios. Dios jamás es injusto cuando salva a alguien. El ser unitario de Dios, Él mismo, un solo Dios —Padre, Hijo y Espíritu Santo coigual y coeterno— se permite a sí mismo ejercer sus atributos según lo desee, según su voluntad. Así que cuando Dios quiere ser misericordioso con alguien jamás estará contradiciendo su justicia.

Descanso en ti, mi Defensor y Escudo,
Pues en la lid contigo a salvo estoy.
En tu poder a combatir acudo,
Descanso en ti y en tu nombre voy.
EDITH G. CHERRY (1872-1897)

Oh Dios de justicia y misericordia, celebro tu fidelidad al ser con nosotros
lo que necesitamos. Jamás fallas y hoy te alabo.
En el nombre de Jesús, amén.

25 de septiembre

Y la paz de Dios, que sobrepasa todo entendimiento, guardará vuestros corazones y vuestros pensamientos en Cristo Jesús.
FILIPENSES 4:7

Puedo creer en mi salvación, no porque piense que la merezco sino porque creo que la pasión, la muerte y el sufrimiento de Cristo por mí fueron infinitos. Su pasión desbordó al infinito y si cada gota de mi sangre fuera pecado, igual habría sido suficiente en la infinita expiación para pagar por todos mis pecados.

Si cada ser humano que haya vivido, o que viva en el futuro, respirase pecado continuamente desde que nace hasta el momento de su muerte, y todos llegaran a cumplir mil años de edad, seguiríamos siendo finitos. Si tuvieras tiempo, podrías contarlos.

Mis pecados finitos, en comparación con su infinita misericordia, se pierden en el infinito océano de la gracia de Dios, porque no tiene orillas.

Cada vez que me agobia la inmensidad de mi pecado y mi naturaleza pecaminosa, me desaliento casi al punto de la derrota. Entonces miro la infinita misericordia de Dios y veo lo pequeño que soy en realidad. Tal vez el diablo quiera que lleve la cuenta pero Dios quiere que me dedique a adorarle y que le deje las cuentas a Él.

De paz inundada mi senda ya esté,
O cúbrala un mar de aflicción,
Mi suerte cualquiera que sea, diré:
Alcancé, alcancé salvación...
Feliz yo me siento al saber que Jesús,
Libróme de yugo opresor;
Quitó mi pecado, clavólo en la cruz:
Gloria demos al buen Salvador.
HORATIO G. SPAFFORD (1828-1888)

¡Oh, la gloria de mi salvación es Jesús! ¡Cómo te alabo, oh Dios, por la grandeza de mi salvación! Aunque mi pecado me pese terriblemente, jamás será ni demasiado ni llegará a ser demasiado grande para tu gracia infinita. Alabado sea el nombre de Jesús, amén.

26 de septiembre

Y en medio de los siete candeleros, a uno semejante al Hijo del Hombre, vestido de una ropa que llegaba hasta los pies, y ceñido por el pecho con un cinto de oro.

APOCALIPSIS 1:13

En el púlpito he visto en estos tiempos a muchos del tipo Pollyanna,[1] tan poco razonables, tan ilógicamente optimistas en cuanto a todo. Todo es positivo. Pero el problema está en que sin negativo no hay positivos. A causa de eso hay gente que piensa que Dios es hermoso y anda siempre perfumado pero con una sonrisa triste: le gustaría ser bueno con nosotros, pero no sabe cómo.

Ese tipo de Dios, ese tipo de Salvador, ese tipo de Cristo, ese Cristo con rostro pálido y débil, no es el Cristo de la Biblia. En el libro de Apocalipsis vemos un retrato de Cristo muy distinto. Estamos sirviendo al Cristo de Apocalipsis, no al Cristo de un predicador tipo Pollyanna que no quiere ofender a nadie y que cree que todo va a salir bien de todos modos.

Intento ser optimista pero después de leer mi Biblia y el periódico, y además oír las noticias, no puedo hallar fundamentos para el optimismo de este mundo. El único optimismo está en el Cristo de Apocalipsis. Aquel que derrotará por completo al enemigo y que ejercerá la perfecta justicia, la perfecta misericordia y la perfecta unidad. A Él es a quien sirvo yo.

Al Cristo vivo sirvo y Él en el mundo está:
Aunque otros lo negaren yo sé que Él vive ya.
Su mano tierna veo,
Su voz consuelo da,
Y cuando yo le llamo,
Muy cerca está.

ALFRED H. ACKLEY (1887-1960)

Querido Padre celestial, los que me rodean confían en las cosas externas de este mundo. Mi fe y mi confianza están completamente en el Señor Jesucristo mi Salvador. Amén.

---

1. N. de T.: Novela de *Eleanor H. Porter* publicada en el año 1913. Pollyanna se usa para describir a una persona que es optimista de manera exagerada.

27 de septiembre

Por tanto, Jesús es hecho fiador de un mejor pacto.
HEBREOS 7:22

Una vez alguien me preguntó cómo es que la muerte de Jesús podía ser un manto que me refugiara y cubriera, deshaciendo mi estado moral para transformarlo.

Siempre aprecio las preguntas, incluso aquellas que no puedo responder. Pero en cuanto a esta en particular, la verdad es que no sé la respuesta. Lo único que sé es que es así. Sé que el inicuo que durante toda su vida ha intentado enderezarse andando con sus dos piernas inmoralmente desiguales, se acerca al tribunal de la justicia de Dios con toda la evidencia en su contra y con un veredicto ya determinado: culpable. Y que Jesucristo hizo algo que cambia esa situación moral.

Y lo hizo en la cruz. Así que ahora, cuando Dios me mira, ve una situación moral cambiada. Los teólogos lo llaman justificación. Cuando Dios me justifica, actúa conmigo como si yo nunca hubiera pecado, y eso se debe al milagro de la expiación de Cristo.

No pretendo entenderlo. He leído y estudiado libros de teología sobre la expiación, y no todos concuerdan.

No edifico mi vida sobre lo que no conozco, sino sobre la certeza que tengo de que Jesucristo es mi Salvador.

Levántate alma hoy, temores deja atrás;
Su sangre Él derramó cual cordero en el altar
Es mi abogado ante Dios
Es mi abogado ante Dios
Todo pecado Él ya olvidó... ya no hay enemistad
Mi Dios perdón me dio, me quiso adoptar
Mis temores alejó,
Confiadamente al trono voy
Confiadamente al trono voy
Y Abba Padre clamo yo.
CHARLES WESLEY (1707-1788)

Querido Dios, hay tantas cosas que no conozco en este mundo. Hay tanto de ti que no llego a entender. Mi única certeza es Jesucristo. Amén y amén.

28 de septiembre

Así que, hermanos, deudores somos, no a la carne,
para que vivamos conforme a la carne.
ROMANOS 8:12

Me pregunto si alguna vez conoceremos la verdadera teoría de la expiación. Pareciera que todo el mundo tiene su visión exclusiva de ella, la cual descarta a las de los demás. Y me pregunto si no debiéramos arrepentirnos ante Dios por ese tipo de actitud tan arrogante.

Es sencillo: yo tenía una deuda. Vino Jesús, con «dinero» y dijo: «Ya pagué tu deuda». Por eso muestro lo que Jesús pagó y Dios entonces, aunque de mala gana, da su veredicto de inocencia. Y yo entonces canto que me salvó, ¡y ya!

No, no es así. La verdad es que cuando la expiación de Jesús se realizó, la justicia estaba de mi lado y no en contra de mí. Confesamos nuestros pecados y, como sabemos, Él es fiel y justo para perdonar nuestros pecados y limpiarnos de toda maldad. Me alegro de que no dijera «misericordia» y «gracia» para perdonar nuestros pecados. Recuerda siempre que la justicia necesita satisfacción y que Dios nunca levanta su mano para decir: «Bien, escóndete aquí bajo la alfombra hasta que pase el día del juicio, y esperemos que nadie te encuentre».

Dios jamás trata a nadie de ese modo. El cielo estaría completamente vacío y el infierno, repleto, si para que uno pudiera llegar al cielo, evitando el infierno, Dios tuviera que violar la justicia.

Cuando este mundo pasajero haya terminado,
Y se haya puesto el brillante sol,
Cuando estemos con Cristo en gloria,
Viendo la historia de mi vida,
Entonces, Señor, sabré,
Y no hasta entonces,
Lo mucho que debo.
ROBERT M. MCCHEYNE (1813-1843)

Te alabo, oh Dios, por la fidelidad de tu misericordia y tu justicia.
No puedo entenderlo ahora pero sé que entonces sí podré, y puedo esperar.
En el nombre de Jesús, amén.

29 de septiembre

¿Cuánto más la sangre de Cristo, el cual mediante el Espíritu eterno se ofreció a sí mismo sin mancha a Dios, limpiará vuestras conciencias de obras muertas para que sirváis al Dios vivo?

HEBREOS 9:14

En lo personal, creo que tendríamos que pensar más en la sangre del Cordero que lo que lo hacemos. Y pensar menos en el Calvario. Pensar más en la sangre y menos en el lugar donde Él murió. Pensar más en el milagro de lo que sucedió allí en la oscuridad.

No se trata tanto del lugar, sino más bien de lo que sucedió allí. La gente a veces se enamora del símbolo de la cruz, pero olvida lo que sucedió realmente en ella. No es la cruz la que nos salva, sino lo que hizo Jesucristo en esa cruz.

Que no nos extrañe que se oscurecieran los cielos cuando Él pasó varias horas en esa cruz. En la oscuridad Dios estaba cumpliendo la obra que el ser humano no puede explicar y que jamás podrá conocer o entender. Esa obra temible, maravillosa de la expiación.

El Dios santo, sin violar su santidad, lo hizo todo como para que Él pudiera mirar nuestra situación moral, y sonriendo nos pudiera decir: «Justificado estás».

Si vamos al cielo, ese es el camino por donde llegaremos.

Hay quienes piensan que pueden ganarse el cielo con sus buenas obras. Uno lo intenta de ese modo y otro de otra forma. Pero jamás llegarán. Si estás cubierto por la sangre, Dios verá entonces una situación moral justa, y así sí podrás ir al cielo.

En cruz cruel mi Salvador
Su sangre derramó
Por este pobre pecador
A quien así salvó.

ISAAC WATTS (1674-1748)

Nuestro Padre celestial, con gozo venimos ante ti, a tu presencia, no por nada que hayamos hecho para merecerlo sino a causa de la preciosa sangre que Jesús derramó en la cruz. ¡Aleluya al Cordero de Dios! Amén.

30 de septiembre

Porque si siendo enemigos, fuimos reconciliados con Dios por la muerte de su Hijo, mucho más, estando reconciliados, seremos salvos por su vida. Y no solo esto, sino que también nos gloriamos en Dios por el Señor nuestro Jesucristo, por quien hemos recibido ahora la reconciliación.

ROMANOS 5:10-11

Recuerda que todos somos pecadores y que nuestras vidas han sido perversas. Toda parcialidad traerá un juicio de misericordia, aunque cubierto por la expiación suficiente.

Toda iniquidad activa podrá ser por acción o por omisión. Tal vez se trate de una palabra o de un pensamiento. Los pensamientos malos que pasan por nuestras mentes, y las palabras malas que salen de nuestras bocas, las acciones que cometimos o dejamos de cometer, y las acciones que teníamos que cumplir, o las que no, todo eso forma parte de nuestra falta de equidad moral.

Estamos todos en la lista negra. Nadie puede hacer expiación suficiente con excepción de Jesucristo nuestro Señor. Todo ser ha de enfrentarse a sus pecados, y cada uno pasará por el día del gran juicio, ante el gran trono blanco de justicia, donde todos los atributos de Dios se ocuparán de nosotros.

Dios en su unidad siempre estará de acuerdo con todo lo que Él es. Pero como la justicia está en la naturaleza de Dios, cuando encuentra injusticia tiene que condenarla. Dios condenará y enviará al infierno a quienes no se hayan refugiado en la expiación. Necesito expiación suficiente porque mis pecados han sido muchos. Gracias a Dios, la expiación de Cristo es suficiente.

Mis pecados, tan numerosos, con profundas manchas,
Y lágrimas amargas son las que lloro.
Pero no sirve llorar, porque tú, mar escarlata
Con tus aguas me has de lavar.
Tus aguas me pueden lavar.

WILLIAM BOOTH (1829-1912)

Oh Dios, cuando pienso en tu misericordia y tu gracia solo puedo pensar en lo «infinito». Me regocijo en la infinita salvación que nos ha dado Jesucristo. Amén.

1 de octubre

Y la sangre os será por señal en las casas donde vosotros estéis;
y veré la sangre y pasaré de vosotros, y no habrá en vosotros
plaga de mortandad cuando hiera la tierra de Egipto.
ÉXODO 12:13

No hay nadie que pueda hacer expiación suficiente con excepción de uno —que es Jesucristo—, que ya la obró. Y no la repitió; la hizo una sola vez. Algunos creen en lo que llaman el perpetuo sacrificio. No es eso lo que enseña la Biblia.

La Biblia enseña un único sacrificio con eficacia perpetua. Jesús murió una sola vez, no doce ni cien veces. Piensa en cuántas veces tendría que morir Cristo cada día, cada domingo, a cada hora del día en el mundo entero cada vez que se celebra «una misa y se bendice el pan que se convierte en el cuerpo de Cristo».

No. Cristo no está muriendo en el cielo. Está vivo y en el cielo, por los siglos de los siglos. Él es nuestro Señor y porque es nuestro Señor puede dispensar misericordia que satisfaga a la justicia y la rectitud, y puede salvarnos porque es Dios.

Como esto es verdad, nos refugiamos en la sangre del Señor Jesucristo derramada una sola vez en el Calvario. Tenemos que cuidarnos de no tomar nuestro cristianismo a la ligera. Más bien, nos regocijamos en la suficiencia de la expiación que Dios obró por nosotros, y esperamos con ansias verle cara a cara.

Nuestro Redentor murió en la cruz,
Por todas las deudas del pecador,
Todo el que le recibe no ha de temer,
Porque Él pasará, pasará sobre ti.
JOHN G. FOOTE (SIGLO DIECINUEVE)

Amado Padre que estás en el cielo, te alabo hoy por la suficiencia del sacrificio de Cristo en la cruz. Me regocijo en esa acción, cumplida una sola vez pero con efectos perpetuos. En el nombre de Jesús, amén.

2 de octubre

Pero lejos esté de mí gloriarme, sino en la cruz de nuestro Señor Jesucristo, por quien el mundo me es crucificado a mí, y yo al mundo.
GÁLATAS 6:14

Me preocupa la actitud informal que observo en gran parte del cristianismo de nuestros días. No creo que debamos ser informales en cuanto a aquellas cosas que ni Satanás ni Dios no consideran que sean informales. Quiero ver seriedad, que se toman las cosas en serio.

No estoy hablando del sentido del humor. Pero cuando hablo de mi alma y de su relación con Dios, quiero seriedad.

El tiempo es algo relativo que pasa muy rápido y ya no vuelve. Hay tragedias y problemas en todas partes, por lo que no podemos dar hechas las cosas.

Dios no te necesita. Pero ¡cómo lo necesitas tú a Él! Porque cuando los santos ojos de Dios miran tu vida, y esos ojos ven maldad, Dios determina que hay iniquidad. Pero cuando te cubres con la sangre de la expiación, por fe, cuando crees en el Señor Jesucristo que resucitó, esos mismos ojos justos y santos de Dios te verán justificado puesto que alguien te amó tanto como para interponerse y su preciosa sangre te cubre.

Demos gracias a Dios porque la sangre de la expiación es suficiente como para cubrir nuestra iniquidad.

La cruz, rápidamente se erigió,
¡Aleluya, aleluya!
Ahí está desafiando toda fuerza,
¡Aleluya, aleluya!
Los vientos del infierno han soplado
El mundo su odio ha mostrado,
Pero aun así no la ha derribado,
¡Aleluya, aleluya por la cruz!
HORATIUS BONAR (1809-1889)

Oh Dios y Padre de nuestro Señor Jesucristo, te doy gracias por tu provisión. Bajo la sangre del Señor Jesucristo puedo presentarme libre de culpa en tu presencia. Alabado sea el nombre de Jesús, amén.

3 de octubre

Seguid la paz con todos, y la santidad, sin la cual nadie verá al Señor.
HEBREOS 12:14

La Biblia nos enseña con toda claridad que Dios es infinito. Esto, por sobre todas las otras cosas que puedan decirse de Dios, es lo que más exige a nuestra inteligencia e imaginación. Porque requiere que nos figuremos un modo de ser con el que no estamos familiarizados, algo diferente a cualquier cosa que hayamos conocidos.

Sí, nos resultan familiares la materia y el espacio, el tiempo, el movimiento y la energía. Y también las criaturas compuestas de materia que viven en el espacio y que tienen energía y se mueven. Lo que te pido es que recibas en tu mente ideas que algo que no es materia, que no habita el espacio sino que lo desborda, y que ni el cielo puede contenerlo. No está sujeto al tiempo y no es una criatura. Es aquel no creado, el que es una energía que atraviesa todo lo que tenga energía en este mundo.

Pensar en Dios es casi imposible porque nuestros pensamientos tienen que ir mucho más allá de cualquier otra cosa que pudiéramos pensar. En este ejercicio participa la fe. Vemos más allá de lo que podemos ver en realidad y experimentamos una visión de Dios que no se puede explicar en lenguaje humano.

¡Qué maravilloso es meditar en Dios!

Aparta tiempo para ser santo y orar sin cesar;
Permanece siempre en el Señor
De su Palabra te has de alimentar...
Aparta tiempo para ser santo, el mundo está en aprietos;
Pero si pasas tiempo con Cristo en el lugar secreto,
Al contemplar al Señor, como Él serás;
Y tus amigos la imagen de Él en ti verán.
WILLIAM D. LONGSTAFF (1822-1894)

Hoy es un día glorioso, oh Dios, porque aparto tiempo para meditar en ti y en tu naturaleza. Es maravilloso nutrir mi alma con pensamientos acerca de ti. Oro en el nombre de Jesús, amén.

4 de octubre

Y esta es la vida eterna: que te conozcan a ti, el único Dios verdadero,
y a Jesucristo, a quien has enviado.
JUAN 17:3

La teología, incluso en su mejor momento, no puede hacer más que hablarnos acerca de Dios. Es muy distinto saber acerca de Dios que conocer a Dios. Tal vez esto explique por qué hay tanto hielo en los aleros de algunos seminarios teológicos aunque el sol arda. Hay mucha muerte allí y la razón es que nuestros hermanos, que debieran saber bien las cosas, confunden el conocimiento acerca de Dios con el conocimiento de Dios.

Para conocer a Dios, hay que entrar a través del nuevo nacimiento, de la iluminación del Espíritu Santo y la revelación del Espíritu. Los teólogos te lo dirían hablando de la revelación y la iluminación. Hasta tanto no haya iluminación de esa verdad, de nada servirá todo lo que te enseñen.

Solamente el Espíritu Santo puede hacer que conozcamos a Dios. Por eso cuando hablamos del Espíritu Santo no lo haremos con disculpas, vergüenza ni temor, ya que solamente Él puede hacer que conozcamos a Dios. La teología puede enseñarnos acerca de Dios pero eso no es más que el comienzo.

Yo sé que vive mi Señor;
Consuelo es poder saber
Que vive aunque muerto fue
Y siempre su amor tendré.
Él vive para bendecir,
Y ante Dios por mí pedir.
Él vive para sustentar
Y a mi alma alentar.
SAMUEL MEDLEY (1738-1799)

Nuestro Padre celestial, mucho tiempo he buscado el conocimiento acerca de ti. Ahora deseo conocerte, como solamente puede ayudarme a hacerlo el Espíritu Santo. ¡Amén y amén!

5 de octubre

Y respondió Dios a Moisés: YO SOY EL QUE SOY. Y dijo:
Así dirás a los hijos de Israel: YO SOY me envió a vosotros.
ÉXODO 3:14

A partir de las Escrituras sabemos que Dios ha declarado que determinadas cosas acerca de Él son verdad. Podemos saber cómo es Dios por medio de la naturaleza y mediante las Escrituras. Porque ambas van de la mano.

Creo que cuando dejamos de lado tantas de las tradiciones antiguas de la iglesia, también desechamos cosas muy importantes. Los evangélicos descartaron cosas que en verdad eran tesoros. Los puritanos, los antiguos presbiterianos, los congregacionalistas y los bautistas solían predicar sobre lo que llamaban la teología natural sin ninguna clase de duda. No eran liberales ni modernistas. Eran los fundadores de la iglesia y hablaban de una teología que podía desarrollarse a partir de lo que veían alrededor de ellos. Todos sabemos que eso es cierto pero hoy nos da temor decirlo.

Tememos que venga alguien y nos acuse de ser liberales.

Espero ser liberal. No soy liberal en la teología ni soy modernista, pero creo que a través de su creación Dios ha declarado verdades acerca de sí mismo. El salmista lo dice, y los profetas e incluso el apóstol Pablo.

Al Dios de Abraham, loor. Su nombre celebrad,
¡Al que era, es y aún será, magnificad!
Él solo, eterno Dios de todo es Creador;
Al único Supremo Ser cantad loor.
DANIEL BEN JUDAH (SIGLO CATORCE)

Tú, oh Dios, te has declarado tanto en las Escrituras como en la naturaleza. Sediento de ti, te he descubierto en ambas. Alabado sea el nombre de Jesús, amén.

6 de octubre

Lo que era desde el principio, lo que hemos oído, lo que hemos visto con nuestros ojos, lo que hemos contemplado, y palparon nuestras manos tocante al Verbo de vida (porque la vida fue manifestada, y la hemos visto, y testificamos, y os anunciamos la vida eterna, la cual estaba con el Padre, y se nos manifestó).

1 JUAN 1:1-2

Decimos que la mente humana puede alcanzar grandes cosas pero, en realidad, no puede llegar al infinito. Sin embargo, Dios es infinito y, puesto que lo es, no tiene límites ni final.

El océano tiene límites, pero Dios no. Dios no conoce límites, digo, y tampoco tiene medida ni final.

Aquí es donde empiezan los problemas para las palabras. Porque decimos que tal o cual persona tiene riquezas sin límites. Pero por rico que sea el hombre, su riqueza se puede contar.

Miramos el cielo estrellado y decimos que el universo no tiene límites. Bien, desde nuestra perspectiva así lo parece. El universo es mucho más grande de lo que pudiéramos entender. Pero tiene un principio y un final. Porque nada que tenga un principio será infinito.

Dios no tiene principio y por eso no tiene final. Eso significa simplemente que es inútil todo sistema humano de medición cuando se trata de Dios. Él es mucho más de lo que jamás podamos pensar o calcular.

Del amor del Padre concebido,
Antes del principio del mundo.
Él es el Alfa y el Omega,
El origen y el fin,
De las cosas que son, que han sido,
Y que en el futuro serán
¡Por los siglos de los siglos!

MARCO AURELIO CLEMENTE PRUDENCIO (SIGLO CUATRO)

Amado Dios, la magnitud de tu divina naturaleza me sobrecoge y crea en mi alma una adoración que enciende la alabanza. ¡Te amo y te adoro! Amén y amén.

7 de octubre

Confiad en Jehová perpetuamente,
porque en Jehová el Señor está la fortaleza de los siglos.
ISAÍAS 26:4

Recuerdo haber leído algo sobre un atleta profesional de 25 años. Tenía un hijo de unos cuatro años y una mañana decidió que después del desayuno seguiría a su pequeño durante todo el día y haría lo mismo que él. Si el niño se acostaba en el piso, él se acostaría en el piso. Si se sentaba, se sentaría. Si saltaba, él haría el mismo salto.

Todo el día, bueno, no todo el día pero mientras pudiera seguirle el ritmo, este atleta fornido siguió a su pequeño. Cerca del mediodía se acostó, con la lengua afuera mientras el pequeñito seguía lleno de energía.

Se ve con claridad quién tenía energía, aunque ninguno de los dos tenía energía sin límites. La del niño también se agotaría. Pero más o menos a la hora de la cena, con su cabecita sobre el plato, casi se queda dormido y hubo que despertarlo: «Come, Junior. Irás a la cama cuando hayas comido».

No tenía energía sin límite, aunque tenía tanta que sin pensarlo decimos que no se agotaba jamás.

Cuando hablamos de algo y decimos que es ilimitado o que no tiene límites, es que o usamos las palabras sin pensar o estamos hablando de Dios.

Y ahora ¡aleluya!, el resto de mis días
Serán dedicados con alegría a promover Tu alabanza,
La de aquel que abrió su pecho para derramar
Este mar de infinita salvación, infinita salvación,
Infinita salvación, para ti y para mí.
WILLIAM BOOTH (1829-1912)

Querido Dios, tu infinita salvación es mi porción hoy. Me regocijo en la plenitud de tu misericordia en mi vida. Quiero que hoy mi vida honre al Cristo de mi salvación. Amén.

8 de octubre

Haré que se acerque mi justicia; no se alejará, y mi salvación no se detendrá.
Y pondré salvación en Sion, y mi gloria en Israel.
ISAÍAS 46:13

Recuerdo haber leído sobre el Almirante Byrd, que fue al Polo Sur, del otro lado de la barrera de hielo, y vivió muchas experiencias y aventuras. Al regresar a su hogar, todos lo entrevistaban y, en ese momento, aparecía en todos los periódicos y los medios de comunicación. Todos estaban interesados en las experiencias que les gustaría haber vivido.

Vivimos en una cultura que busca la emoción, lo que casi paraliza de tan excitante. A nadie parece conformarle la vida que lleva. Por eso tratan de encontrar algo que les emocione, como para poder decir que vale la pena vivir.

Un periodista le hizo una pregunta algo interesante: «¿Qué le emocionó, Almirante?»

Era una pregunta apropiada, me parece. Todos pensaban en esas grandiosas aventuras, en esos lugares a los que nadie había ido antes.

El almirante miró al periodista y, con gesto serio, contestó: «Emoción es una palabra que jamás usaría».

Todos hablaban de esa emoción, pero el hombre que la había vivido no usaba esa palabra.

Tenemos que cuidarnos de usar las palabras sin pensar en su significado, en especial cuando hablamos de Dios. Lo que para nosotros son palabras adecuadas, no lo son para Dios.

Digno es el Cordero, cantan huestes celestiales,
Cuando ante el trono resuenan sus alabanzas;
Digno es el Cordero de abrir el libro,
Digno es el Cordero que fue crucificado.
JOHNSON OATMAN (1856-1922)

Oh Padre, siempre estoy buscando alguna emoción que satisfaga un deseo interior. Solamente tú puedes satisfacer ese deseo interior en verdad. Hoy quiero descansar en el gozo de tu presencia. En el nombre de Jesús, amén.

9 de octubre

Jehová dará poder a su pueblo; Jehová bendecirá a su pueblo con paz.

SALMOS 29:11

El gran autor francés Gustave Flaubert solía caminar de un lado a otro por horas antes de elegir alguna palabra. Flaubert decía: «No existe tal cosa como un sinónimo. Hay que usar la palabra correcta». Así que buscaba durante toda la noche esa palabra en francés que transmitiera exactamente lo que él quería decir.

Es un esfuerzo, claro está. Pero no es un esfuerzo infinito porque en algún momento termina. Si hubiera sido infinito, jamás habría encontrado la palabra. Cuando decimos «infinito» estamos refiriéndonos a Dios.

Cuando decimos que algo «no tiene medida» solo podemos decirlo en referencia a Dios. Porque la medida es la forma en que damos cuenta de algo creado. Metes la mano en el bolsillo para ver cuánto dinero tienes y lo cuentas. O te paras en la balanza para ver cuánto pesas, o te mides para ver tu altura. Medir es dar cuenta de algo en cifras.

Todo lo que describimos mediante limitaciones es algo contingente y relativo, en tanto que Dios es autoexistente, absoluto, sin límites. Él es un océano que no termina jamás, que nadie puede describir hasta dónde llega, en infinitas distancias en todas las direcciones.

Te bendecimos por tu paz, oh Dios,
Profunda como el mar tan vasto,
Que se derrama como la luz del sol sobre el camino
De quienes confían en ti.

ANÓNIMO

Dios y Padre eterno de nuestro Señor Jesucristo, te alabo porque puedo contar mis pecados y, aunque son muchos, tu gracia y tu perdón jamás se podrán contar ni medir. Alabado sea el nombre de Jesús, amén.

10 de octubre

Echa sobre Jehová tu carga, y él te sustentará;
no dejará para siempre caído al justo.
SALMOS 55:22

¿Alguna vez notaste lo que te hace la gravedad? A un pequeñito de dos años no le hace nada, a menos que caiga de una silla alta. Pero a los más viejos, la gravedad nos va halando hacia abajo, cada vez más, hasta que prácticamente caminamos doblados en dos. Es la gravedad, la atracción de la tierra, lo que nos hace eso.

Cuanto más pesas, más parece que te hala hacia abajo. La gravedad tiene que ver con las medidas. Las medidas indican la distancia entre los objetos en el espacio; el largo es la extensión de los objetos en el espacio. Tenemos todo tipo de formas de medición: de líquidos, de energía, de sonido. También podemos medir la inteligencia.

Es una lista larga. Necesitamos medir las cosas y saber cuánto pesan y qué tan grandes son. Jamás podremos hacer eso con Dios. Porque Dios no encaja en nuestra petulancia por la medición. Hay quien dirá que tenemos un Dios grande. Pero «grande» es una palabra relativa. Que no debiéramos usar en referencia a Dios.

Acudo a Dios, dejo de lado todo elemento de curiosidad, y solo elevo mi corazón en sencilla adoración a Dios, Padre de nuestro Señor Jesucristo.

Alma triste el Señor la ve,
Cuando viene el dolor,
Las cargas se van al Calvario,
Cristo las llevará.
JOHN M. MOORE (1925-)

Querido Dios, muchas veces soy culpable de decir que eres un Dios grande pero sé que eres mucho más de lo que pueda determinarse con mediciones humanas. Tu gloria llena toda la creación y más. Amén y amén.

11 de octubre

Grande es Jehová, y digno de ser en gran manera alabado en la ciudad de nuestro Dios, en su monte santo.

SALMOS 48:1

La mayoría de las personas tiene el deseo de describir a Dios. Pero la frustración llega cuando no tenemos nada con qué comparar a Dios. Todas las palabras que usemos como descripción serán imperfectas, inadecuadas. No podemos meter a Dios en nuestras pequeñísimas medidas.

Mira la obra de las manos de Dios y lo verás. Ves una montaña, un hombre, y allí tendrás medidas. El tamaño es algo relativo.

Cuando piso la balanza y veo que peso 70 kilos, sé por qué dicen que soy menudo. El hombre que pesa 105 kilos es un tipo corpulento. Pero si pones a ese hombre junto a la montaña, es tan pequeño como una patata.

Cuando nace un bebé, y pesa 5 kilos, la gente dice: «Oh, ¡qué grande que es!» Pero, ¿cuántas toneladas pesa una ballena?

Tratar de comparar a Dios con cualquier cosa que conozcamos implica que no entendemos quién es Él. Con Dios no hay tamaño, graduación, medida, pluralidad ni peso. Porque Dios es Dios, no hay nada más que decir.

Al recorrer los montes y los valles
Y ver las bellas flores al pasar.
Al escuchar el canto de las aves
Y el murmurar del claro manantial...

CARL BOBERG (1859-1940)

Oh Dios, me alegra tanto que seas lo que eres. No hay nada en el universo creado que pueda compararse contigo. No lo entiendo, pero mi adoración no proviene de mi entendimiento sino de mi corazón, que anhela estar contigo. Amén.

12 de octubre

Tuya es, oh Jehová, la magnificencia y el poder, la gloria, la victoria y el honor; porque todas las cosas que están en los cielos y en la tierra son tuyas. Tuyo, oh Jehová, es el reino, y tú eres excelso sobre todos.
1 CRÓNICAS 29:11

Muchas veces oigo decir, en especial a los predicadores: «Hermanos, tenemos un gran Dios». Tal vez lo hagan con buena intención pero, en realidad, no me gusta esa expresión porque no creo que debamos rebajar a Dios, como si estuviéramos mostrando mercadería sobre un mostrador. Pienso que Dios es demasiado santo, demasiado infinito, demasiado alto, demasiado maravilloso, demasiado glorioso como para que siquiera pensemos en Él en esos términos.

Si Dios fuera tan solo un gran Dios, sería tan grande que nos daría miedo, pero de todos modos sería demasiado pequeño como para que lo adoráramos. Yo no podría adorar a un Dios que es solo un poco más grande que el ser humano. No se puede comparar a Dios con el hombre, en ningún aspecto. Si Dios fuera simplemente un gran Dios, correríamos el riesgo de que apareciera alguien más grande que Dios. Usar la palabra «grande» implica que uno ha tomado las medidas de algo y ¡ah, hermanos!, a Dios no lo podemos medir.

Frederick William Faber escribió un himno sobre la infinitud de Dios. Se canta en pocas iglesias, pero Faber lo expresó bien, y cuando lo leo me siento bendecido.

¡Oh, majestad inefable y temor!
Si fueras menos potente,
Serías, oh Señor, demasiado grande para nuestra fe,
Pero demasiado pequeño para nuestro corazón.
FREDERICK WILLIAM FABER (1814-1863)

Oh Dios, que estás en el cielo, pienso tanto en ti. Pero mi problema es que trato de reducirte a mi nivel. Te pido que me eleves, a tu alto y santo nivel. En el nombre de Jesús, amén.

13 de octubre

Era Abram de edad de noventa y nueve años, cuando le apareció Jehová y le dijo: Yo soy el Dios Todopoderoso; anda delante de mí y sé perfecto.
GÉNESIS 17:1

Cada vez que estoy cerca de una galería de arte, la visito. Suelo caminar muy rápido por sus pasillos y muchas veces salgo decepcionado. Recuerdo haber visto una pintura del Dios de Miguel Ángel, «El Creador». Había un enorme y monstruoso viejo calvo que yacía sobre una nube y hacía algo con su dedo. Se supone que representaba a Dios y su todopoderoso poder en la creación.

No me gusta pensar en Dios en esos términos. En ciertos aspectos me resulta ofensivo. No podría adorar a ese Dios en absoluto. No sé cómo Miguel Ángel podría arrodillarse ante un anciano calvo. Yo no podría. Al menos querría que tuviera cabello, aunque yo no lo tenga. Ese anciano calvo era el concepto que Miguel Ángel tenía de Dios Padre Todopoderoso, Dios del cielo y de la tierra, el eterno, a quien ningún ser humano puede acercarse.

Pienso que es trágico y terrible. Si Dios fuera nada más que un Dios grande como ese, sería demasiado grande como para que creyéramos en Él, pero demasiado pequeño como para que lo adoráramos.

Cuando el Señor me llame a su presencia
Al dulce hogar, al cielo de esplendor
Le adoraré cantando la grandeza
De su poder y su infinito amor.
CARL BOBERG (1859-1940)

Querido Dios Todopoderoso, perdónanos por tratar de rebajarte a nuestro nivel y entendimiento. Ayúdame a elevar mi corazón en absoluta adoración a lo que en realidad no llego a entender. Es mi oración, en el bendito nombre de Jesús, amén.

14 de octubre

Pues no habéis recibido el espíritu de esclavitud para estar otra vez en temor, sino que habéis recibido el espíritu de adopción, por el cual clamamos: ¡Abba, Padre!
ROMANOS 8:15

Un cacique aborigen estadounidense fue a Washington DC en representación de su tribu ante el presidente. Todos esperaban que se mostrara tímido ante el gran padre blanco, pero el hombre entró y se paró erguido con los brazos cruzados sobre el pecho. Y dijo: «Usted es un hombre y yo soy otro».

Me habría enorgullecido de ese hombre. No iba a dejar que lo rebajaran aunque fuera jefe de una tribu de cientos de personas en tanto que el presidente era el jefe de millones.

Si Dios fuera simplemente un Dios grande, grandioso, yo tendría una clase de grandeza y Él tendría otra. La suya sería mayor a la mía, pero yo podría decir: «No soy tan grande como tú, pero ya llegaré».

Nuestro Dios es infinito, por lo que yo no tengo grandeza alguna si estoy apartado de Él. La grandeza infinita permite que haya espacio para todas las cosas que son finitas. Como Dios es infinito, da espacio para todas las cosas, y si su magnificencia no fuera infinita, quedaríamos aplastados.

Así como el pequeño se siente valiente si su padre está cerca, también nosotros podemos ser valientes hijos de Dios dado que Él está en todas partes.

Padre nuestro que estás en el cielo,
Que a todos mandas por igual
Ser hermanos en invocar
Tu santo nombre implorar:
Venga tu reino en esta edad,
Y luego en la eternidad
MARTÍN LUTERO (1483-1546)

Abba Padre, descanso hoy en tu gracia. Lo que no puedo entender de ti lo acepto por fe, y elevo mi corazón en admirable alabanza. ¡Amén y amén!

15 de octubre

¿Descubrirás tú los secretos de Dios? ¿Llegarás tú a la perfección del Todopoderoso?
JOB 11:7

No hay nadie tan valiente como un pequeño de cuatro o cinco años cuando su padre está cerca. Nada podrá vencer a su papi, grande y fuerte. Todavía el pequeño no conoce del todo a su padre, pero lo ama, lo admira.

Así sucede con nosotros. Nuestra confianza viene de habitar a la sombra del Todopoderoso. ¿Cómo podría yo soportar el paso de mis años si no supiera que fui bautizado para entrar en el corazón de aquel que no conoce de años, el Anciano de días que no tuvo principio y no puede tener fin? ¿Cómo podría yo soportar mi debilidad si no supiera que he sido bautizado para entrar en el corazón de aquel que tiene fuerza infinita?

Así es nuestro Dios; y a ese Dios adoramos.

No importa cuál sea el camino que recorramos hoy, sabemos que no es por nuestras propias fuerzas que podremos transitarlo. Como ese pequeñito que va de la mano de su padre, avanzamos por el camino de la mano de nuestro Padre celestial, inconscientes de los peligros que nos rodean. Porque después de todo, nuestro Padre nos cuida, día tras día.

Padre en el cielo cuyo profundo amor
Fue rescate de nuestras almas,
Ante tu trono nos inclinamos, pecadores,
Para recibir tu amor y tu perdón.
EDWARD COOPER (1770-1833)

Oh Dios, Anciano de días, cuando estoy consciente de tu presencia, no tengo consciencia de la debilidad del mundo que me rodea. Mis fuerzas son debilidad, pero vivo hoy por tu fuerza. En el nombre de Jesús, amén.

16 de octubre

¿Quién nos separará del amor de Cristo? ¿Tribulación, o angustia, o persecución, o hambre, o desnudez, o peligro, o espada?
ROMANOS 8:35

Si Dios es infinito, y todos los teólogos lo creen, además de que la Biblia lo enseña y los autores de himnos han escrito al respecto, ¿qué significa eso para nosotros en este momento? ¿Es solo una lección de teología que debo aprender, para contestar las preguntas de algún examen uno de estos días?

¡Claro que no! Si es verdad, y lo es, entonces el amor de Dios es infinito.

Hace años oí predicar a un hombre sobre el texto en el que Jesús dijo: «el que me ama, será amado por mi Padre, y yo le amaré, y me manifestaré a él». El predicador decía: «Así funciona. Tu hermano puede amarte, pero su amor no es demasiado fuerte. Podría abandonarte. Tu hermana se quedará junto a ti después de que tu hermano te haya abandonado pero cuando ya no pueda soportarte, todavía te queda tu madre. Hay un amor que es más fuerte que el de una madre, es el amor de Dios».

El amor de una madre puede sufrir y apagarse, o la madre puede morir y su amor morirá con ella. Pero Dios no puede morir, y como no puede morir su amor es eterno.

Podríamos llenar el mar con tinta
Y construir los cielos con pergamino,
Con cada tallo de la tierra hacer una pluma,
Y cada hombre, un escriba de oficio.
Escribir sobre el amor del Dios celestial.
Secaría por completo el mar,
Ni aún un rollo lo contendría todo
Aunque se extendiera de cielo a cielo.
FREDERICK M. LEHMAN (1868-1953)

Tu amor, oh Dios, es mi fuerza en este día. Te alabo porque tu amor no falla nunca, aunque todo el mundo me falle, incluso yo mismo. Pero tu amor es mi roca, mi fundamento. ¡Amén y amén!

17 de octubre

*Así también Cristo fue ofrecido una sola vez para llevar los pecados de muchos;
y aparecerá por segunda vez, sin relación con el pecado,
para salvar a los que le esperan.*
HEBREOS 9:28

Søren Kierkegaard, el gran escritor danés, escribió un breve sermón sobre este texto: el amor cubre multitud de pecados. Dijo: «¿Cómo lidió Jesús con nuestros pecados? ¿De qué modo lo hizo? Los cubrió. ¿Y con qué los cubrió? ¿Con su vida? Si los hubiera cubierto con su vida se le habrían quitado para volver a exponer a la luz nuestros pecados. Por tanto, los cubrió con su muerte».

Cuando Jesús murió, cubrió nuestros pecados con su muerte. Mediante su muerte en la cruz cubrió nuestros pecados y los ocultó para siempre, así como la niebla oculta el paisaje, ocultándonos de los ojos de los ángeles, los demonios y de Dios.

Puesto que Jesús cubrió nuestros pecados tan absolutamente no hay demonio en el infierno ni ángel del cielo que pueda descubrirlos. Cuando Dios hace algo lo hace por completo, de modo que no se pueda deshacer. Mis pecados están cubierto permanentemente, ¡aleluya!

Sé que el diablo trata de desalentarme, recordándome mi pecado, hablándome de mi pasado. Cuando lo hace, simplemente le muestro a Jesús y su muerte en la cruz.

Vivo me amaba; muerto, salvóme
Y en el sepulcro victoria alcanzó
Resucitado, Él es mi justicia
Un día Él viene, pues lo prometió...
Un día la tumba ocultarle no pudo
Un día la piedra quitó
Habiendo Jesús a la muerte vencido
A estar con su Padre en su trono ascendió.
J. WILBUR CHAPMAN (1859-1918)

*Amado Señor Jesús, te alabo porque cubriste mi pecado en forma absoluta.
Hoy vivo, no a partir del pasado sino de tu gracia, que me limpia de todo pecado.
Alabado sea tu nombre. Amén.*

18 de octubre

Antes de la fiesta de la pascua, sabiendo Jesús que su hora había llegado para que pasase de este mundo al Padre, como había amado a los suyos que estaban en el mundo, los amó hasta el fin.

JUAN 13:1

Pienso que es terrible enamorarse y luego desenamorarse. Es impresionante enterarse de los casos de divorcio en que uno de los dos dice: «Ya no lo amo». Antes lo amaba, pero ya no. Su amor no duró.

A veces oímos de madres que abandonan a sus hijos. Quiere decir que incluso el gran amor de una madre tiene límites. El amor de un padre, de una madre, una hermana, una esposa tiene límites. Pero el amor de Dios es infinito, como lo es todo lo que tiene que ver con Dios. Puedes tener certeza de que el amor de Dios no conoce límites y que Él nunca se «desenamora» de nosotros.

A veces el enemigo busca provocarme con la idea de que, en realidad, no le intereso a Dios. Que Dios está allá arriba y yo, aquí abajo. Y que nunca nos encontraremos. Eso es lo que piensa el diablo. No importa tampoco lo que piense yo. Dios nos ha mostrado su amor y su amor no puede cambiar. Porque si su amor cambiara, ya no sería Dios. Por ello, eso no me preocupa en absoluto.

¡Divino amor, pasión sin par!
¡Dios encarnado muere allí!
En una cruz le vi cargar
Mis culpas todas sobre sí:
Murió por mí, mi Salvador
Crucificado, Dios de amor.
Él por nosotros fue a la cruz,
Para volvernos hoy a Dios;
Su vida entera dio Jesús,
Oigamos, pues, su santa voz:
Perdón ofrece el Salvador
Crucificado, Dios de amor.
CHARLES WESLEY (1707-1788)

Tu amor, oh Dios, me es sencillamente maravilloso. Aunque todo se me oponga, tu amor resplandece y llena mi vida con indecible gozo y alabanza. ¡Aleluya por el Cordero! Amén.

19 de octubre

Jehová se manifestó a mí hace ya mucho tiempo, diciendo: Con amor eterno te he amado; por tanto, te prolongué mi misericordia.

JEREMÍAS 31:3

Un día estaba orando y pensaba en lo vasta que es la gracia de Dios en comparación con nuestro pecado. Si solo miro mi pecado, sentiré desaliento. Pero si lo veo y lo comparo con la gracia de Dios, mi desaliento se convierte en gozo indecible, lleno de gloria.

Si no piensas que tu pecado es grande, el Señor no puede salvarte. Si piensas que tu pecado es más grande que Dios, tampoco puede salvarte. Tienes que saber que aunque tu pecado sea grande, Dios es infinito y por eso es más grande que todo tu pecado. Allí donde abundaba el pecado la gracia de Dios abunda mucho más.

Cuando Dios dice «más» en referencia a sí mismo, tenemos que extender nuestra imaginación mucho más, hasta el infinito. Cuando Dios dijo «mucho más» en cuanto a la gracia, no puedes hacer más que arrodillarte y decir: «Mi Señor y mi Dios, tu gracia sobreabunda».

Recuerda que el pecado es obra humana. Y como tal, tiene límites. La gracia es obra de Dios y, como es obra de Dios, no tiene límite alguno.

¡Oh!, amor que no me dejarás,
Descansa mi alma siempre en ti;
Es tuya y tú la guardarás,
Y en lo profundo de tu amor,
Más rica al fin será.

GEORGE MATHESON (1842-1906)

Amado Dios, mi propio pecado a veces me incomoda. En ocasiones siento que es más grande de lo que puedes cubrir. Pero cuando veo tu amor, me convenzo de que tu gracia es más que suficiente. Amén.

20 de octubre

Pero cuando el arcángel Miguel contendía con el diablo, disputando con él por el cuerpo de Moisés, no se atrevió a proferir juicio de maldición contra él, sino que dijo: El Señor te reprenda.

JUDAS 1:9

La gracia es obra de Dios y como tal no tiene límites.

Cuando la gracia infinita, sin límites, de Dios ataca al finito, al limitado pecado del hombre, ese pecado no tiene oportunidad. Si solo nos arrepentimos y nos apartamos de él, Dios lo pulverizará y hará que se esfume en un remolino que desaparecerá en la eternidad para que jamás vuelva a conocerse.

Eso es lo que sucedió con mi pecado y con el pecado de todo el que cree.

Yo siento mucho respeto por el diablo. No me gusta. Sé que es la personificación de la maldad y de todo lo relativo al pecado. Pero también sé que incluso el arcángel Miguel se negó a maldecirlo.

Me gustaría que el diablo se enterara de eso, tal vez a través de un rumor. Me agradaría que el diablo supiera que Jesucristo, nuestro Señor, es infinito. Su sangre es infinita, lo que pagó con su sangre es infinito. Si cada ser humano pecara tanto como lo hizo Judas, la gracia de Dios igual podría curarlo porque Dios no tiene límites, pero el pecado sí los tiene.

Dulce comunión la que gozo ya
En los brazos de mi Salvador.
¡Qué gran bendición en su paz me da!
¡Oh!, yo siento en mí su tierno amor...
No hay que temer, ni que desconfiar,
En los brazos de mi Salvador.
Por su gran poder Él me guardará
De los lazos del engañador

ELISHA A. HOFFMAN (1839-1929)

Te alabo, oh Dios y Padre de nuestro Señor Jesucristo, por el poder de la sangre de Jesús que me lavó de todos mis pecados. ¡Gloria sea al Cordero de Dios! Amén.

21 de octubre

Y en ningún otro hay salvación; porque no hay otro nombre bajo el cielo, dado a los hombres, en que podamos ser salvos.
HECHOS 4:12

En mi vida, no son los más grandes pecados los que me han molestado. Son esos pecaditos más pequeños, los que me dan vergüenza; esos en los que ni siquiera quiero pensar. Son los que perturban mi conciencia. Aunque hayas cometido un montón de esos pecadillos bandidos, tienes que saber que tienen límite.

Dios podrá poner a contar a ocho o a diez ángeles y en unos diez años más o menos, terminarían de contarlos. Encontrarían mis pecados, los sumarían y dirían: «Este es el total», y se verían en hilera, uno tras otro.

Algún ángel diría: «Mal fin tendrá este tipo, pienso yo».

Y Dios diría: «No. Mira mi gracia. Supera esa hilera, porque va de eternidad en eternidad».

Cuando Jesús murió, eso bastó. Me alegro por tener lo suficiente de algo. Porque todos esos pecados pequeños me pesan y el diablo quiere que me concentre en ellos. Pero Dios, por el contrario, quiere que me enfoque en su ilimitada gracia en Jesucristo.

Maravillosa gracia de nuestro amante Señor,
Gracia que excede nuestro pecado y nuestra culpa.
Gracia, gracia, la gracia de Dios, gracia que perdona
Y limpia por dentro; gracia, gracia, la gracia de Dios,
Gracia que es mayor que todo nuestro pecado.
¿Has recibido la gracia de Dios?
JULIA H. JOHNSTON (1849-1919)

Amado Dios, tu gracia es sublime y maravillosa. No puedo comprender tu gracia para conmigo. Solo puedo regocijarme en ella. Amén y amén.

22 de octubre

En gran manera me gozaré en Jehová, mi alma se alegrará en mi Dios; porque me vistió con vestiduras de salvación, me rodeó de manto de justicia, como a novio me atavió, y como a novia adornada con sus joyas.

ISAÍAS 61:10

Creo que Jesús murió por todos. Y creo que cuando murió en la cruz, murió por cada uno de los seres humanos que hayan nacido o vayan a nacer en el futuro. Creo que murió por cada bebé que murió al nacer y por cada hombre que haya llegado a cumplir 150 años. Creo que murió por todos.

Algunos de mis buenos amigos dicen: «Murió por los escogidos, y cuando predicas el evangelio Dios los encuentra».

Si yo estuviera predicando el evangelio ante cien personas y solo fueran escogidas diez, y no las otras noventa, les estaría mintiendo a estas últimas. Si Jesús murió solamente por los diez que son escogidos, cuando digo: «Y el que quiera, tome del agua de la vida gratuitamente», les estaría mintiendo a los noventa porque no son ellos los que podrían hacerlo.

Pienso que Cristo murió por todos nosotros. Cuando estaba allá en la cruz, yo estaba en su corazón, Hitler estaba en su corazón, Khrushchev estaba en su corazón, y cada persona estaba en el corazón de Cristo cuando murió en la cruz. Cristo pagó el rescate por todos.

Si fueren más los pecadores
Que arenas hay en playas mil,
Ya padeció Jesús por todos;
A todos llama a su redil.

NIKOLAUS LUDWIG VON ZINZENDORF (1700-1759)

Amado Señor Jesús, Salvador de la humanidad, te alabo hoy porque yo estaba en tu corazón cuando moriste en la cruz. ¡Alabado sea tu nombre! Amén.

23 de octubre

Este vino por testimonio, para que diese testimonio de la luz,
a fin de que todos creyesen por él.
JUAN 1:7

Puesto que Abraham Lincoln fue un hombre bueno y Adolf Hitler era malo, no creas que Cristo murió por Lincoln pero no por Hitler. Nosotros clasificamos a las personas como buenas y malas pero, en lo que respecta a Dios, «todos pecaron, y están destituidos de la gloria de Dios». Por eso, Cristo murió por todos, los buenos y los malos, los más viles y malvados en todo el mundo.

Murió por el homosexual, por el drogadicto, el alcohólico, la prostituta. Cristo murió por todos. Oh, ¡qué infinita paciencia la de Jesús! ¡Qué paciencia la de Dios, con el poder para salvar! Él tiene infinito poder para salvar, y rompe el poder del pecado, cancelado.

Paul Rader solía decir: «Nombra lo que quieras y Dios lo romperá». Tenía razón. Si puedes nombrar cualquier cosa, Dios podrá romperla por su honor y su gloria.

Dios es infinito, pero no porque se trate de un bocado de conocimiento teológico que uno pueda clasificar en un archivo con la etiqueta «Infinitud de Dios».

Si esta fuera la última hora de tu vida y esperaras enfrentar el momento de ese temible juicio, busca la protección infinita del Cordero de la expiación, inmolado desde el principio del mundo. ¡Gloria sea al Cordero inmolado!

Destruye el poder del mal
Y brinda libertad;
Al más impuro puede dar
Pureza y santidad.
CHARLES WESLEY (1707-1788)

Amado Cordero de Dios, tu preciosa sangre derramada en la cruz me limpia de todos mis pecados, y no solo a mí sino que está disponible para todas las personas que hayan nacido o vayan a nacer. Te doy gracias por esta maravillosa provisión. Amén y amén.

24 de octubre

Otra vez Jesús les habló, diciendo: Yo soy la luz del mundo; el que me sigue, no andará en tinieblas, sino que tendrá la luz de la vida.
JUAN 8:12

Conocí a un hombre en una ocasión que nunca parecía lograr que se le entendiera cuando hablaba. Era sureño, un santo de Dios que se había convertido en la región sur de Ohio. Su conversión había sido tan real, tan maravillosa, que recordaba cuándo y dónde había sucedido.

Todos los años volvía a la pequeña iglesia donde se había convertido, y pasaba hasta el antiguo altar de madera donde estaba una hora dando gracias a Dios Todopoderoso porque había tenido la bondad de salvarle.

Un verano, encontró que habían vendido la iglesia. Ahora era un taller mecánico con piso de cemento. Era el mismo edificio, solo que lo habían desocupado y ahora su función era otra. Se acercó hasta donde antes estuvo el altar, según sus cálculos, y se arrodilló en el piso sucio y grasiento en tanto que los mecánicos seguían con sus tareas, trabajando y usando sus herramientas mientras él daba gracias y alababa a Dios por su conversión.

Atrévete a creer en el infinito amor y gracia de Dios y deja que su poder te saque de la oscuridad para llevarte a su maravillosa luz.

El mundo perdido en pecado se vio;
¡Jesús es la luz del mundo!
Mas en las tinieblas la gloria brilló,
¡Jesús es la luz del mundo!
La noche se cambia en día con Él,
¡Jesús es la luz del mundo!
PHILIP P. BLISS (1838-1876)

Querido Dios, recuerdo cuando mi alma te conoció y tu infinita gracia me llenó con poder purificador. Te alabo hoy porque me tomaste en cuenta para salvarme. Amén.

25 de octubre

Porque dije: Para siempre será edificada misericordia;
en los cielos mismos afirmarás tu verdad.
SALMOS 89:2

La fidelidad de Dios es aquello que nos garantiza que Él nunca obrará de manera incongruente consigo mismo. Dios nunca dejará de ser lo que es, ni quién es, y todo lo que dice o hace tiene que ser de acuerdo a su fidelidad. Siempre será fiel a sí mismo, a sus obras y a su creación.

Dios es su propio parámetro. No imita a nadie. Nadie puede influir en Él.

Sé que cuesta entenderlo pero en estos días en que la iglesia se ha distorsionado tanto, llegamos incluso a integrar en ella la idea del personaje con influencia. Decimos: «No se trata de lo que sepas sino de a quién conoces». Si conoces a la gente adecuada puedes influir en toda la congregación para que actúen en conflicto con la clara enseñanza de la Biblia.

Recuerda esto: nadie puede influir en Dios. Nadie puede obligar a Dios a actuar de modo que no sea fiel a sí mismo y a nosotros.

Habla de su maravillosa fidelidad,
Y de su poder, por siempre;
Canta la dulce promesa de su gracia,
Del amor y la verdad de Dios.
ISAAC WATTS (1674-1748)

Amado Dios, te alabo por ser todo lo que eres. Cuanto más medito en ti, más me maravilla tu fidelidad. Hoy quiero contarles a todos sobre ella. En el precioso nombre de Jesucristo, mi Señor, amén.

26 de octubre

¿No has sabido, no has oído que el Dios eterno es Jehová, el cual creó los confines de la tierra? No desfallece, ni se fatiga con cansancio, y su entendimiento no hay quien lo alcance.

ISAÍAS 40:28

Si puedes imaginar que algo tiene la capacidad de influir en Dios al punto de hacerle cambiar de idea, u obligarle a hacer algo que no tenía planeado hacer, o a ser algo que no es, lo que estás imaginando sería más grande que Dios. Es una locura, absolutamente. ¿Quién podría ser más grande que el más grande? ¿Quién, más alto que el Altísimo? ¿Quién, más poderoso que el Todopoderoso?

La fidelidad de Dios garantiza que jamás dejará de ser lo que es, nunca dejará de ser quien Él es. Si Dios cambiara en algún aspecto, el cambio podría ir en una de tres direcciones.

Tendría que cambiar de mejor a peor, de peor a mejor, de un tipo de ser a otro tipo de ser. Dios, que es absoluta y perfectamente santo, no podría ser menos que santo así que no podría cambiar de mejor a peor. Como es absoluta y perfectamente santo, no podría ser más santo de lo que es, así que no podría cambiar de peor a mejor. Y como Dios no es una criatura, no podría cambiar su ser.

La perfección y fidelidad de Dios nos aseguran que jamás dejará de ser la persona que es, nunca será diferente de lo que es.

¡Oh Jesús! Tu nombre sin igual,
Tu gracia jamás nos fallará,
Hoy, como ayer, el mismo
¡El mismo por siempre!

GEORGE W. BETHUNE (1805-1862)

Dios eterno, eres el mismo ayer, hoy y siempre.
Hoy reposo en tu inmutable naturaleza y en tu carácter.
Alabado sea tu nombre, amén.

27 de octubre

Jehová, tardo para la ira y grande en misericordia, que perdona la iniquidad y la rebelión, aunque de ningún modo tendrá por inocente al culpable; que visita la maldad de los padres sobre los hijos hasta los terceros y hasta los cuartos.

NÚMEROS 14:18

Puedes vivir de la espuma, las burbujas y los bocaditos de la teología mal entendida, hasta que empiece a subir la presión. Cuando aumenta la presión, quieres saber a qué tipo de Dios estás sirviendo.

Todo lo que Dios diga o haga tiene que concordar con todos sus atributos. Cada pensamiento de Dios, y cada una de sus acciones, tienen que estar de acuerdo con su fidelidad, su sabiduría, su bondad, su justicia, su santidad, su amor, su verdad y todos los demás atributos divinos. Magnificar una fase del carácter unitario de Dios para disminuir otra, siempre es un error. Ese es el peligro que enfrenta el hombre de Dios en el púlpito.

Debe cuidarse de que veamos a Dios en toda su perfección y su gloria, completo. Si magnificamos un atributo para disminuir otro, no tenemos un concepto simétrico de Dios. Tenemos un Dios torcido. Puedes mirar un árbol que crece derecho, pero si lo miras con la lente equivocada lo verás torcido. Del mismo modo puedes mirar a Dios y verlo torcido. Pero la torcedura está en tu ojo. No en Dios.

El espacioso firmamento en lo alto,
Con el etéreo cielo azul,
Los cielos, como marco brillante,
Todos proclaman a su Original.
El sol, sin cansarse, día a día
Muestra el poder de su Creador,
Y publica en toda tierra
La obra de la Todopoderosa mano.

JOSEPH ADDISON (1672-1719)

Quiero conocerte, oh Dios, en la plenitud del conocimiento. Mi corazón anhela saberlo todo de ti. Ayúdame, por Jesucristo mi Señor, amén.

28 de octubre

Y si en algún lugar no os recibieren ni os oyeren, salid de allí,
y sacudid el polvo que está debajo de vuestros pies, para testimonio a ellos.
De cierto os digo que en el día del juicio, será más tolerable el castigo para los
de Sodoma y Gomorra, que para aquella ciudad.

MARCOS 6:11

Hubo un tiempo en que la iglesia hablaba del infierno, el juicio y el pecado. Solamente hablaba de la justicia de Dios y, en consecuencia, la gente veía a Dios como un tirano y al universo como un estado totalitario con Dios gobernándolo con vara de hierro. Ese es el concepto que tendremos si pensamos únicamente en la justicia de Dios.

En el otro extremo está la definición de Dios solo como un Dios de amor. Dios es amor, es el texto principal de nuestros tiempos; por tanto tenemos no un Dios de justicia sino un Dios sentimental, blando. Dios es amor y el amor es Dios y Dios es todo en todo. Pronto no tendremos nada más que dulces golosinas teológicas, tan solo dulzura porque magnificamos el amor de Dios sin recordar que Él es justo.

Si solo mostramos a Dios como un Dios bueno, tendremos al débil sentimentalista de los modernistas y liberales.

No separemos a Dios de sí mismo, de todo lo que Él es. Tomemos a Dios en la perfección de su santidad.

Gloria sea a aquel que nos amó,
Y nos lavó de toda mancha de pecado.
Gloria sea a aquel que nos hizo
Sacerdotes y reyes para reinar con Él.
Gloria, adoración, loor y bendición
Al Cordero inmolado de una sola vez.

HORATIUS BONAR (1808-1889)

Canto sobre tu gloria, Dios Todopoderoso, porque me has revelado tu verdad. Te adoraré y honraré este día con un corazón lavado por la sangre del Señor Jesucristo, orando en su nombre, amén.

29 de octubre

Y los traeré, y habitarán en medio de Jerusalén; y me serán por pueblo, y yo seré a ellos por Dios en verdad y en justicia.
ZACARÍAS 8:8

En las últimas generaciones la iglesia cristiana de Estados Unidos ha convertido a Dios casi únicamente en un Dios de gracia. Tenemos entonces un Dios que no puede ver distinciones morales y como no puede verlas su iglesia también ha sido incapaz de verlas. En vez de que la iglesia sea apartada y santa tenemos una iglesia tan orientada al mundo que no se observa diferencia entre la una y el otro. La razón es que solo se ha predicado la gracia y se excluye todo lo demás.

Se decía de cierto predicador inglés que predicaba la gracia de tal manera que rebajaba los parámetros morales de Inglaterra. Es muy posible que prediquemos la gracia en la iglesia hasta que nos volvamos arrogantes y atrevidos, olvidando que la gracia es uno de los atributos de Dios, pero no el único. Dios es un Dios de gracia pero también es un Dios de justicia, de santidad y de verdad. Y siendo quien es, Dios siempre será fiel a sus criaturas porque es el Dios de la fidelidad. En este mundo la infidelidad es una de las más grandes causas del sufrimiento. Dios es el único que jamás será infiel. No puede serlo. Siempre será fiel a su naturaleza.

Oh, Dios eterno tu misericordia
Ni una sombra de duda tendrá;
Tu compasión y bondad nunca fallan
Y por los siglos el mismo serás.
¡Oh, tu fidelidad! ¡Oh, tu fidelidad!
Cada momento la veo en mí;
Nada me falta, pues todo provees.
¡Grande, Señor, es tu fidelidad!
THOMAS O. CHISHOLM (1866-1960)

Nuestro Padre celestial, me inclino en humilde reconocimiento a tu gran fidelidad y te alabo por todo lo que eres para mí. Tu fidelidad es mi fuerza hoy. Amén.

30 de octubre

Mientras la tierra permanezca, no cesarán la sementera y la siega, el frío y el calor, el verano y el invierno, y el día y la noche.
GÉNESIS 8:22

Hay rumores de que el mundo desaparecerá a causa de una bomba atómica o de hidrógeno. Que la raza humana será aniquilada. Tengo noticias para ti. No prestes atención a nada de eso.

La palabra de Dios a Noé es de antes de que se inventaran las bombas. Mucho antes de que se desarrollara la ciencia moderna, Dios dijo qué iba a suceder. Hizo un pacto con Noé; y yo puedo descansar perfectamente en ese pacto. Descanso en su Palabra, «no cesarán». Porque Dios lo dijo, yo lo creo.

Debo decir que al leer los periódicos se le puede ocurrir a uno la idea de que vamos directo a una catástrofe terrorífica. Sé que suceden muchas cosas malas. Pero los que sabemos quién tiene el control, en realidad, tenemos nuestra fe puesta en la Palabra de Dios. Si Dios lo dijo, sucederá, y no importa qué intente hacer el ser humano.

Eso es lo que me gusta de Dios. Siempre dice lo que quiere decir y quiere decir exactamente lo que dice. Si puedo sintonizar mi vida con la Palabra del Señor, mi corazón estará en calma a pesar de lo que puedan mostrarme las circunstancias. Las promesas de Dios «no cesarán».

Pronto pasará el conflicto,
Pronto se habrá ganado la batalla,
Pronto levantaremos la palma del victorioso,
Pronto cantarán tu eterno salmo,
Y entonces nuestro cántico gozoso será:
«He vencido para ti».
A. B. SIMPSON (1843-1919)

Nuestro Padre celestial, mi entorno a veces me deprime pero, con solo mirar hacia ti, mi corazón se deleita en gozoso anhelo. Estoy firme en tu Palabra, amén.

31 de octubre

Porque esto me será como en los días de Noé, cuando juré que nunca más las aguas de Noé pasarían sobre la tierra; así he jurado que no me enojaré contra ti, ni te reñiré.
ISAÍAS 54:9

No espero que mis hijos, mis nietos, bisnietos y tataranietos se extingan, ni espero que se conviertan en monos peludos, o en hombrecitos verdes con un ojo en la frente como resultado de la radiación o de lo que sea. Una generación seguirá a la otra hasta que se cumplan los tiempos del Señor y Jesús vuelva a la tierra, lo cual contradice una cantidad de predicciones cada vez más retorcidas.

Espero en Dios que cumpla su promesa, porque no puede dejar de cumplirla. Dios tiene que ser fiel a sí mismo y cuando Dios promete algo, tiene que honrar esa promesa. Cuando Dios hace una promesa incondicional esa promesa es firme y Dios se ocupa de que se cumpla. Dios lo dijo y yo lo creo.

Es esencial que conozcamos las promesas de Dios. Él jamás hará algo que no haya prometido. Cuanto más conocemos las promesas de Dios, tanto más podemos empezar a entender la persona que es. Para mí, las promesas de Dios son una ventana que nos permite ver su carácter y su naturaleza.

Es tan dulce confiar en Jesús,
Y creerle a su palabra,
Descansar solo en su promesa,
Y así saber lo que dice el Señor.
LOUISA STEAD (1850-1917)

Bendito Padre celestial, cuento contigo cada uno de los días de mi vida. No hago caso de los rumores. Mi esperanza está en ti y en tu infalible Palabra. ¡Aleluya por el Cordero! Amén.

1 de noviembre

Guarda silencio ante Jehová, y espera en él. No te alteres con motivo del que prospera en su camino, por el hombre que hace maldades.
SALMOS 37:7

Dios es fiel y lo será porque no puede cambiar; Dios es perfectamente fiel porque jamás hace algo por partes.

Este Dios fiel que nunca rompió una promesa, que nunca violó su pacto, que nunca dijo una cosa sin querer decir otra, y que jamás pasó por alto nada ni se olvidó de nada, es el Dios de nuestro Señor Jesucristo. Este es el Dios al que adoramos, el Dios que predicamos.

Dios ha declarado que echará de su presencia a todos los que amen al pecado y rechacen a su Hijo.

Dios ha declarado, advertido, amenazado y afirmado que así será. Que nadie ponga su confianza en desesperada esperanza porque esta última se basa en la creencia de que Dios amenaza pero no cumple.

Dios espera poder extendernos su gracia y darnos la oportunidad de decidir. Pero así como seguros son los molinos de Dios en la molienda, el grano que producen es extremadamente pequeño, y caen con ellos las almas de los hombres. Dios se mueve despacio y es paciente, pero ha prometido que echará de su presencia a todos los que amen el pecado, rechacen a su Hijo y se nieguen a creer.

Hoy, acepta y abraza la fidelidad de Dios.

«Casi persuadido», ¡pasó la cosecha!
«Casi persuadido», ¡la condena llegará!
«Casi» no bastará;
«Casi» ¡fracasará!
Triste, triste, llorar,
«Casi», pero perdido.
PHILIP P. BLISS (1838-1876)

Señor, conocemos tu fidelidad y tu paciencia; en ti confiamos. Me gozo en saber que fuiste paciente conmigo, al darme la oportunidad de confiar en Jesús. Oro en su bendito nombre, amén.

2 de noviembre

Así os digo que hay gozo delante de los ángeles de Dios
por un pecador que se arrepiente.
LUCAS 15:10

Hay gran variedad y toda clase de pecadores. Está el pecador que no tiene intención de acercarse a Dios. Porque ama demasiado su pecado. No importa lo que digas, ama su pecado y no se arrepentirá.

Está también ese pecador que los antiguos autores puritanos llamaban «el pecador que vuelve». Me gusta esa vieja frase. Sí, es un pecador. Está hundido hasta la barbilla en el pecado y se le notan las marcas. No hay dudas de que es pecador, pero está volviendo.

El hijo pródigo dijo: «Padre, dame la parte de los bienes que me corresponde». Quería su parte del testamento antes de que el viejo muriera. El padre se lo dio; el joven lo tomó y se fue. Cuando se quedó sin nada, inició el camino de regreso. Ese es el pecador que vuelve.

Continúa siendo pecador porque sigue andrajoso y huele a chiquero. Pero es un pecador que vuelve. Jesús dijo: «Venid a mí», y las promesas e invitaciones del Señor son tan válidas como lo es el carácter de Dios.

No importa qué tan lejos vayas, siempre hay un camino de regreso a Dios. Se llama perdón.

Para mí, tan pecador,
¿Puede haber, oh Dios, perdón?
El consuelo de tu amor,
¿Puede hallar mi corazón?
Mucho tiempo resistí,
Y tu gracia desprecié.
¿Aún podré hallar en ti
Ese amor que rechacé?
CHARLES WESLEY (1707-1788)

Te alabo, oh Dios, ¡por las maravillas de tu amor! Un amor tan profundo que llegó hasta lo más hondo de mi corazón arrepentido. Te alabo en oración, por Jesucristo mi Señor, amén.

3 de noviembre

Y te hará Jehová tu Dios abundar en toda obra de tus manos, en el fruto de tu vientre, en el fruto de tu bestia, y en el fruto de tu tierra, para bien; porque Jehová volverá a gozarse sobre ti para bien, de la manera que se gozó sobre tus padres.

DEUTERONOMIO 30:9

Cuando Dios promete algo puedes estar seguro de que espera hacer exactamente lo que prometió. Temo que la iglesia ha llegado a un punto en el que apenas si esperamos algo de Dios. Marta, por ejemplo, la del Nuevo Testamento, creía que su hermano Lázaro resucitaría en el Gran Día pero no creía que el Señor le haría resucitar en ese mismo momento.

Tendemos a postergarlo todo para el futuro. Eso se llama escatología y es una palabra importante para indicar la falta de fe. «Escatología» es el término teológico de las cosas futuras, del fin de los tiempos. Observo que la escatología se ha convertido en un cesto de basura en el que echamos todo lo que no queremos creer.

Creemos en los milagros pero escatológicamente, como algo que sucederá allá en el futuro. Creemos que el Señor sanará a los enfermos, pero luego, algún día. Creemos que el Señor se manifestará ante los hombres, pero que lo hará en el próximo milenio. Así que ocultamos todo eso y seguimos con nuestros asuntos. Eso es escatología. Creemos que Dios bendecirá a Abraham y creemos que bendecirá a los judíos en el futuro. Pero tenemos una linda excusa para no esperar que nos bendiga en el ahora.

¿Anhelas la plenitud
De la bendición del Señor
En tu vida y en tu corazón este día?
Reclama la promesa de tu Padre,
Acércate de acuerdo a su Palabra,
Como les fue de bendición a tantos antes que a ti.

LELIA N. MORRIS (1862-1929)

Mi Padre celestial, tantas veces he postergado para el futuro lo que anhelas darme hoy. Que sea este el día en que haga mía tu promesa para mí. En el nombre de Jesús, amén.

4 de noviembre

Así, pues, nosotros, como colaboradores suyos, os exhortamos también a que no recibáis en vano la gracia de Dios. Porque dice: En tiempo aceptable te he oído, y en día de salvación te he socorrido. He aquí ahora el tiempo aceptable; he aquí ahora el día de salvación.

2 CORINTIOS 6:1-2

En una ocasión prediqué un sermón y poco después oí a otra persona que lo predicaba. Creo que olvidé dónde lo había oído, pero está bien. Me senté y lo escuché predicar todo el sermón, y lo único que hizo fue añadir una cosa. No hay problema, y si el Señor lo bendijo, está bien. Para eso predico.

Creo que Dios usará a quien sea que no le importe quién obtiene los laureles.

En ese sermón dije que la incredulidad es una de las cosas más elegantes de las que abundan en el mundo. Porque la incredulidad siempre dice que será en otra parte, no aquí; que será en otro momento, no ahora; que serán otros, no nosotros. Eso es la incredulidad.

La incredulidad dice que será en otro momento. Lucharemos por los milagros del Antiguo Testamento, pero no creemos en ellos ahora. Creemos en los milagros del mañana o del ayer, pero estamos en la brecha entre dos milagros. Si tuviéramos fe, podríamos verlos ahora. No creo que debamos celebrar milagros y salir, levantar tiendas grandes y hacer publicidad de que vamos a tener un milagro.

La fe verdadera dice que Dios obra ahora.
Otros veían gigantes, Caleb vio al Señor;
Ellos estaban desalentados, él creyó en la Palabra de Dios.
Y obedeció esa Palabra, sin miedo,
¿No bastaba con que la hubiera dicho el Señor?

ANNA E. RICHARDS

Querido Dios, quiero obedecer sin temor tu Palabra,
aunque no llegue a entenderlo todo.
Tu Palabra no cabe bajo el escrutinio de mi entendimiento.
Por fe la acepto, en el nombre de Jesús, amén.

5 de noviembre

Si confesamos nuestros pecados, él es fiel y justo para perdonar nuestros pecados, y limpiarnos de toda maldad.
1 JUAN 1:9

Francis R. Havergal llegó a un punto en su vida en que creía que el Señor transmitía en su Palabra exactamente lo que tenía intención de decir. Cuando Dios dijo que «si confesamos nuestros pecados él es fiel y justo para perdonar nuestros pecados y limpiarnos de toda maldad», eso era lo que quería decir. Ese fue un punto de inflexión en su vida.

Yo debía predicar en una reunión de un campamento en una ocasión, y cuando llegué anunciaban que sería una noche de milagros. Lo único que sucedió esa noche fue que un hombre se ahogó en el lago. La gente trató de revivirlo y mantenerlo con vida, pero no recuperó la conciencia. No hubo milagro en ese lugar, al menos esa noche.

No creo en publicitar milagros ya que Dios no permitirá que lo convirtamos en objeto de un aviso o propaganda. El Señor jamás nos da milagros baratos para exponer su gloriosa y misteriosa voluntad, con el fin de agradar a los santos carnales. El Señor quiere hacer lo imposible cuando su pueblo se atreve a creer que Él es un Dios fiel, que cumple su Palabra y dice lo que tiene intención de decir.

Vendrás, oh mi Salvador,
Vendrás, oh mi Rey,
En tu belleza resplandeciente,
En tu gloria trascendente,
Nos regocijamos y cantamos.
¡Vienes! en el este que amanece,
Anunciando la luz, con brillo creciente,
¡Vienes!, oh mi glorioso Sacerdote,
¿Oímos ya tus campanas de oro?
FRANCES RIDLEY HAVERGAL (1836-1879)

Amado Padre que estás en el cielo. Creo tu Palabra. Creo que dices exactamente lo que quieres decir y que cumplirás cada una de las promesas de tu Palabra. Mi confianza está en el Señor Jesucristo, amén.

6 de noviembre

En mi corazón he guardado tus dichos, para no pecar contra ti.
SALMOS 119:11

Con tantas traducciones que tenemos de la Biblia, me encuentro un poco mareado. Todas llegan a lo mismo. Es una falacia enorme, un gran engaño imaginar que si dices algo de otro modo significará más.

Supongamos que nos encontramos y digo: «Hola» o «Buenos días» o «¿Cómo estás?» o «Mucho gusto». Todo significaría lo mismo. Estaría saludándote como amigo.

La gente imagina que una nueva traducción de la Biblia les dirá lo que Dios quiere decir un poco mejor, que será maravilloso. No será así. Simplemente será una gran desilusión. Suelo ir tras cada nueva traducción y cada vez que sale alguna, corro a comprarla. Está bien que haya nuevas traducciones, pero eso no me da más fe, ni hace que Dios sea más real, ni me acerca el cielo, ni me bendice más. La única diferencia es un leve cambio en el lenguaje.

Empecemos a leer nuestras Biblias pensando que Dios siempre dice exactamente lo que quiere decir.

Tu Palabra es como un jardín, Señor,
Con flores resplandecientes y bellas;
Puede arrancar allí un ramillete hermoso
Todo aquel que busca.
Tu Palabra es como una profunda mina,
Joyas ricas y preciosas hay escondidas en sus profundidades
Para todo el que allí escudriña.

EDWIN HODDER (1837-1904)

Oh Cristo, que eres la Palabra viva, ¡cómo me deleito en ti, y busco las profundidades de tu belleza! Creo todo lo que dices en tu Palabra. Amén y amén.

7 de noviembre

Pero si andamos en luz, como él está en luz, tenemos comunión unos con otros, y la sangre de Jesucristo su Hijo nos limpia de todo pecado.
1 JUAN 1:7

Alguien me dijo: «No creo en los cristianos pecadores». Yo tampoco, pero conozco a muchos. No pienso que pecar sea divertido, ni creo que debamos tomarlo a la ligera.

Pienso que cuando pecan un cristiano o una cristiana, están haciendo algo fatal, peligroso, terrible. No podemos tomar el pecado a la ligera, en especial los nuestros. En oración, a menudo le pido a Dios que me permita pensar en mi pecado como piensa Él.

Me asombra lo santurrones que podemos ser cuando hablamos de los demás. Es tan fácil señalar con el dedo a los otros. Cuando lo hago, lo que estoy haciendo realmente es desviar la atención de mis propios pecados para que los demás no los vean. El pecado es algo terrible. O lidiamos con nuestro pecado, o nuestro pecado se las arreglará para manipularnos.

En lugar de señalar con el dedo santurrón al cristiano que ha caído en pecado, es mejor ponerse en el lugar de esa persona, y ofrecerle una mano de ayuda. Tenemos que acudir a la Biblia y creer que si Dios escribió eso, y Dios es fiel, entonces no puede mentir.

Nuestro pecado está a disposición del perdón de Dios.
Mi pecado, ¡oh, la dicha de este pensamiento glorioso!
Mi pecado, no en parte, sino todo,
Está clavado en la cruz, y no lo cargo más,
¡Alaba al Señor, alaba al Señor, alma mía!
HORATIO G. SPAFFORD (1828-1888)

Amado Dios, siento el peso de mi pecado. Me duele saber que mi debilidad se muestra en acciones pecaminosas. Te alabo porque mi pecado jamás te intimida. Gloria sea a Jesucristo mi Salvador. Amén y amén.

8 de noviembre

Contra ti, contra ti solo he pecado, y he hecho lo malo delante de tus ojos; para que seas reconocido justo en tu palabra, y tenido por puro en tu juicio.
SALMOS 51:4

Dios es fiel y justo para perdonar nuestros pecados y limpiarnos de toda maldad. Nos gusta esa palabra: «fiel». Y, sin embargo, habrá quien diga: «Eso sí que es bueno. Dios prometió que nos perdonará, así que lo hará». Y, sí, lo hace.

Lo que no debemos olvidar es que Él es fiel y justo para perdonar. La justicia está de nuestro lado ahora. En vez de que la justicia esté en contra de nosotros, y la gracia a favor, la sangre de Jesucristo ha traído a la justicia al lado del pecador que regresa a casa.

Cuando el pecador vuelve a casa, no hay nada que se interponga entre él y el corazón mismo de Dios. La sangre del Cordero lo ha borrado todo, por lo que nada le impide volver, ni siquiera la justicia. Es un maravilloso milagro ante el trono de Dios y ante la presencia del hombre. La justicia está con nosotros.

Si en el fondo de tu mente el diablo te dice que la justicia está en contra de ti, tan solo has de decir: «Las Escrituras dicen que Dios es fiel y justo para perdonar». La justicia ahora está del lado del cristiano, porque Jesucristo está a favor del creyente.

En Jesús pongo mis pecados,
El Cordero de Dios;
Él lo lleva y nos libera,
De la maldición.
A Jesús traigo mi culpa,
Para que limpie mis manchas
En su preciosa sangre,
Hasta que no quede nada.
HORATIUS BONAR (1808-1889)

Amado Dios de fidelidad y justicia, mi pecado ya no puede impedirme estar en tu presencia. Por la sangre del Cordero vengo ante ti, justificado por completo. ¡Aleluya por el Cordero! Amén.

9 de noviembre

No os ha sobrevenido ninguna tentación que no sea humana; pero fiel es Dios, que no os dejará ser tentados más de lo que podéis resistir, sino que dará también juntamente con la tentación la salida, para que podáis soportar.

1 CORINTIOS 10:13

A veces oigo decir a un cristiano que sufre: «Me siento encerrado. Siento como si hubiera un muro que me rodea».

Las Escrituras nos enseñan que cuando no podemos salir por la derecha, por la izquierda, por delante o por detrás, siempre podremos salir por arriba. Siempre hay una salida por arriba. La fidelidad de Dios es esa salida por arriba porque es el camino que te eleva. Puedes estar seguro de ello.

Tu tentación le es común a todos. En este mismo momento hay alguien que está al borde. Sí, aunque sea cristiana esa persona está al borde de la vida de victoria. Dice: «Solo es que estoy viviendo gobernado por mis circunstancias y no logro salir. Eso es todo. No puedo».

Dios dijo que tu tentación le es común a todos. Cada vez que a alguien le duele la cabeza, pensará que su dolor de cabeza es único, que jamás ha habido tal dolencia desde el principio del mundo. A todos nos duele la cabeza de tanto en tanto.

Recuerda que ha habido santos que pasaron por ese sendero espinoso que transitas hoy, y lo atravesaron. Algunos pasaron por situaciones más duras. Si le crees a Dios, lo lograrás. También tú podrás salir de allí.

No cedas a la tentación, porque ceder es pecado,
Cada victoria te ayudará a ganar la próxima vez.
Pelea, sigue adelante, vence las pasiones oscuras,
Siempre mira a Jesús, porque Él te llevará a la salida.

HORATIO R. PALMER (1834-1907)

Señor Jesús, a veces siento que me hundo en la desesperanza.
Pero luego te miro y sé que has trazado un camino hacia arriba para mí.
Ayúdame a seguir mirando a lo alto. Amén.

10 de noviembre

Y sabemos que a los que aman a Dios, todas las cosas les ayudan a bien, esto es, a los que conforme a su propósito son llamados.

ROMANOS 8:28

Algunos hombres tienen esposas que son gatos salvajes. John Wesley estaba casado con una de ellas, y la mujer ni siquiera se limaba las garras. Pero Dios ayudó a Wesley en todo.

Wesley solía arrodillarse y orar en latín para que su esposa no supiera lo que estaba diciendo. Mientras oraba en latín, la mujer le arrojaba zapatos viejos por la cabeza. Una vida familiar muy linda, pero así era.

Llegado el momento en que tendría que predicar, se despidió de ella y salió. Jamás estuvieron mucho tiempo juntos después de eso. Él la cuidaba y se ocupaba de que nada le faltara. Pero ella no quería que él predicara. Y John quería predicar, así que lo hacía y ella seguía protestando. Se quedaba en la casa y murmuraba mientras John iba a todas partes predicando el evangelio y transformando a Inglaterra.

Un día, mientras iba a caballo –solía leer, escribir, meditar, orar o hacer las cuatro cosas al mismo tiempo– alguien se acercó en otro caballo y le dijo: «Señor Wesley, su esposa ha muerto».

Wesley levantó la vista y dijo: «Oh, ha muerto ¿sí?» Y siguió trabajando. No importa cuáles sean nuestras circunstancias, Dios nos ayuda a atravesarlas.

Oh, amor que se entregó por mí,
Ayúdame a amar y a vivir como tú.
Enciende en este corazón mío,
La pasión del fuego del amor divino.

A. B. SIMPSON (1843-1919)

Querido Padre celestial, siento a veces que mi carga es muy pesada. Pero sé que en todo momento tu provisión me basta para seguir adelante. ¡Alabado sea el nombre de Jesús! Amén y amén.

11 de noviembre

No obstante, proseguirá el justo su camino, y el limpio de manos aumentará la fuerza.
JOB 17:9

Hace poco murió una mujer de Chicago que yo conocía. Era una santa. Pero no estaba casada con un santo. El tipo era un borracho; por eso, siempre oraba por él.

El hombre llegaba a casa por las noches, ebrio y con la ropa sucia de pies a cabeza. Ella lo ayudaba a lavarse, le cambiaba la ropa y lo llevaba a la cama. Al día siguiente el hombre despertaba con resaca y prometía cambiar en todo pero, esa misma noche, salía de nuevo con los muchachos y volvía por la calle cantando «Dulce Adeline», tambaleándose y cubierto de mugre otra vez.

Ella oró por ese hombre por años y años. No sé cómo pudo soportarlo la pobre mujer, pero siempre oraba.

Imagino que diría: «Dios, ¿cómo esperas que lo aguante?» Pero algo susurraría en su corazón: «Es algo común a todos. Créeme, soy fiel. No te abandonaré».

Como resultado, el hombre no solo se convirtió sino que además creyeron muchos de los de su familia.

Cuando Dios dice que es fiel, quiere decir que es fiel más de lo que podamos soportar nosotros.

Cuando no entiendo el camino de mi Padre,
Y me parece que el destino es duro y cruel,
Oigo el suave susurro que me dice:
Dios está obrando. Dios es fiel. ¡Tan solo espera!
A. B. SIMPSON (1843-1919)

Te doy gracias, Padre, por tu fidelidad en todas las cosas. Me canso fácilmente, pero tu gracia me es suficiente, y está siempre presente. En el nombre de Jesús, amén.

12 de noviembre

Fiel es el que os llama, el cual también lo hará.
1 TESALONICENSES 5:24

Después de servir a Dios por bastante tiempo en vez de sentir que mejoraba, sentí que era peor. Esto es lo que sucedió: me estaba conociendo mejor a mí mismo.

Antes, cuando no sabía quién era, pensaba que era bueno. Mi opinión de mí mismo era elevada. Luego, por la buena gracia de Dios, pude verme como me ve Él. ¡Qué impacto y qué desilusión! Casi no podía reconocerme, me sentí un tanto desanimado. No debía sucumbir al desaliento porque fiel es aquel que me llamó y también lo hará. Dios va a completar la obra.

Cuando Dios comienza algo tenemos la certeza de que lo terminará. No habrá obstáculo en el camino que impida que cumpla su propósito en este mundo y en nuestras vidas. Lo que Dios comienza, lo termina, y nadie puede impedírselo.

Es cierto que habrá demoras. Pero recuerda que Dios está encargado de las tardanzas, tanto como lo está del avance.

Si el Señor no te hace sentir como quieres en este momento, sigue creyendo y confiando en la fidelidad de Dios. Porque está trabajando. Dios es fiel.

Cuando la paz, como un río, cuida de mi camino,
Cuando las preocupaciones se mueven como olas de mar
Sea cual sea mi suerte, tú me has enseñado a decir:
Mi alma está bien, está bien.
HORATIO G. SPAFFORD (1828-1888)

Precioso Padre, a veces me canso cuando dependo de mis propias fuerzas.
¡Aleluya! Tú eres el que está encargado de mi vida y mi progreso.
Alabo tu nombre en este día. Amén.

13 de noviembre

Por tanto, Jehová esperará para tener piedad de vosotros, y por tanto, será exaltado teniendo de vosotros misericordia; porque Jehová es Dios justo; bienaventurados todos los que confían en él.

ISAÍAS 30:18

A menudo me he preguntado qué sentirá la gallina en el día número veinte, después de pasar casi tres semanas sentada sobre trece huevos. Mi madre siempre les ponía trece huevos y me enseñó a hacer lo mismo. Decía que si les preparábamos los huevos, nacerían los pollitos. No sé qué tendría que ver, pero ponía trece huevos en el nido y la pobre gallina se sentaba, levantándose solo muy de vez en cuando para volver enseguida.

Tal vez nosotros podríamos soportarlo por dos semanas, pero esa última tercera semana tiene que haber sido una tortura. Nada más que estar allí, sentados, escuchando, sin que pasara nada.

A los veinte días no había sucedido nada, y el día veintiuno por la mañana, todo seguía igual. Pero cerca del mediodía se oía un piar, y la gallina luego sentía movimiento bajo sus alas. Si hubiera podido sonreír, lo habría hecho, diciendo: «Gracias a Dios, nacieron». Uno tras otro. Solo es cuestión de tiempo.

No soy bueno para esperar. Cuando quiero que se haga algo, lo quiero en el momento. Pero la espera es una de las disciplinas de la vida espiritual. Esperar es simplemente transferir la responsabilidad a alguien más.

Si la promesa parece tardarse
Y me estremezco pensando que será demasiado tarde,
Oigo entonces la dulce voz del ángel que dice:
«Aunque tarde, llegará. Solo espera».

A. B. SIMPSON (1843-1919)

Te alabo, oh Dios, porque tus tiempos son puntuales y, en consecuencia, quiero transferir toda la responsabilidad a tus anchos hombros. Espero en ti, con confianza y paz. Amén.

14 de noviembre

Bienaventurado el hombre que puso en Jehová su confianza,
y no mira a los soberbios, ni a los que se desvían tras la mentira.
SALMOS 40:4

Dios a veces nos hace esperar. Busca en las Escrituras y encontrarás muchos ejemplos en los que Dios hizo esperar a alguien. Pero a pesar de eso tenemos que recordar que Él es fiel y que hará lo que dice que hará.

A la luz de eso, recomendaría que le retires tu voto al mundo cambiante, un mundo traicionero y falso. Y que pongas tu confianza en Jesucristo, que es fiel. Cree ahora lo que Él ha prometido, porque lo cumplirá. Cree ahora que lo que Él ha dicho es lo que hará. Estás ante un Dios fiel que no puede mentir, que no puede cambiar de idea, que no puede ser otro que el que es.

Resulta tentador a veces tomar las cosas en nuestras propias manos. Pero cada vez que lo hacemos, hay problemas. La razón es que no tenemos a disposición lo que Él sí tiene. Cuando Dios promete algo, esa promesa se basa en el fundamento de que Dios conoce todas las cosas, desde el principio hasta el final. Esperar en el Señor es, simplemente, mi forma de confiar en Dios para una situación en particular.

Para andar con Jesús no hay senda mejor
Que guardar sus mandatos de amor;
Obedientes a Él siempre habremos de ser,
Y tendremos de Cristo el poder.
JOHN H. SAMMIS (1846-1919)

Padre, en oración te pedimos que nos ayudes a creer y nos perdones por dudar. Quita nuestra incredulidad, nuestras dudas, nuestra lentitud para creer. Y ayúdanos a poner nuestra confianza en ti, a esperar completamente en ti. Amén.

15 de noviembre

Alaben la misericordia de Jehová, y sus maravillas para con los hijos de los hombres.
SALMOS 107:8

La bondad de Dios es algo que Él ha declarado por revelación que es verdad. Es uno de sus atributos y podemos afirmarlo de manera inequívoca: Dios es bueno.

Cuando digo que Dios es bueno no quiero decir que sea recto o santo. Dios es recto y santo, pero no es de eso que hablo en este momento. Además, si digo que Dios es bueno y que bueno no significa recto y santo, no hay que interpretarlo como si tomara a la ligera la rectitud y la santidad de Dios. Cuando hablamos de la bondad de Dios lo que tenemos en mente es completamente distinto.

Dios es bondadoso, favorable, misericordioso, de buen corazón y buena voluntad. Recuerda que ninguno de los atributos de Dios entra en conflicto con ningún otro. En Dios hay unidad, y esa unidad en sus atributos trasciende nuestra capacidad de entendimiento.

Lo que Dios dice de sí mismo es verdad; yo lo acepto y sobre ello baso mi vida.

Doy gracias a Dios cada día porque Él es más grande que mi capacidad de comprensión.

Oh amor, tan profundo, tan ancho, tan alto,
Que llena el corazón de éxtasis,
Que Dios, el Hijo de Dios, adoptara nuestra forma mortal
Por nosotros, los mortales.

SIGLO CATORCE, VERSIÓN EN INGLÉS POR BENJAMIN WEBB (1819-1885)

Oh Dios, tú eres bueno y haces lo bueno. Tu bondad no compite con ninguno de tus otros atributos. Te doy gracias por la bondad que has mostrado en mi vida hoy. Amén y amén.

16 de noviembre

Mas tú, Señor, Dios misericordioso y clemente,
lento para la ira,
y grande en misericordia y verdad.
SALMOS 86:15

Dios es un Dios de buena voluntad y no hay cinismo en Él. Es decir que Dios no es susceptible, ni se resiente, ni se deprime.

He encontrado unos cuantos santos protestones. Si las cosas no salen como ellos quieren, protestan. También hay hombres de Dios que son cínicos. En algún momento me acusaron de serlo. Alguien me oyó predicar, y al salir del edificio dijo: «Este tipo es clínico, y esta clínica está dirigida por un cínico». No sé si estaba tratando de componer una rima o si tenía razón.

Supongo que todos tenemos ocasión de ser un poco cínicos. Pero en Dios no hay cinismo alguno. Dios tiene buen corazón y es amigable todo el tiempo. He intentado durante mi ministerio mostrar algo de la grandeza, magnitud, altitud, trascendencia e inefable grandeza de nuestro Dios Todopoderoso. Él es infinitamente más grandioso de lo que pudiéramos imaginar jamás. Creo que hasta tanto veamos lo infinitamente elevado que es Dios en su esencia, no seremos el tipo de cristianos que debemos ser. Por cierto, no tendremos la clase de convicción del pecado que los pecadores debiéramos tener.

Hay anchura en la misericordia de Dios,
Como ancho es el mar.
Hay una bondad en su justicia,
Que es más que la libertad.
FREDERICK W. FABER (1814-1863)

Querido Padre, oramos en el nombre del Señor Jesucristo porque se abran nuestros corazones para recibir la magnitud de tu presencia. ¡Haz que te conozcamos en la belleza de tu revelación! Amén.

17 de noviembre

Edificó baluartes contra mí, y me rodeó de amargura y de trabajo.
LAMENTACIONES 3:5

Creo con sencillez que Dios es amplio, franco, sincero. Cuando digo estas cosas solo me refiero a que todo erudito judío sabe que ellas se enmarcan en el término hebreo que se traduce como «bueno».

Me pregunto si debiera decir que Dios es benevolente. Solo estoy diciendo y usando un vocablo en latín, para expresar lo que dije antes cuando utilicé las palabras anteriores. El diccionario es así. Si buscas en el diccionario la palabra «benevolente», tal vez encuentres que significa «de buen corazón» y luego buscas «benevolencia» y te dirá «generosidad», o algo parecido. Te da formas diferentes de decir la misma cosa. Puedo decir que Dios es cordial, también.

Un querido amigo me escribió una carta en tono severo porque yo había firmado una carta anterior, diciendo «cordialmente tuyo». Me dijo: «Entre cristianos no tiene que haber cordialidad, porque tenemos algo mejor que eso».

Le respondí: «Es que cuando firmo «cordialmente» tan solo estoy concluyendo mi carta. No prestes atención a eso».

Dios es cordial, bueno, generoso, lleno de gracia. La naturaleza de Dios hace que quiera para nosotros todo lo bueno, en el tiempo y en la eternidad. Así es Dios.

Cuando el tiempo pase,
Y los reinos y los tronos caigan,
Cuando los hombres que rehúsan orar
Llamen desde las rocas, las colinas y las montañas;
El amor de Dios perdurará,
Fuerte y sin medida,
Redimiendo con gracia a la raza de Adán,
Los santos y los ángeles cantarán.
FREDERICK M. LEHMAN (1868-1953)

Amado Dios, tú eres cordial, lleno de gracia, y estableces el parámetro para estas cualidades. Te alabo porque siempre quieres lo mejor para mí, ahora y en la eternidad. En el nombre de Jesús, amén.

18 de noviembre

Cercano está Jehová a todos los que le invocan,
a todos los que le invocan de veras.
SALMOS 145:18

Dios no ve nuestras lágrimas sin que su corazón llore. William Blake es uno de mis poetas favoritos. Y expresó esto con propiedad cuando escribió:

Piensas que puedes suspirar,
Y el Creador no ha de mirar,
No pienses que tus lágrimas desconocerá,
Tu Creador siempre cerca está.

Dios es muy paciente con nosotros. Uno de los autores del Antiguo Testamento hizo alusión al hecho de que Dios es nuestro lecho cuando nos enfermamos (ver Salmos 41:3). Le interesamos mucho.

He oído de santos que fueron santificados estando enfermos. Hubo algunos que se levantaron de su lecho de enfermedad con una nueva revelación de Dios. Conmigo no sucedió eso. Cuando enfermo, lo único que hago es aburrirme. No puedo orar. No puedo pensar. No puedo escribir. No puedo hacer nada más que estar en la cama y sufrir. A mí la enfermedad, hasta ahora, no me produjo nada bueno.

Pero a pesar de eso sé que mi Creador siente mi dolor, mi tristeza y mi enfermedad, tanto como yo.

Cuando esta vida tenga yo que abandonar,
Corona hermosa tú me ceñirás;
Con dulce canto tu bondad alabaré
Y en tu sacra gloria siempre moraré.
FANNY J. CROSBY (1820-1915)

Tuyos somos, oh Señor. Anhelo estar contigo, pase lo que pase.
Tu fuerza es mi porción en este día.
Amén y amén.

19 de noviembre

Jehová lo sustentará sobre el lecho del dolor;
mullirás toda su cama en su enfermedad.
SALMOS 41:3

Me parece interesante que algunos en su lecho de enfermos, tengan una gran experiencia con Dios. Casi puedo decir que los envidio un poco. Cuando me enfermo, lo único que me pasa es que estoy enfermo y nada más.

David, en una ocasión, indicó que antes de enfermar se había desviado, pero que tras su enfermedad había regresado al Señor. Tuvo un tipo de enfermedad que le permitía orar.

Yo nunca tengo esa clase de enfermedades. Cuando enfermo es como si todos los engranajes se detuvieran hasta que sano. Al enfermarme solo puedo ser paciente y esperar. No puedo hacer otra cosa. Nunca tuve una experiencia grandiosa con Dios estando enfermo.

Pero a pesar de todo, sé que Dios viene a nuestro encuentro, no importa dónde estemos. No tengo nada especial que decir sobre mis momentos de enfermedad. Pero hay gente que realmente encontró a Dios en su lecho de enfermos. Donde sea que encuentres a Dios, hallarás que es un Dios bueno.

Al atardecer, antes que se pusiera el sol,
El enfermo, oh Señor, te buscaba.
¡Oh, qué dolores sufrió!
¡Oh, con qué gozo contigo partió!
HENRY TWELLS (1823-1900)

Dios mío, sea que esté en mi lecho de enfermo, trabajando en mi escritorio o comprando en el mercado, sé que tu buena voluntad me acompaña siempre. Te doy gracias por eso hoy. Amén.

20 de noviembre

Por tanto, Jehová el Señor dice así: He aquí que yo he puesto en Sion por fundamento una piedra, piedra probada, angular, preciosa, de cimiento estable; el que creyere, no se apresure.

ISAÍAS 28:16

Si entretejemos los atributos de Dios podremos ver que el fundamento que se forma es poderoso. Porque si Dios es bueno hoy, y también inmutable, entonces será siempre bueno y no tendrás que preocuparte nunca porque cambie de idea. Dios no es de una forma un día y de otra al día siguiente.

Dios es perfecta bondad, tal como es. Dios no tiene imperfección, sino perfecta bondad. Y por eso no puede haber mejora alguna. Es decir, que Dios no podría ser más bueno contigo de lo que lo es hoy, y jamás ha sentido mayor bondad hacia otros que la que te muestra a ti. Nunca sentirá mayor bondad hacia otro en el futuro, tampoco. La perfección de Dios es constante, por toda la eternidad.

Quizá alguien diga: «No me conoces». Es cierto. No te conozco. Pero conozco a Dios y sé lo que dicen las Escrituras de Él. Como Dios es eterno, inmutable y perfecto, la bondad de Dios no puede mejorar. Oro porque Dios no permita que me convierta en un anciano amargado. Quiero que mi vida refleje la perfecta bondad de Dios en todos los niveles de mi existencia.

Cristo es el cimiento estable,
Cristo la cabeza, la piedra angular,
Escogido del Señor y precioso,
Que de la Iglesia hace unidad.
Auxilio de la santa Sion por siempre,
Única fuente de su confianza.

JOHN MASON NEALE (1818-1866)

Nuestro Padre celestial, me gozo al saber que cuando venga a ti,
serás como has sido por toda la eternidad.
Te alabo en nombre de Jesucristo mi Señor, amén.

21 de noviembre

Los mandamientos de Jehová son rectos, que alegran el corazón;
el precepto de Jehová es puro, que alumbra los ojos.
SALMOS 19:8

Recuerdo cuando el Dr. H. M. Shuman descansaba una tarde en mi casa y le pregunté: «Dr. Shuman, hay algo que me molesta. He observado que muchos cristianos ancianos, llegada la vejez, debieran ser dulces, maduros, llenos de gracia y amables. Pero se vuelven amargos, agrios y críticos. ¿Por qué?»

El Dr. Shuman siempre tuvo respuestas a mis preguntas en el pasado. Pero para esta no tenía ninguna.

Por lo general, cuando la gente llega a la vejez se vuelve crítica, sin filtros en la lengua, duros. O bien pueden volverse tiernos, amorosos y amables. He conocido algunos de los ancianos cristianos más dulces que hayan existido en este mundo. Y conozco a otros creyentes que si solo pudieran borrarnos a todos del mapa para volver a poblar el mundo con ellos, no habría motivo para que existiera el cielo porque estaría aquí, lleno de amor y bondad.

El mundo estaría bien porque lo poblarían personas de buena voluntad. Esta clase de gente es la que refleja la gloria y la gracia de nuestro Padre celestial.

A Dios dad gracias, dad honor y gloria en las alturas:
Pues sabio y grande protector, bendice a sus criaturas,
Con fuerte y buena voluntad
Remedia la necesidad
Y alivia las tristuras.
Dios, Padre, dámoste loor pues grande es tu clemencia:
Es infinito tu amor, sin límites tu ciencia.
Tu voluntad se ha de cumplir:
Enséñanos a bendecir tu sabia providencia.
NIKOLAUS DECIUS (C. 1485-1541)

Amado Dios y Padre, confío en ti día tras día para ser cada vez más dulce y no convertirme en una persona anciana amargada. Mi gozo y mi paz están en ti. Es mi oración, en el nombre de Jesús. Amén.

22 de noviembre

Tú que decías en tu corazón: Subiré al cielo; en lo alto, junto a las estrellas de Dios, levantaré mi trono, y en el monte del testimonio me sentaré, a los lados del norte; sobre las alturas de las nubes subiré, y seré semejante al Altísimo.

ISAÍAS 14:13-14

Hay universidades seculares que censuran a los cristianos por lo que dan en llamar antropomorfismo. Bueno, me han dicho todo tipo de cosas peores, no más grandes, sino peores. El antropomorfismo significa simplemente hacer a Dios a nuestra imagen y semejanza. Lo único que necesitas es tomar las mejores cualidades humanas, proyectarlas hacia arriba y has hecho a Dios a la imagen del hombre. ¿Hasta dónde puedes equivocarte entonces?

Si, por ejemplo, ves a un hombre bondadoso, dirás: «Bueno, entonces ese Dios que está allá arriba tiene que ser bondadoso». Proyectamos esa bondad del corazón del hombre a Dios y decimos que Dios es bondadoso, para luego añadir que es infinitamente bondadoso.

Sea lo que sea el ser humano, y en especial en sus mejores cualidades, esa es la idea que nos formamos de Dios.

Es una idea completamente errónea. Dios no ha sido creado a imagen del hombre porque eso significaría que Dios no es ni más grande ni mejor que el hombre más grande y bueno que pudiéramos encontrar aquí en la tierra.

Eso lo inventó Lucifer. Se proyectó a lo alto, al santo trono de Dios y quiso ser «como el altísimo». Pero no llegó tan alto como para alcanzar la cruz del Calvario.

Cuando el señor me llame a su presencia
Al dulce hogar al cielo de esplendor,
Le adoraré cantando la grandeza
De su poder y su infinito amor
Cuán grande es Él, cuán grande es Él.

CARL BOBERG (1858-1940)

Oh bendito Salvador, te alabo porque tú no eres lo mejor que pueda ofrecer el hombre, sino lo mejor que tiene Dios para ofrecer. Amén.

23 de noviembre

No que alguno haya visto al Padre, sino aquel que vino de Dios; éste ha visto al Padre.

JUAN 6:46

Como somos cristianos, alguien podría acusarnos de ser antropomórficos. El antropomorfismo significa simplemente que estamos creándonos un Dios a nuestra propia imagen y que nuestro concepto del Padre celestial es un invento nuestro.

Cuando alguien me hace esta acusación, respondo simplemente: «Ya veo pero, ¿cómo lo descubriste? Porque solo podrías saberlo si lo descubres o si te ha sido revelado. ¿Cuándo descubriste a Dios para poder decirnos qué tipo de Dios es? Si no lo descubriste, entonces tuviste una revelación. Por favor, dinos dónde está esa revelación y en qué consiste».

Esta idea presume que el crítico sabe algo sobre Dios que los cristianos no sabemos. Que sabe algo que la Biblia no sabe, que los profetas y apóstoles no sabían y que ni siquiera nuestro Señor Jesucristo sabía. ¿Cómo es que ellos obtuvieron esta clase de información que no conocía nadie más, ni los padres de la iglesia, ni los mártires, ni los líderes de los reavivamientos?

Dios no es como nosotros decimos que es. Dios es como la Biblia nos dice que es.

Cantaré sobre su carácter,
Y cantaré sobre su amor.
Exaltado en su trono
Cantaré su alabanza
Por siempre,
Para que conozcan su gloria
Toda su gloria.

SAMUEL MEDLEY (1738-1799)

Amado Padre celestial, te conozco porque te he descubierto en el Libro de los libros, la Palabra de Dios. Alabado sea Jesús, la Palabra viva. Amén.

24 de noviembre

Porque en otro tiempo erais tinieblas, mas ahora sois luz en el Señor; andad como hijos de luz.
EFESIOS 5:8

Los que se oponen al cristianismo suelen acusarnos de ser oscurantistas antropomórficos. El oscurantista es aquel que tapa las cosas y las mantiene poco claras, oscuras. Los críticos del cristianismo dicen que eso hacemos los cristianos. Pero nosotros creemos que son los pecadores los que tapan las cosas y las mantienen ocultas, en la oscuridad.

El oscurantista redacta un contrato tramposo para engañar a una viuda y quedarse con su propiedad. Se oculta en las tinieblas. Pero los hijos de la luz salen a la luz. Son los «iluminados», si se me permite usar esa palabra. Son los que caminan en la luz.

Cuando yo digo: «Dios es amor», el oscurantista responde: «Es lo que te gustaría que fuera Dios. Te gusta ver el amor humano y te gustaría que Dios fuera amor».

Para mí todo eso es un sinsentido. Si Dios hizo al hombre a su imagen, ¿no es razonable creer que las mejores cosas en los humanos serían lo más cercano a lo que es Dios? Yo creo en Dios y creo que me hizo a su imagen. Creo que todo lo bueno que hay en la humanidad viene de Dios.

¡Oh Jesús!, esperanza para los penitentes,
Qué piadoso eres con quienes piden,
Qué bueno con quienes te buscan,
Pero ¿qué con quienes te encuentran?
Permanece con nosotros, Señor,
Ilumínanos con la luz,
Expulsa la tiniebla de la mente
Llena el mundo de dulzura.
BERNARDO DE CLARAVAL (1091-1153)

Querido Dios, te alabo porque me hiciste a tu imagen.
La sangre redentora del Señor Jesucristo te permite brillar a través de mí, ante el mundo que me rodea. Amén y amén.

25 de noviembre

Mas Dios muestra su amor para con nosotros, en que siendo aún pecadores, Cristo murió por nosotros.
ROMANOS 5:8

Cuando acudimos a Dios, vemos algo básico, el hecho de la verdad: Dios es bueno. No importa en qué generación, lugar o pueblo estemos, esta verdad no cambia jamás.

Puedes ir allí donde la gente engaña a otros, donde mienten, donde falsifican cifras para fines egoístas y hacen que 2 x 2 = 7, con el fin de llenarse los bolsillos. Eso no cambia el hecho de que 2 x 2 = 4.

Sales al mundo y ves crueldades, asesinatos, las horrendas acciones de los malvados. Y cuando todo termina, nada puede cambiar el hecho de que Dios es bueno. En todas partes ves la maldad de los hombres, su crueldad, y la oscuridad de los malos, pero eso no cambia el hecho de que Dios es bueno.

Es un dato cierto, un hecho verdadero. Es la piedra fundacional de la creencia en Dios. Es necesario para la sanidad mental creer que Dios es bueno, que el Dios que está en los cielos no es un Dios malicioso, malvado, que quiere que nos vaya mal sino un Dios que busca lo bueno. Si permitimos que Dios sea cualquier otro tipo de dios estaríamos cambiando por completo todos los valores morales de la humanidad, dejándolos patas arriba.

Mi fe descansa en buen lugar
No en una religión.
Confío en el viviente Rey,
Pues él por mí murió.
LIDIE H. EDMUNDS (SIGLO DIECINUEVE)

Padre nuestro que estás en los cielos, me mantengo firme sobre la sólida roca de la verdad. Hay muchas pruebas por las que pasa mi fe, pero ella descansa completamente en Jesucristo. Oro en su nombre, amén.

26 de noviembre

Como el Hijo del Hombre no vino para ser servido, sino para servir, y para dar su vida en rescate por muchos.
MATEO 20:28

En el corazón de Dios solo hay bondad. Y por eso es que no tengo motivo para preocuparme. Dios es bueno.

¿Qué quiero decir con que Dios es bueno? Quiero decir que Dios está lleno de gracia, lleno de amorosa bondad. Lleno de buena voluntad para con su creación. Cristo vino porque era un hombre de buena voluntad, y anduvo entre los seres humanos como hombre de buena voluntad.

¡Qué contraste entre el Cristo que anduvo entre los hombres y los hombres malos entre quienes Él anduvo! Esos hombres maliciosos que se acariciaban la barba, que susurraban los unos a los otros, comparados con el calmo y amoroso Jesús, con tierna mirada en su rostro al ver a una prostituta a sus pies, a cada uno de los bebés que vería en la hierba, a cada niño enfermo, al ver todo el dolor y la tristeza del mundo.

Cristo anduvo con buena voluntad entre los hombres. Y los hombres entre los que Él andaba finalmente lo clavaron en una cruz. Cuando lo clavaron en esa cruz, no alteraron su bondad. Él no se volvió hacia ellos para maldecirlos. Dijo, en cambio: «Padre, perdónalos, porque no saben lo que hacen».

En todo eso tenemos que entender que la bondad de Dios es la base de lo que esperamos en Él.

En la cruz su amor Dios demostró
Y de gracia al hombre revistió,
Cuando por nosotros se entregó
El Salvador.
WILLIAM R. NEWELL (1868-1956)

Tu bondad, oh Dios, es el motivo por el cual esperamos cosas buenas de ti. Te doy gracias porque no me tratas como me lo merezco, sino porque reflejas tu bondad en tu trato hacia mí. Amén.

27 de noviembre

Id, pues, y aprended lo que significa: Misericordia quiero, y no sacrificio. Porque no he venido a llamar a justos, sino a pecadores, al arrepentimiento.

MATEO 9:13

La base de nuestra esperanza es la bondad de Dios. Podríamos pensar en muchas cosas como fundamento de nuestra esperanza y expectativa, pero estaríamos errados.

Por ejemplo, el arrepentimiento no es la base de nuestra expectativa. No es meritorio. Es una condición que establece Dios. Nos dice que nos arrepintamos y creamos en su Hijo. Es necesario porque Dios lo estableció como condición.

Si un hombre ha sido ladrón por cincuenta años, no hay mérito alguno si en el año cincuenta y uno deja de serlo. No le darán una corona ni le pondrán una medalla diciéndole: «Por los servicios prestados. Este noble héroe antes robaba todo lo que no estuviese atornillado, pero ahora ya no lo hace más». Y entonces todos aplaudirían y la banda de música haría sonar su fanfarria.

No. No es así como se dejan las cosas. El hombre debiera dejar de robar porque es lo correcto, pero no hay mérito en ello. Porque ante todo, robar es malo, punto.

El arrepentimiento no es una acción meritoria, aunque sí es necesaria. Pero no implica virtud alguna. Nuestra esperanza se basa en la bondad de Dios.

Desciende, Espíritu de amor, paloma celestial,
Promesa fiel del Salvador, de gracia manantial...
Tus frutos da de suave olor al corazón: solaz,
Benignidad, paciencia, amor, bondad, templanza y paz.
Al Padre sea todo honor,
Y al Hijo honor también,
Y al celestial Consolador eternamente. Amén.

JOSEPH HART (1712-1768)

Te alabo, oh Dios, por tu bondad, que me permite venir ante ti en arrepentimiento. Te doy gracias por hacer posible que tome este camino. Amén y amén.

28 de noviembre

De los pecados de mi juventud, y de mis rebeliones, no te acuerdes; conforme a tu misericordia acuérdate de mí, por tu bondad, oh Jehová.

SALMOS 25:7

Hay un grave peligro en la iglesia y es que hagamos de la fe algo meritorio.

El pastor y teólogo alemán Dietrich Bonhoeffer, aunque era leal a la iglesia luterana, escribió en su libro *El costo del discipulado* que su iglesia en su gran énfasis sobre la justificación por la fe había convertido a la fe en un ídolo.

No hay mérito alguno en la fe. Tienes fe en Dios porque Dios es bueno y ha demostrado su bondad en cantidad de formas.

Supongamos que en un momento de tentación y debilidad ofendes a alguien. Cuando vuelves en ti, como el hijo pródigo, dices: «Iré a ver a mi amigo. Confesaré y arreglaré las cosas». Y tu esposa te dice: «Pero, ¿piensas que te perdonará?» Y contestas: «Sí, sé que me perdonará porque sé qué clase de hombre es. Sé que es un caballero bueno, bondadoso, que me perdonará, olvidará el asunto y no volverá a mencionarlo. Esa es la clase de hombre que es».

¿Dónde está el mérito allí? ¿En el pedido de perdón? ¿O en la naturaleza del hombre que perdona?

Está en el hombre que perdona. Lo mismo sucede con respecto a Dios.

Cuan firme cimiento se ha dado a la fe
De Dios en su eterna Palabra de amor.
¿Qué más Él pudiera en su libro añadir
Si todo a sus hijos lo ha dicho el Señor?

ATRIBUIDO A GEORGE KEITH (SIGLO DIECIOCHO)

Ahora, Señor, acudo a ti, no esperando mérito alguno de mi parte sino solo por tu bondad. Te doy gracias por la bondad de tu corazón, porque me has aceptado en el Amado. Amén.

29 de noviembre

Porque él es nuestro Dios; nosotros el pueblo de su prado, y ovejas de su mano.
Si oyereis hoy su voz.
SALMOS 95:7

Cuando acudo a Dios para confesar mi pecado confiando en que me perdonará, acepto el perdón por fe. Ahora veamos, ¿está el mérito en mi fe?

Jamás. El mérito yace en el buen Dios que me perdona porque es ese tipo de Dios, lleno de gracia, bueno, pronto para perdonar, alegre, lleno de gozo, que se agrada. En el texto hebreo original encontramos todas esas palabras en referencia a Dios.

¿Qué significa todo eso para mí? Muchos textos se abren como capullo en flor cuando pensamos en la bondad de Dios.

David no dijo en el Salmo 23:6: «Ciertamente el bien y la misericordia me seguirán todos los días de mi vida» como si se tratara de una esperanza que albergaba su corazón. No lo dijo dudando, como si no estuviese muy seguro de ello. Ese no es el significado del texto. David dijo con firmeza: «Ciertamente el bien y la misericordia me seguirán todos los días de mi vida». ¿Por qué seguirían el bien y la misericordia todos los días de la vida de un hombre? Simplemente porque la bondad y la misericordia de Dios le seguían todos los días de su vida. El origen era Dios.

El mérito jamás está en nosotros, ni en que acudamos a Dios. Radica, absolutamente, en el carácter de Dios.

Jesús ¿habrá algún mortal
Que se avergüence de ti?
¿De ti, a quien alaban los ángeles?
¿De ti, cuya gloria resplandece por siempre?
JOSEPH GRIGG (1720-1768)

Querido Dios, gracias porque me aceptas, no porque me lo merezca, sino por tu bondad. ¡Cómo te alabo hoy! Amén y amén.

30 de noviembre

Pero por tu dureza y por tu corazón no arrepentido, atesoras para ti mismo ira para el día de la ira y de la revelación del justo juicio de Dios, el cual pagará a cada uno conforme a sus obras.

ROMANOS 2:5-6

Creo en el día del juicio y pienso que cada uno de nosotros recibirá conforme a sus obras en la vida. Creo que habrá una resurrección de los justos y de los injustos, y una resurrección a la vida eterna o a la maldición, según sea. Creo en todo eso. Pero también creo que a Dios no le agrada el juicio.

Cuando era pequeño solía oír una canción: «En la sombra de sus alas hay reposo, dulce reposo». Si nos damos cuenta de que Dios es esa clase de Dios, nunca andaremos por con cara triste, ni sintiéndonos inferiores. Jamás tendrás por qué tener ese sentimiento de inferioridad. Hay una diferencia entre el arrepentimiento verdadero y el sentimiento de inferioridad.

El sentimiento de inferioridad hace que digas: «Oh, no soy bueno para nada».

Claro, por supuesto que no somos buenos. Pero Dios sí lo es y como Él es bueno sus puertas están abiertas de par en par para que pueda entrar cualquier pecador a ver y probar que el Señor es bueno. Hoy mismo puedes aprender qué bueno es Dios.

A la sombra de sus alas
Hay reposo, dulce reposo.
Reposo de la preocupación y el trabajo,
Reposo para el prójimo y el amigo,
A la sombra de sus alas hay reposo, dulce reposo.

E. O. EXCELL (1851-1921)

Amado Dios, el enemigo de mi alma desea que piense todo el tiempo en el hecho de que no soy bueno, que no soy nada. Hoy decido vivir al abrigo de tu bondad, sabiendo cómo ha cambiado mi vida por medio de Jesucristo mi Señor. Amén.

1 de diciembre

En la multitud de mis pensamientos dentro de mí,
tus consolaciones alegraban mi alma.
SALMOS 94:19

He estado pasando algo de tiempo con el Señor cada día, y me abruma ver lo bueno que ha sido Dios conmigo. Total y absolutamente bueno. Al reflexionar en su bondad y sus bendiciones en mi vida, me he llenado de un verdadero espíritu de gratitud.

Alguien podría mirarme y ver tal vez a un hombre que se está quedando calvo y que a simple vista parece un santo. Pero hermano, hermana, no me conocen. No saben de mi pasado, no conocen mi naturaleza, no conocen mis tentaciones. No me conocen. No se hagan falsas ideas sobre las alas de ángel que suponen tengo en la espalda. No soy esa clase de hombre.

Si no fuera por la gracia de Dios me estaría asando en el infierno o languideciendo en una cárcel. Si la bondad de Dios no me hubiera encontrado, rodeado y perdonado, el gobierno de Estados Unidos hace rato que me tendría en algún lugar, tras las rejas.

Tengo que dar testimonio de que Dios y su amorosa bondad han hecho que mi vida sea razonablemente decente. No porque yo sea bueno, sino porque Dios lo es.

Salte de alegría lleno el corazón,
La abatida y pobre humanidad;
Dios se compadece viendo su aflicción,
Y le muestra buena voluntad.
Lata en nuestros pechos noble gratitud
Hacia el que nos brinda redención;
Y a Jesús el Cristo, que nos da salud,
Tributemos nuestra adoración.
WILLIAM O. CUSHING (1823-1902)

¡Alabado sea tu maravilloso nombre, oh Cristo! Me regocijo, no en mis logros sino en lo que tu bondad me ha permitido hacer con mi vida para tu honra y tu gloria. Amén y amén.

2 de diciembre

Doy gracias a mi Dios siempre que me acuerdo de vosotros, siempre en todas mis oraciones rogando con gozo por todos vosotros, por vuestra comunión en el evangelio, desde el primer día hasta ahora; estando persuadido de esto, que el que comenzó en vosotros la buena obra, la perfeccionará hasta el día de Jesucristo.

FILIPENSES 1:3-6

La comunidad de los hermanos es lo más dulce, a excepción del cielo. No es que nos necesitemos los unos a los otros. Es decir, no nos necesitamos en un sentido extremo, aunque como iglesia sí que nos necesitamos. No hay nada más maravilloso que esa dulce comunión entre los hermanos.

Me hallaba predicando en Pensilvania, en el campamento Mahaffey, y después de un rato se acercó una pareja y la esposa me miró los pies. Mi talla es grande, pero no es eso lo que la mujer miraba.

Al fin dijo: «Me preguntaba si eran pies de barro. Jamás tuve un ídolo hasta ahora que no acabara teniendo pies de barro».

Le dije: «Señora ¡sí que son de barro mis pies!» Todos nos reímos.

Si la predicación llega a ser de ayuda para alguien, esa persona tiende a ponernos en un pedestal. Jamás cometas ese error.

A mi congregación le he dicho que no me amen tanto como para necesitarme. No hay hombre o mujer que me sea necesario, sino solo Dios. Si alguien se hace necesario en mi vida, pierdo mi perspectiva de la gracia de Dios.

Libre, salvo del pecado y del temor,
Libre, salvo, en los brazos de mi Salvador.
Cuán dulce es vivir, cuán dulce es gozar
En los brazos de mi Salvador.
Allí quiero ir y con él morar,
Siendo objeto de su tierno amor.

ELISHA A. HOFFMAN (1839-1929)

Oh Dios amado, me eres tan necesario que no necesito a nadie más.
Eso hace que la comunión con otros creyentes sea tan dulce.
En el nombre de Jesús. Amén.

3 de diciembre

Entre la entrada y el altar lloren los sacerdotes ministros de Jehová, y digan: Perdona, oh Jehová, a tu pueblo, y no entregues al oprobio tu heredad, para que las naciones se enseñoreen de ella. ¿Por qué han de decir entre los pueblos: Dónde está su Dios?

JOEL 2:17

Tengo un librito que llevo conmigo a todas partes desde hace años. Es un libro de oraciones, pero no uno que pudieras comprar en una librería. Yo anoto mis oraciones. Creo que tengo el libro desde hace unos dieciocho años, y repaso esas oraciones muy seriamente, ante Dios.

Este librito de oraciones es importante para mí porque tengo un entendimiento con Dios. No trato de hacer que Él piense que soy mejor de lo que sé que soy. Por naturaleza y conducta, soy el peor de los peores. Pero justamente por eso quiero que Dios haga por mí más de lo que haya hecho por cualquier otro. Creo que tengo derecho a pedirlo porque la Biblia dice que allí donde abunda el pecado sobreabunda la gracia.

Si la bondad de Dios se especializa en los casos difíciles y puede brillar con luz más intensa donde hay oscuridad, esa oscuridad podría ser yo.

No importa cuál haya sido tu pasado, puedes empezar de nuevo con Dios en este momento. No importa de qué modo le hayas fallado a Dios, puedes volver a casa ahora mismo.

¡Oh dulce, grata oración! Tú del contacto mundanal
Me elevarás a la mansión del tierno Padre Celestial.
Huyendo yo de la tentación y toda influencia terrenal.
Por Cristo que murió por mí, será mi ruego oído allí.
¡Oh dulce, grata oración!
A quien escucha con bondad elevas tú mi corazón:
A Dios que ama con verdad.
Espero yo su bendición perfecta paz y santidad,
Por Cristo que murió por mí, por Él que me ha salvado aquí.

WILLIAM W. WALFORD (1772-1850)

Bendito sea tu nombre, oh Señor y Salvador. Mi pecado, aunque sea el peor de todos, no puede agotar tu abundante gracia. Te doy gracias por llamarme a la comunión contigo. Amén.

4 de diciembre

Ten piedad de mí, oh Dios,
conforme a tu misericordia;
conforme a la multitud de tus piedades borra mis rebeliones.
SALMOS 51:1

En nuestra iglesia, un joven acudió a verme tras haberse convertido. Me dijo: «Estoy en un lío terrible. Ahora soy salvo, pero estoy en problemas con la ley. Tengo que ir a la policía y confesar. Y cuando vaya y confiese, seguro que me encerrarán».

«Bueno», contesté. «Mejor encerrado que en el infierno. De la cárcel se sale, pero del infierno, no».

El hombre fue al departamento de policía al día siguiente, y supuse que no volvería a verlo. Pensé que predicaría para uno menos. Pero el domingo siguiente allí estaba, casi al frente, y su rostro resplandecía. Fui a hablarle más tarde: «Te ves muy contento. ¿Qué pasó?»

«Fui, confesé y les informé lo que había hecho. Después les dije que me había convertido y que quería arreglar las cosas». Me dijo que fueron a ver los libros y que no habían encontrado ninguna acusación en su contra. Podrían haber encontrado algo, claro; pero no quisieron, así que lo dejaron ir. Dios es bueno, muy bueno.

Aunque sean como escarlata, tus pecados borraré.
Aunque sean rojos cual grana como nieve los haré.
Sí, aunque sean como escarlata yo los lavaré.
Aunque sean como escarlata tus pecados lavaré.
FANNY J. CROSBY (1820-1915)

Padre, te doy gracias por cómo limpias nuestro pecado. Te doy gracias por el Señor Jesucristo, el Cordero inmolado antes de la fundación del mundo. ¡Aleluya sea al Cordero! Amén.

5 de diciembre

Venid luego, dice Jehová, y estemos a cuenta: si vuestros pecados fueren como la grana, como la nieve serán emblanquecidos; si fueren rojos como el carmesí, vendrán a ser como blanca lana.

ISAÍAS 1:18

Cuando era joven me gustaba colarme en los vagones de carga para viajar de un pueblo a otro. También, en ocasiones, me colgaba de los ejes del vagón.

Cuando me convertí, me molestaba lo que había hecho y por eso le escribí al gerente de tráfico: «Estimado señor: me he convertido a Jesucristo y ahora soy cristiano; por lo que quiero enderezar mi vida. Hace un tiempo, solía viajar de polizonte y ahora querría que usted me envíe la cuenta para pagar la deuda. Estoy dispuesto a pagar».

Recibí luego una carta de un funcionario. Decía:

Estimado señor, hemos recibido su carta. Notamos que se ha convertido y que quiere vivir una vida cristiana. Queremos felicitarlo por ser cristiano. Ahora, sobre lo que nos debe. Suponemos que no tuvo muy buen servicio de parte de nuestra compañía cuando viajaba, y por eso decidimos olvidar todo este asunto.

Con cordiales saludos,

Gerente de Tráfico.

En realidad, yo no tenía suficiente como para pagar todo lo que le debía a la empresa de ferrocarriles. Pero Dios es bueno, y mi conciencia quedó libre y limpia.

Oí decir al Salvador: «Tu fuerza en verdad es poca,
Pequeña, débil, mira y ora, y encuéntrame Tuyo siempre, en todo».

ELVINA M. HALL (1820-1889)

Padre de toda misericordia, te alabo por perdonarme.
No podría pagar mi deuda contigo pero alabo al Señor Jesús porque la pagó por mí.
¡Alabado sea tu nombre! Amén.

6 de diciembre

A todos los sedientos: Venid a las aguas; y los que no tienen dinero, venid, comprad y comed. Venid, comprad sin dinero y sin precio, vino y leche.
ISAÍAS 55:1

Aunque Dios es justo y santo, es severo con la incredulidad y el pecado. Debido a la vastedad de su gracia, no lo ignora. Su juicio contra el pecado es más que severo: es definitivo y final.

Si hay algo vicioso en tu vida, cualquier cosa que sea, torcida, un pecado, no tienes por qué perder las esperanzas. Si no eres cristiano o si te convertiste pero volviste a pecar en algún momento, Dios es bueno, infinitamente bondadoso y te llama para que vuelvas a Él. Dios nunca se cansa de invitarnos a acudir a Él para sentir su bondad y probar su maravillosa gracia.

Cuando acudes a Jesucristo, recuerda que la bondad de Dios se canaliza a través de su Hijo Jesucristo. Jesús dijo: «Nadie viene al Padre, sino por mí» (Juan 14:6).

El Padre siente gozo inefable cada vez que un pecador regresa a casa. Está esperando que lo hagas, tal como eres ahora. Espera que vengas sin que intentes ser mejor, sin que te arregles primero. Ven, así como estás, y permite que te perdone, te limpie y te haga tal como Él quiere que seas.

Ven y experimenta la bondad de Dios.
Tal como soy, sin más decir, que a otro yo no puedo ir,
Y tú me invitas a venir; bendito Cristo, heme aquí.
Tal como soy, sin demorar del mal queriéndome librar;
Tú solo puedes perdonar, bendito Cristo, heme aquí.
Tal como soy, en aflicción, expuesto a muerte y perdición;
Buscando vida y perdón, bendito Cristo, heme aquí.
CHARLOTTE ELLIOTT (1789-1871)

Padre nuestro que estás en los cielos, te doy gracias porque me invitaste a venir a ti tal como soy. El cambio, la transformación están en tus manos. Anhelo ser todo lo que quieres que sea. Es mi oración, en el nombre de Jesús, amén.

7 de diciembre

Toda buena dádiva y todo don perfecto descienden de lo alto, del Padre de las luces, en el cual no hay mudanza, ni sombra de variación.
SANTIAGO 1:17

El vocablo «inmutable» es el negativo de «mutable», que proviene del latín y cuyo significado es: sujeto a cambio. Muchas veces usamos la palabra «mutación» para referirnos a un cambio en la naturaleza o sustancia de algo. La mutabilidad entonces significa estar sujeto al cambio y la inmutabilidad se refiere a lo que no está sujeto al cambio.

Muchos recordarán el poema de Percy Bysshe Shelley que nos enseñaban en la escuela, en el que la nube habla:

Soy la hija de la tierra y el agua,
Pequeñísima del cielo,
Puedo pasar por los poros de océanos y costas,
Cambio, pero no puedo morir jamás.

Hoy es nube pero al día siguiente será vapor, y luego volverá a ser nube. Cambia constantemente, y pasa por los poros de océanos y costas. Cambia porque es mutable.

En Dios no hay mutación posible. Santiago lo dice con toda claridad: Dios no cambia. En el Antiguo Testamento Dios afirma: «Porque yo Jehová no cambio». Él es el único que puede decir eso, en todo el universo. Dios no cambia nunca, y jamás difiere de sí mismo.

Gran Padre de gloria, puro Padre de luz,
Tus ángeles te adoran, velando su vista.
Te alabamos, oh, ayúdanos a ver
El esplendor de la luz te oculta a nuestros ojos. Amén.
WALTER CHALMERS SMITH (1824-1908)

Dios eterno, reposo en tu inmutabilidad. Mi vida siempre está cambiando para mejor o para peor, pero en ti no hay cambio alguno. Hoy alabo tu grandioso nombre. Amén.

8 de diciembre

Porque yo Jehová no cambio; por esto, hijos de Jacob, no habéis sido consumidos.
MALAQUÍAS 3:6

Nuestra ancla, en las tormentas de la vida, es que no hay posibilidad de cambio en Dios, en que Dios jamás será diferente a sí mismo.

En la vida sufrimos mucho cuando vemos cómo cambia la gente. Tal vez, le escribías a un amigo una vez por semana y ahora ya hace cinco años que no le escribes. Hubo un cambio: o cambió esa persona, o cambiaste tú, o cambiaron las circunstancias.

Los bebés son pequeñitos, tiernos y es tan lindo tenerlos en brazos. Pero si les das tiempo, eso cambia. La tendencia a aferrarse a mamá desaparece y el pequeño se para con los brazos en forma de jarra, arrogante. Ahora es alguien, y eso es un cambio.

A mi esposa y a mí nos gusta mirar las fotografías de nuestro álbum de vez en cuando. Nuestros hijos eran tan pequeñitos, es una delicia. Pero ahora son hombres grandes, altos, delgados y ya no son lo que eran antes. Pero si les das unos cuarenta años más, tampoco serán lo que son hoy. Cambio. De eso se trata la vida.

En un mundo de cambios constantes hay Uno que nunca cambia.

Oh tú, el Eterno,
Cuya bondad permanece por siempre,
Exaltado eres por sobre todas las cosas
Porque tú eres grande y tú eres bueno.
ELSIE BYLER (1883-1957)

Amado Dios, me rodea el cambio por todas partes y a veces es incómodo.
Mi ancla hoy está en la verdad de tu inmutabilidad.
Alabado seas Dios, tú eres el mismo ayer, hoy y siempre.
Amén.

9 de diciembre

Por tanto, al Rey de los siglos, inmortal, invisible, al único y sabio Dios, sea honor y gloria por los siglos de los siglos. Amén.
1 TIMOTEO 1:17

Nos rodea el cambio y el deterioro. Frederick Faber escribió: «mi corazón está enfermo». Mires donde mires en estos días, el cambio es inevitable. Las cosas ya no son lo que eran antes. No soy de los que lloran por el pasado, por la simple razón de que el pasado no era tan bueno como lo recordamos.

Cuando era muy joven recuerdo que me sentaba y oía hablar a los hombres mayores que añoraban «los buenos tiempos de antaño». Cuando pienso en el cambio, en este aspecto, no es eso lo que considero.

No soy de los que ven la vida en positivo. Por naturaleza, la verdad es que soy bastante negativo.

Hay algo bueno en el cambio: como todo cambia, eso proclama que el Señor es eternamente el mismo y nunca cambia. No hay «señales de cambio» en Dios. Es un hecho teológico. Es algo sobre lo que puedes edificar.

No razono ni pienso que podría creer. Razono porque creo. Pienso, no para poder tener fe, sino a causa de que tengo fe. Todo mi razonamiento y todos mis pensamientos me llevan a la maravillosa verdad de que Dios nunca cambia.

¡Oh Señor!, mi corazón está enfermo,
Enfermo de este cambio continuo,
De la vida que vuela tediosa y veloz,
En una carrera sin pausa, siempre distinta.
El cambio no tiene parecido en ti,
Y no despierta ecos en tu muda eternidad.
FREDERICK W. FABER (1814-1863)

Oh Señor, mi corazón se enferma cuando veo el cambio y el deterioro que me rodea. Cuando me centro en ti, siento gozo porque el cambio no tiene parecido alguno contigo. ¡Alabado sea el nombre de Jesús! Amén.

10 de diciembre

El cual [el Señor Jesucristo] transformará el cuerpo de la humillación nuestra, para que sea semejante al cuerpo de la gloria suya, por el poder con el cual puede también sujetar a sí mismo todas las cosas.

FILIPENSES 3:21

La manzana que está en el árbol cambia, de verde a madura, de peor a mejor. Déjala allí lo suficiente y volverá a cambiar, de mejor a peor, para pudrirse y caer del árbol. El cambio es importante en todo lo creado. La palabra clave es «creado».

Cuando se trata de Dios, entramos en el área de lo no creado. Dios no puede cambiar. Para que Dios fuese diferente de sí mismo, o para que cambiara en algún aspecto, tendría que ocurrir una de tres cosas. Debería ir de mejor a peor, de peor a mejor, o cambiar de un tipo de ser a otro tipo de ser. Puedo aceptar el cambio en todas las áreas de la vida, pero no en Dios. Nuestro problema es que pensamos que Dios es como nosotros en todos los aspectos. Es un concepto difícil de entender cuando meditamos en el carácter y la naturaleza de Dios.

Dios, el ser eterno, jamás podrá ser menos de lo que es hoy. Y nunca podrá ser más de lo que es hoy. Dios es perfecto. Ha sido perfecto siempre y siempre lo será. Por eso es que podemos confiar en Él.

No teme cambios mi alma
Si mora en santo amor;
Segura es tal confianza,
No hay cambios para Dios.
Si ruge la tormenta
O sufre el corazón,
Mi pecho no se inquieta,
Pues cerca está el Señor.

ANNA L. WARING (1823-1910)

Querido Dios, te doy gracias por los cambios que obraste en mi vida para que pueda parecerme más a ti. Alabado sea el nombre de Jesús. Amén.

11 de diciembre

Por tanto, nosotros todos, mirando a cara descubierta como en un espejo la gloria del Señor, somos transformados de gloria en gloria en la misma imagen, como por el Espíritu del Señor.
2 CORINTIOS 3:18

Los cambios son necesarios en todo, en las personas y en las criaturas. Pero en Dios no hay cambio necesario. Dios, al ser la deidad eternamente santa, no cambia de mejor a peor, ni de peor a mejor. Es siempre el mismo.

No puedes pensar en Dios como menos santo de lo que es hoy, ni menos recto y justo, ni menos misericordioso. Lo que Dios es, lo será para siempre, por toda la eternidad.

Esto es bueno para Dios, pero no para nosotros. Nosotros tenemos que cambiar. A veces vemos personas que cambian de lo bueno a lo malo, y ocasionalmente, otras cambian de malos a buenos. La creación toda está en un flujo constante. Gracias a Dios, Él es inmutable y es el fundamento de todo nuestro cambio.

Como Dios no puede cambiar, puede llegar a quienes cambiamos constantemente, para llevarnos a la armonía con su naturaleza. El cambio más grande es en la conversión. Pero ese es solo el principio. A lo largo de nuestra vida, Dios obra cambios maravillosos en nosotros, de gloria en gloria. El criterio de nuestros cambios no es otro más que el Señor Jesucristo.

Santo, Santo, Santo; aunque estés velado,
Aunque el ojo humano tu faz no pueda ver;
Solo tú eres santo, como tú no hay otro;
Puro es tu amor, perfecto es tu poder.
REGINALD HEBER (1783-1826)

Me regocijo, oh Padre, en ese fundamento inmutable que eres tú. Miro a Cristo y me regocijo en los cambios que estás obrando en mi vida para que pueda ser más como Él. ¡Aleluya al Cordero! Amén.

12 de diciembre

Ahora vemos por espejo, oscuramente; mas entonces veremos cara a cara. Ahora conozco en parte; pero entonces conoceré como fui conocido.
1 CORINTIOS 13:12

Por cada hombre bueno que encuentres, siempre habrá alguien que sea mejor. Y por muy mala que sea una persona, siempre aparece otra que es peor. La humanidad es así.

De Dios no puede decirse lo mismo. Dios es la cumbre, la cima, la fuente, lo más alto. Con Dios no hay grados ni matices.

Creo que podemos decir que entre los ángeles sí hay grados y, por cierto, los hay en las personas. Pero en Dios no los hay. Por eso hay palabras que no se aplican a Dios. Palabras como «más grande» o «mejor», no aplican a Dios. No puedes decir que Dios es más grande porque eso lo pondría en posición de competir con alguien más que sea grande.

Dios no vive de acuerdo al tic-tac del reloj, ni a la órbita de la tierra en torno al sol. Dios no observa las estaciones ni los días, aunque permite que nosotros lo hagamos porque vivimos dentro del fluir del tiempo. Seguimos al sol que se pone por la noche y aparece en la mañana, y al año que avanza en torno al sol, y que nos dice qué hora es. Pero Dios permanece siempre igual, siempre el mismo, eternamente.

En presencia estar de Cristo,
Ver su rostro, ¿qué será?
Cuando al fin en pleno gozo
Mi alma le contemplará.
CARRIE E. BRECK (1855-1934)

Dios eterno, en el universo nada te desafía. Lo que eres, lo has sido siempre y eso trae consuelo y estabilidad a mi vida, que parece cambiar continuamente. ¡Alabado sea el nombre del Señor Jesucristo mi Salvador! Amén y amén.

13 de diciembre

A ti te fue mostrado, para que supieses que Jehová es Dios,
y no hay otro fuera de él.
DEUTERONOMIO 4:35

La semana que viene tomaré un vuelo a Chicago y allí subiré a otro avión para viajar a Wichita, desde donde iré en automóvil hasta Newton, en Kansas, porque predicaré en una conferencia sobre la Biblia. Voy a un lugar, un destino. Y una vez allí seguiré viajando hacia otro lugar. Es más o menos lo que sucede con la humanidad. Siempre en movimiento.

Eso nunca sucede con Dios. Dios no está en un lugar para moverse hacia otro. Porque Dios llena todos los lugares. No importa si estás en India, en Australia, Sudamérica, California o cualquier otro lugar en el mundo o en los espacios estelares, Dios ya está allí.

Nosotros podemos ir hacia atrás, hacia adelante, arriba o abajo pero todos esos movimientos y direcciones no se aplican a Dios. Dios es omnipresente. Dios ya está en todas partes y los cielos no pueden contenerle.

Dios, el Dios eterno, permanece sin cambios. Es decir, es inmutable.

¡Señor de todo ser!, distante entronizado,
Ante tu gloria desde el sol y el astro;
Centro y alma de todas las esferas,
De cada amante corazón ¡cuán cerca!
OLIVER WENDELL HOLMES (1809-1894)

Amado Dios, es mi gozo saber que dondequiera que esté, tú estás allí.
Tu presencia es el gozo y la fuerza de cada día en mi vida.
Esta es mi oración, en el nombre de Jesús, amén.

14 de diciembre

He aquí, os digo un misterio: No todos dormiremos; pero todos seremos transformados, en un momento, en un abrir y cerrar de ojos, a la final trompeta; porque se tocará la trompeta, y los muertos serán resucitados incorruptibles, y nosotros seremos transformados.

1 CORINTIOS 15:51-52

Los cambios pueden ser misteriosos. Parte de ser criaturas implica que cambiamos, de una cosa a la otra, de un tipo de ser a otro.

Esa mariposa primaveral es preciosa y te deja sin aliento, pero en sus inicios es apenas un gusano que luego cambia para transformarse en algo bellísimo, una criatura muy diferente en verdad.

Es algo que he observado en casa también, en ocasiones. Jamás sé de dónde vienen, pero cada tanto aparece una de esas polillas grandes como la palma de mi mano. En sus inicios han sido un capullo, un gusano envuelto en ropa de invierno. Rara vez lo notas cuando son gusanos, pero luego cuando se han convertido en lindas polillas dices: «Ah, ¿no es bello esto? ¿No te parece hermoso?» Así que, con delicadeza, agarras una y la dejas que eche a volar.

Hace poco no era más que un triste gusano lleno de pelos que se arrastraba por el polvo. Ni lo habrías tocado. Pero ahora lo ves y dices: «¿No es hermoso?»

Cuando nos convertimos en cristianos también cambiamos. Pasamos de ser un tipo de criatura, a otro tipo. Son los cambios morales obrados en la persona por medio del poder de Jesucristo.

Cuan glorioso es el cambio operado en mi
Ser viniendo a mi vida el Señor;
Hay en mi alma una paz que yo ansiaba tener,
La paz que me trajo su amor
Soy feliz con la vida que Cristo me dio
Cuando Él vino a mi corazón.

RUFUS H. MCDANIEL (1850-1940)

Padre, hoy te alabo por el Señor Jesucristo, que operó cambios tan maravillosos en mi vida. Ansío el momento de ese último gran cambio, en que pueda ser como Él, porque entonces le veré tal como es en verdad. Amén.

15 de diciembre

Luego nosotros los que vivimos, los que hayamos quedado, seremos arrebatados juntamente con ellos en las nubes para recibir al Señor en el aire, y así estaremos siempre con el Señor. Por tanto, alentaos los unos a los otros con estas palabras.

1 TESALONICENSES 4:17-18

Disfruto al cantar los himnos de John Newton. Fue un gran predicador y, al menos en mi opinión, un gran compositor de himnos. ¿Sabías que antes de su conversión era uno de los hombres más viles que haya existido? Lee su testimonio cuando tengas un momento. Hubo pocos hombres más malvados que John Newton.

Juan Bunyan, autor de *El progreso del peregrino* también era un hombre vil antes de su conversión a Jesucristo.

Podemos ir incluso al Nuevo Testamento y encontrar allí a un hombre llamado Saulo, que luego fue el apóstol Pablo. Él mismo se consideraba el peor de los pecadores.

Todos esos hombres fueron luego santos de Dios. Gracias a Dios, una persona mala puede cambiar por la gracia divina y convertirse en alguien bueno. Esos hombres no eran inmutables. Si lo hubieran sido, no habría habido esperanza para ellos. Gracias a Dios, tú y yo no somos inmutables. Somos capaces de cambiar, por la gracia de Dios.

Dios no puede cambiar. Él es inmutable. No puede cambiar pero sí puede cambiar nuestras vidas; efectiva y eternamente puede cambiarlas. Ese cambio está completamente en manos de aquel que no puede cambiar.

En aquel día sin nieblas en que muerte ya no habrá,
Y su gloria el Salvador impartirá,
Cuando los llamados entren a su celestial hogar
Y que sea pasada lista allí he de estar.

JAMES M. BLACK (1856-1938)

Oh Dios, por los cambios que obraste en mí, puedo esperar una vida abundante en tu gracia. Amén y amén.

16 de diciembre

Por tanto, id, y haced discípulos a todas las naciones, bautizándolos en el nombre del Padre, y del Hijo, y del Espíritu Santo.

MATEO 28:19

Cuando digo que Dios es siempre el mismo, me refiero a las tres personas de la Trinidad. Lo que vale para una de las personas de la Trinidad, vale para todas ellas. Si una de ellas es incomprensible para nosotros, las tres lo son. Repasa la cantidad de atributos de Dios y lo que digas del Padre puedes decirlo del Hijo sin modificaciones. Lo que digas del Padre y del Hijo podrás decirlo del Espíritu Santo sin alteraciones. Son una única sustancia y juntas han de ser adoradas y glorificadas. Cuando decimos que Dios es el mismo estamos diciendo que Jesucristo es el mismo, y que el Espíritu Santo es el mismo.

Todo lo que Dios ha sido, lo sigue siendo. Todo lo que Dios fue y es, lo seguirá siendo siempre.

Es algo que tenemos que recordar. Creo que eso te ayudará en el momento de la tribulación, en la muerte, en la resurrección y en el mundo por venir. Es importante saber que todo lo que Dios ha sido sigue siéndolo, y que lo que fue y es, lo seguirá siendo siempre. Su naturaleza y sus atributos son inmutables, por toda la eternidad.

Tu Ser llena por siempre,
Con tu propia llama,
En ti mismo, destilas
Unciones inefables.
Sin la adoración de las criaturas,
Sin velar tus facciones
¡Dios siempre, el mismo!

FREDERICK W. FABER (1814-1863)

Te adoro, bendita Trinidad. La esencia de tu naturaleza me sobrecoge, pero mi corazón está dispuesto a alabarte. Aleluya por la cruz que me ha llevado a ti, Padre, Hijo y Espíritu Santo. Amén.

17 de diciembre

Así que, hermanos míos amados, estad firmes y constantes, creciendo en la obra del Señor siempre, sabiendo que vuestro trabajo en el Señor no es en vano.
1 CORINTIOS 15:58

Más o menos en esta época del año suelo pasar algo de tiempo repasando viejos sermones y algunos artículos que escribí durante los últimos meses. Al verlos suelo preguntarme por qué escribí o por qué prediqué ese sermón.

Los repaso desde el punto de vista del presente, y puedo ver dónde podría mejorar o cambiar en forma importante. Lo triste es que ya no puedo mejorarlos. Lo escrito, escrito está y ya no está dentro de mis posibilidades hacer cambios o editarlos.

Si esto lo presento ante Dios y repaso las cosas que ha hecho y las cosas que ha revelado, ya no tengo espacio para mejorar nada. Cuando Dios hace algo, lo hace con el beneficio de la absoluta y perfecta sabiduría. Con la idea de conocer el final desde el principio. Nada de lo que Él diga puede mejorarse, y nada de lo que haga necesitará cambios.

Gracias a Dios que no tiene una pizarra donde anota y califica para efectuar cambios en su obra. Para mí, eso es motivo de confianza en todo lo que Dios está haciendo hoy en mi vida. Cuando Él toma una decisión, es absolutamente definitiva, final y perfecta.

¡Ven a trabajar! ¿Quién querrá estar ocioso en la planicie, mientras le rodean las doradas espigas?
Todos los siervos oyen decir al Maestro:
«Ven a trabajar» hoy mismo.
JANE L. BORTHWICK (1813-1897)

Oh Señor, mi obediencia hoy se basa en mi confianza en tu Palabra.
Lo que digas hoy, será verdad y válido mañana.
Te sigo todo el camino, hasta llegar a casa. Amén.

18 de diciembre

Porque ya conocéis la gracia de nuestro Señor Jesucristo, que por amor a vosotros se hizo pobre, siendo rico, para que vosotros con su pobreza fueseis enriquecidos.
2 CORINTIOS 8:9

Me encanta pensar en el hecho de que Jesucristo es lo que es Dios. Muchos tienen una idea caricaturesca de Jesús, que nada tiene que ver con lo que nos dice la Biblia.

Recuerda que Jesucristo es la segunda persona de la Trinidad y que como tal es todo lo que es el Padre y todo lo que es el Espíritu Santo. Los tres son absolutamente iguales en todas las cosas.

Uno de los aspectos de la Trinidad es que Dios nunca cambia.

Y la voluntad de Dios para las criaturas morales no cambia nunca. Dios no hace excepciones, no hace acepción de personas. Su intención es que las criaturas morales siempre sean como Él, siempre santas, siempre puras, siempre verdaderas.

Si bien Dios soporta ciertas cosas porque seguimos siendo hijos y nos cuesta entender sus eternos propósitos con nosotros, no nos excusa. El modelo de nuestra conducta es Jesús, simplemente. Si quieres saber cómo es Dios, lee la historia de Jesús. Y si quieres saber qué espera Dios de ti, conoce a Jesús.

La fuerza absoluta de la Trinidad en la plenitud de los atributos de Dios se centra en hacernos parecidos a Jesús.

Tú dejaste tu trono y corona por mí,
Al venir a Belén a nacer;
Mas a ti no fue dado el entrar al mesón.
Y en establo te hicieron nacer.
EMILY E. S. ELLIOTT (1836-1897)

Nuestro Padre celestial, anhelo ver en mí la plenitud de Jesús y sé que tu propósito es completar eso en mi vida. Hoy quiero andar en esa plenitud.
Amén.

19 de diciembre

Y le dijeron: ¿Oyes lo que éstos dicen? Y Jesús les dijo: Sí; ¿nunca leísteis: De la boca de los niños y de los que maman perfeccionaste la alabanza?

MATEO 21:16

En el Nuevo Testamento hay un incidente muy interesante que tiene que ver con Jesús y los niños. Los discípulos intentaban alejarlos porque Jesús tenía cosas más importantes que hacer. O al menos, eso pensaban. Pero Jesús les hizo cambiar de idea, cuando levantó a un bebé y puso su mano sobre la cabecita del pequeño.

El incidente nos muestra lo que siente Dios respecto de los niños. Y puedo entender que Dios ame a los bebés. ¿Quién no los ama? Dios los tiene en tan alta estima que cuando Jesús vino a este mundo para ser el Salvador de todos, vino en forma de bebé.

En ciertos casos no entiendo cómo Dios puede amar a determinadas cosas. Como por ejemplo, no logro entender por qué Dios me ama tanto. Creo que es una de las dificultades teológicas más grandes que tengo.

No estoy buscando que me creas humilde. Estoy afirmando algo que es cierto. Puedo entender por qué Dios ama a los bebés pero no logro saber por qué es que me ama a mí.

Jesús ama a los pequeños. Los alzaba y los bendecía. Los discípulos creían que Jesús tenía trabajos más importantes que hacer, que andar palmeando la cabeza de los niños. A veces nos ocupamos tanto de pensar y hablar de teología que pasamos por alto las cosas que Jesús consideraba importantes.

¿Qué niño es este que al dormir en brazos de María
Pastores velan, ángeles le cantan melodías?
Él es el Cristo, el Rey,
Pastores, ángeles cantad;
Venid, venid a él,
Al hijo de María.

WILLIAM CHATTERTON DIX (1837-1898)

Perdóname, Señor, cuando me preocupo por cosas que ocupan tanto lugar en mi vida y desplazan aquellas que fueron importantes para ti. Hoy quiero humillarme ante ti y aprender a apreciar las cosas tal como las aprecias tú. Amén.

20 de diciembre

Pero Jesús dijo: Dejad a los niños venir a mí, y no se lo impidáis; porque de los tales es el reino de los cielos. Y habiendo puesto sobre ellos las manos, se fue de allí.
Mateo 19:14-15

En la ciudad de Chicago había una escuela dominical en la que la mayoría de los niños eran italianos. Una de las cosas que hacían en clase era memorizar versículos de las Escrituras. Casi todos esos niños vivían en la calle, con las veredas como patio de juegos. Hablaban el lenguaje de las calles.

Conocí a una pequeña que se llamaba Rosie. Y un domingo se memorizó el versículo que dice: «Dejad que los niños vengan a mí». Al día siguiente en la escuela la maestra les pidió que recitaran el pasaje que habían aprendido en la escuela dominical el día anterior. Rosie levantó la mano y la maestra dijo: «Bien, Rosie, dilo, así podemos oírlo».

La pequeña no dominaba la versión Reina Valera de la Biblia y dijo: «Dejen que vengan a mí los niños y no les digan que no pueden hacerlo porque ellos son míos». Se sabía el versículo. Al menos entendía el concepto del amor de Dios.

El Señor ama a los niños, a la prostituta, al publicano, a pecadores de toda clase. Siempre nos amó y sigue pensando lo mismo respecto de esas personas, y les ofrece la vida eterna. Dios no cambia sus sentimientos hacia la gente, a pesar del hecho de que la gran mayoría de las personas lo rechace.

Los niños pequeños
Que aman a su Redentor,
Son las joyas preciosas
Y amadas, suyos son.
WILLIAM O. CUSHING (1823-1902)

Amado Señor Jesús, que dejas que los niños vengan a ti, te alabo porque tu amor nunca cambia. Tu amor que no cambia me ha cambiado a mí para siempre. Alabado sea tu maravilloso nombre, amén.

21 de diciembre

Él envía su palabra a la tierra; velozmente corre su palabra.
Da la nieve como lana, y derrama la escarcha como ceniza.
SALMOS 147:15-16

Vivimos en un mundo que cambia todo el tiempo y me alegro de que así sea. Me alegro de que cambie el clima. Si en estos días de frío tenemos paciencia, sabemos que llegará la primavera y volverán los pájaros. Ellos se van cuando llega el frío, para irse a Florida y Sudamérica, donde se quedan mientras dure el invierno.

Siempre me siento un poco triste cuando las aves, que tanto amo, me abandonan para irse al sur. Hay dos clases de aves: las que tienen plumas, y las que yo llamo pájaros de iglesia. Se van al sur y no vuelven hasta que haya pasado el frío y puedan sentarse en el porche de su casa. Pero algunos tenemos que quedarnos aquí, soportando el invierno y lo que traiga, esperando que llegue ese cambio.

Me gusta cuando el hombre del pronóstico anuncia: «Hoy el clima será moderado». «Moderación», algo que me recuerda a «mutación», un cambio, que significa que no hará tanto frío. Me gusta, a menos que sea en agosto, por supuesto porque en ese momento no me alegra tanto. El cambio es lo que hace de nuestro mundo lo que es. Ese cambio no sería posible sin la naturaleza y carácter inmutables de Dios.

Honor, loor y gloria a ti buen Salvador,
Cual niños que cantaron hosannas al Señor.
Y hebreos que con palmas te dieron recepción.
Tu pueblo te ofrece sincera aclamación.
Tú, de David el Hijo de Israel el Rey.
Así te recibimos los miembros de tu grey.
TEODULFO DE ORLÉANS (760-821)

Oh Dios, te alabo por tu naturaleza inmutable. Te alabo porque en medio del peor invierno puedo anticipar que llegará la primavera y el verano. El cambio está en tus manos y te alabo por ello. Amén.

22 de diciembre

De la higuera aprended la parábola: Cuando ya su rama está tierna, y brotan las hojas, sabéis que el verano está cerca. Así también vosotros, cuando veáis todas estas cosas, conoced que está cerca, a las puertas.
MATEO 24:32-33

Este es el momento del cambio. Y digo: dejen que los seres humanos cambien, en tanto Dios permanece siempre el mismo. He visto cambios en la escatología, de la ansiosa expectativa por Jesús, al punto en que hoy nos disculpamos por la venida de Cristo.

He visto cambios en la teología en círculos evangélicos, de la certeza de la inspiración de las Escrituras a la incertidumbre y la anémica apología. En círculos evangélicos he visto el cambio, de la creencia en que la iglesia de Cristo debiera separarse del mundo, a un lento apartamiento de este principio. Hemos llegado al punto en que la gente se disculpa por nuestra actitud ante el mundo e intentan buscar un terreno central para el entendimiento.

Es obvio que olvidamos lo que dijo Juan: «Si alguno ama al mundo, el amor del Padre no está en él» (1 Juan 2:15).

Muchas veces oímos decir: «Los tiempos cambian y hay que *actualizarse*». Creo que Salomón dijo algo mejor, cuando expresó: «Nada nuevo hay debajo del sol» (Eclesiastés 1:9).

He visto todos esos cambios nuevos, pero lo que alegra a mi corazón es que Dios no ha cambiado. La Biblia no ha cambiado. La verdad de Dios no ha cambiado. La sangre de Jesús no ha cambiado. Dios sigue teniendo la solución para nuestros problemas. Gracias a Dios, eso no cambió.

Cristo viene de los cielos, sed templados y velad,
Siempre aprovechad el tiempo, suenta estrecha habéis de dar...
A los que aman su venida, Cristo el justo Juez dará
La corona de justicia que no se marchitará.
WILLIAM CHATTERTON DIX (1837-1898)

Oh, tú que eres el Anciano de días en quien no hay cambio ni matices. Sigo creyendo en tus caminos de siempre y en que todas las cosas están en tus manos, incluyendo mi vida hoy. Alabado sea el nombre de Jesús, amén.

23 de diciembre

Jehová con sabiduría fundó la tierra;
afirmó los cielos con inteligencia.
PROVERBIOS 3:19

La sabiduría de Dios es el tema preeminente en las Escrituras. Desde el huerto del Edén hasta el pesebre de Belén, la sabiduría de Dios es el hilo conductor.

Había sabiduría en la creación de la tierra, entendimiento en la creación de los cielos, y discernimiento al planear la extensión del mundo. Lo que significa todo esto es que comenzamos por la fe en Dios. No razonamos para poder creer sino que razonamos porque ya creemos. Si tengo que razonar para llegar a la fe, entonces podría volver a razonar para no creer más. La fe es un órgano de conocimiento y lo que creo y sé es por revelación divina. Cuando lo sé por fe, entonces puedo razonarlo.

Comenzamos entonces por la fe en Dios. No ofrecemos prueba de que Dios es sabio. Si yo intentara probar que Dios es sabio, el alma amargada no lo creería por perfectamente que lograra redactar un argumento convincente. Y el corazón que adora ya sabe que Dios es sabio, por lo que no necesita pruebas de ello. El bebé del pesebre en Belén fue el epítome absoluto de la sabiduría, del entendimiento y del discernimiento de Dios. Yo lo creo. Y por eso lo acepto.

Están llegando los días
Que predijo el bardo profeta.
Cuando con el correr de los años
Llegue la época de oro.
Cuando en toda la tierra
La paz despliegue su antiguo esplendor.
Y el mundo entero devuelva a los ángeles
El cántico que de ellos resonó.
EDMUND H. SEARS (1810-1876)

Padre, te damos gracias por ti. Te damos gracias por tu carácter. Te damos gracias porque eres un solo Dios, una sola Majestad. No hay otro Dios más que tú. Amén.

24 de diciembre

¡Gloria a Dios en las alturas, y en la tierra paz, buena voluntad para con los hombres!
LUCAS 2:14

Todos somos víctimas del tiempo, por eso nuestra obsesión es mirar el reloj. Hay personas que entrarían en pánico si perdieran el suyo. Me alegra informar que hay Uno que contiene el tiempo en su pecho. Aquel que es atemporal salió de la eternidad para entrar en el tiempo por medio del vientre de la virgen María.

En este momento del año celebramos con alegría en el corazón la magnificente verdad que a menudo pasamos por alto: que Dios, siendo quien es y todo lo que es, salió de la eternidad para entrar en el tiempo a fin de salvar a gente como tú y como yo. Confieso sin problema alguno que no logro entender el nacimiento virginal, pero mi entendimiento no es el Señor de mi vida. Cristo vino a esta tierra de la forma que Dios creó antes de que creara este mundo.

Sé que Cristo se hizo hombre, y debido a esa Encarnación hay esperanza para que rompamos las cadenas del pecado que nos han atado por tantos años. Cristo vino a este mundo y en su mente estábamos tú y yo. No puedo dejar de pensar en ello, en especial durante esta época del año.

Los heraldos celestiales cantan con sonora voz:
¡Gloria al Rey recién nacido, que del cielo descendió!
Paz, misericordia plena, franca reconciliación
Entre Dios, tan agraviado, y el mortal que le ofendió.
La divinidad sublime en lo humano se veló;
Ved a Dios morando en carne, y adorad al Hombre Dios.
Emanuel, Dios con nosotros, a la tierra descendió:
Y hecho hombre con los hombres tiene ya su habitación.
CHARLES WESLEY (1707-1788)

Nuestro buen Padre, te damos gracias porque no nos dejaste en nuestros pecados sino que trajiste a Jesucristo a nuestro mundo como nuestro Salvador. Bendito sea el Salvador que vino a nuestro mundo. Amén.

25 de diciembre

Respondiendo el ángel, le dijo: El Espíritu Santo vendrá sobre ti, y el poder del Altísimo te cubrirá con su sombra; por lo cual también el Santo Ser que nacerá, será llamado Hijo de Dios.

LUCAS 1:35

El nacimiento de nuestro Señor en Belén trajo a este mundo lo mejor que tenía Dios para ofrecer. El milagro de la Encarnación es algo que los seres humanos no han podido entender desde ese mismo día. ¿Cómo puede Dios, siendo quien es, nacer de la virgen María?

En Jesucristo, Dios se hizo hombre, no mediante la disminución de su deidad, sino elevando su humanidad a Dios. Cristo es divino y es Dios, y estaba con el Padre antes de que existiera el mundo. Cuando Jesús nació de la virgen María, su deidad no se convirtió en humanidad. Su deidad se unió a su humanidad porque Dios es eterno, no creado, y jamás podría serlo. Lo que no es Dios no puede convertirse en Dios, y lo que es Dios no puede convertirse en lo que no es Dios.

Dios puede venir y habitar de manera inminente con sus criaturas. El nacimiento de Cristo fue la puerta para nuestro nuevo nacimiento. Cristo se vistió de humanidad para que nosotros podamos vestirnos de su deidad y convertirnos en hijos de Dios. Ese ignoto pueblito de Belén fue la puerta para el nuevo nacimiento. Y porque Él vino como vino, yo puedo venir ante Él y ser recibido como hijo suyo.

¡Oh, aldehuela de Belén,
Durmiendo en dulce paz!
Los astros brillan sobre ti
Con suave claridad;
Mas en tus quietas calles
Hoy surge eterna luz,
Y la promesa de Emanuel
Se cumple en Jesús.

PHILLIPS BROOKS (1835-1893)

Te honro, oh Dios, por tus provisiones en Jesucristo. Vino a este mundo para que yo pudiera entrar en tu mundo. Alabado sea el nombre de Jesús. Amén.

26 de diciembre

Y descendió con ellos, y volvió a Nazaret, y estaba sujeto a ellos.
Y su madre guardaba todas estas cosas en su corazón.
LUCAS 2:51

Como protestantes me temo que ignoramos a la virgen María de manera indebida. Por cierto, no abogo porque la adoremos, como hacen algunos. Pero sí pienso que debemos honrarla por el simple hecho de que Dios la honró.

Al pensar en María muchas veces me pregunto qué pasaría por su mente mientras iban desarrollándose los hechos, desde la anunciación del ángel hasta el nacimiento del niño Jesús. Ese bebé, que durante nueve meses había estado creciendo en su vientre y de quien el ángel dijo que era el Hijo de Dios. Las Escrituras nos dicen que ella guardaba todas esas coas en su corazón.

Al mirarlo mientras le amamantaba, susurraba en su corazón: «Este es mi Salvador». Siendo jovencita, quizá adolescente, no tenía todo el conocimiento teológico para entender lo que significaba la Encarnación. Lo único que tenía era la Palabra del Señor.

Mientras celebro esta verdad pienso en todos aquellos que tienen todo el conocimiento teológico que se pueda tener pero que no entienden el significado e importancia de la Encarnación: Dios hecho carne. Pienso en los que no saben que Él es nuestro Salvador.

Una vez, en la ciudad del rey David,
Había un humilde establo,
Donde una madre puso a su bebé
En un pesebre, donde dormiría.
María era esa dulce madre,
Y Jesucristo, era ese niñito.
CECIL FRANCES ALEXANDER (1818-1895)

Hoy Padre celebro la venida de tu amado Hijo, nuestro Señor y Salvador Jesucristo. En este día quiero reflexionar sobre el milagroso misterio de la Encarnación. Amén.

27 de diciembre

Para que cuente yo todas tus alabanzas en las puertas de la hija de Sion, y me goce en tu salvación.
SALMOS 9:14

La gran celebración de la Navidad nos prepara para la resurrección futura de Jesús. Sin Navidad no podría haber resurrección, y sin la resurrección la Navidad no significa nada. Es algo en lo que podemos descansar por el resto de nuestras vidas.

En su himno Philip Doddridge se centra en esta maravillosa verdad. Habla de su débil corazón y creo saber a qué se refiere. Un corazón débil implica cierto sentimiento de confusión. Antes de poder descansar en Cristo como mi Salvador, mi corazón estaba débil y confundido. El apóstol Pablo habló de esa confusión en su vida, clamando: ¡Miserable de mí! (Romanos 7:24).

Toda nuestra inquietud y confusión pueden resolverse gracias a la Encarnación.

San Agustín dijo: «No tenemos descanso hasta reposar completamente en ti».

La venida de Cristo en ese pesebre de Belén nos abrió el camino para que encontremos completo reposo en Dios. Puedo entender la teología de esto. Puedo creer lo que dicen de ello las Escrituras. Pero si no vivo la experiencia de reposar en el Cristo de Belén y del Calvario, no significará nada para mí.

La Navidad no es meramente algo para celebrar, sino el momento de abrazar a Cristo y reposar en Él todos los días de tu vida.

Reposa, débil corazón
A tus contiendas pon ya fin
Hallé más noble posesión
Y parte en superior festín.
PHILIP DODDRIDGE (1702-1751)

Oh Dios, pienso en la bendita verdad de la Encarnación. Cuando el Espíritu Santo abrió esta verdad ante mí, la acepté y abracé por fe, y ahora reposo en el Cristo resucitado. Aleluya por la cruz.
Amén.

28 de diciembre

Los cuales también les dijeron: Varones galileos, ¿por qué estáis mirando al cielo? Este mismo Jesús, que ha sido tomado de vosotros al cielo, así vendrá como le habéis visto ir al cielo.

HECHOS 1:11

Vivimos en un mundo bastante turbulento. Justo cuando piensas que todo se está calmando, surge algo que levanta un torbellino y volvemos a donde estábamos al principio. «Cambio» es la palabra clave, la contraseña de nuestra generación. Todo el mundo habla del cambio y, a veces, es de mejor a peor.

Pienso que una de las cosas que hace que nuestros tiempos sean tan turbulentos es que las cosas están cambiando. Nada alarma tanto como el cambio, porque no sabes exactamente cómo será. A nuestros políticos les encanta prometernos el cambio pero el que tienen en su mente no suele concordar con el que nosotros tenemos pensado.

Lo que entusiasma a mi corazón es que Jesús siempre es el mismo. Es el mismo Jesús que resucitó al hijo de la viuda. Es el mismo Jesús que alimentó a las multitudes que tenían hambre. Es el mismo Jesús que calmó al furioso mar que atemorizaba a los discípulos.

Nuestra esperanza está en que algún día nuestros ojos verán, en rapto, a este mismo Jesús. ¡Oh, qué día bendito aquel en que podamos verle! Ansío llegar a ese día. Tal vez venga antes de que termine este año, o el año que viene. Este mismo Jesús vendrá a buscar a los suyos.

Vengan pecadores, a aquel que vive. Él es el mismo Jesús
El que resucitó al hijo de la viuda, el mismo Jesús.
Vengan al festín del Pan de vida, es el mismo Jesús
Que alimentó a las multitudes, el mismo Jesús.

ELIZA E. HEWITT (1851-1920)

Bendito Señor Jesús, me gozo en la verdad de que eres el mismo ayer, hoy y siempre. Anhelo ver a este mismo Jesús. Amén y amén.

29 de diciembre

¡Cuán innumerables son tus obras, oh Jehová! Hiciste todas ellas con sabiduría; la tierra está llena de tus beneficios.

SALMOS 104:24

En el principio, Dios el Padre Todopoderoso, creador del cielo y de la tierra, dio rienda suelta a su poderosa sabiduría en la creación del hombre. Y dijo: «Hagamos al hombre a nuestra imagen, conforme a nuestra semejanza» (Génesis 1:26). En su sabiduría creó un huerto al este del Edén y puso allí al hombre. Era el lugar más hermoso que puedas imaginar porque era resultado de la infinita sabiduría de Dios. Él habló y la creación surgió a la existencia.

George Washington Carver dijo que la maleza no es más que una planta o flor fuera de lugar. En el magnificente huerto del Edén no había nada fuera de lugar. Todo estaba en su lugar. Todo tenía su propósito, y todo cumplía ese propósito.

Entonces Dios le dijo al hombre: «Te haré ayuda idónea» (ver Génesis 2:18). Hizo que el hombre durmiera y entonces tomó una de sus costillas, creó a la mujer y se la presentó a Adán. Y Adán le puso por nombre Eva.

El huerto del Edén era el más bello de todos los jardines, el más precioso de los mundos, poblado por las más radiantes criaturas creadas a imagen de Dios. Era resultado de la sabiduría divina. Esa sabiduría que hizo todo eso, está disponible para nosotros a través del Señor Jesucristo.

Oh Dios, de mi alma, sé tú mi visión.
Nada te aparte de mi corazón,
De noche y día pienso yo en ti,
Y tu presencia es luz para mí.

HIMNO IRLANDÉS (SIGLO OCHO APROXIMADAMENTE)

Padre Todopoderoso, creador del cielo y de la tierra. Tu sabiduría ha dado como resultado todo lo creado. Tu infinita sabiduría hoy es mi porción del Señor Jesucristo. Te pido que viva este día mediante esa sabiduría que viene del Altísimo. Amén.

30 de diciembre

Y Daniel habló y dijo: Sea bendito el nombre de Dios de siglos en siglos, porque suyos son el poder y la sabiduría. Él muda los tiempos y las edades; quita reyes, y pone reyes; da la sabiduría a los sabios, y la ciencia a los entendidos.
Daniel 2:20-21

En cada detalle de la creación podemos ver la sabiduría de Dios en la planificación de su mundo, su creación y su redención. La bondad de Dios incluye sus planes para el bien mayor, para la mayor cantidad y por el mayor tiempo.

Este es el momento del año para los oportunistas religiosos. Detesto esa palabra. Esos oportunistas son una plaga para la iglesia de nuestros días. Porque salen ahora a conseguir lo que puedan. No les importa usar una fecha como esta para aprovechar su oportunidad. Son oportunistas con un plan que incluye su propio beneficio. No están pensando en el año que viene ni en la eternidad. Solo piensan en la oportunidad siguiente de mostrar lo importantes que son hoy.

Este fin de año hace que haga una pausa para pensar, y en mi pensamiento doy gracias a Dios porque en su sabiduría considera lo mejor, por el mayor tiempo. Lo que Dios está haciendo en mi vida no puede definirse con la palabra «ahora». He vivido lo suficiente como para saber que Dios tiene presente todos mis días de mañana cuando hoy abre o cierra alguna puerta.

Cuando Dios quiere bendecir a alguien, insufla con su aliento la eternidad, la inmortalidad, lo interminable en la vida de esa persona.

Allí donde Él me guíe no habrá necesidad
Ni cosa que yo ansíe si aquí el Pastor está.
Alerta siempre el juicio, sus ojos siempre ven;
Él sabe su camino y yo con Él iré.
ANNA L. WARING (1823-1910)

Oh Dios, estoy entre el tiempo y la eternidad. Lo único que vincula esas dos cosas en mi vida eres tú. Tú siempre buscas lo mejor, por el mayor tiempo. Y me gozo en esta verdad. Amén y amén.

31 de diciembre

Y sabemos que a los que aman a Dios, todas las cosas les ayudan a bien, esto es, a los que conforme a su propósito son llamados.
Romanos 8:28

De todas las cosas que Dios ha hecho por mí en su providencia a lo largo del año, debo decir como testimonio que sus caminos son los correctos. Cuando las cosas parecen ir mal, en vez de pensar que todo está mal, me afirmo sobre la autoridad de la Palabra de Dios.

Hace tiempo que decidí que en lugar de confiar en mi entendimiento, confiaré gozosa y ciegamente en la sabiduría de Dios. Si confío ciegamente en la sabiduría de Dios, Él me llevará por un camino que no conozco y me guiará por lugares en los que jamás he estado. Pondrá luz en la oscuridad para que pueda ver, y enderezará lo que está torcido, y me guiará hasta su maravillosa luz.

Dios me guiará a un lugar donde hay riqueza, y me dará tesoros que no perecerán. Si quiero hacer las cosas a mi modo, Dios permitirá que elija mi propio camino. Muchos cristianos lo hacen. Insisten en sus propios planes y ambiciones, y ponen todo en riesgo porque les falta sabiduría para saber cómo hacer las cosas.

El modo de Dios, el camino divino es el mejor ya que está respaldado por la infinita sabiduría de Dios. Con alegría confío ciegamente en sus caminos, no en los míos.

Oh, Dios eterno, tu misericordia,
Ni una sombra de duda tendrá;
Tu compasión y bondad nunca fallan,
Y por los siglos el mismo serás.
¡Oh, tu fidelidad! ¡Oh, tu fidelidad!
Cada momento la veo en mí.
Nada me falta, pues todo provees,
¡Grande, Señor, es tu fidelidad!
THOMAS O. CHISHOLM (1866-1960)

Padre, he intentado hacer las cosas a mi manera, y no llegué a ninguna parte. Te pido que me des voluntad para dejar de hacerlo a mi manera, para seguir tus caminos y ser como Jesús. Te lo pido en el nombre de Jesús, amén.

A. W. Tozer

366 días de sabiduría
e inspiración en tu
búsqueda de Dios
MI
BÚSQUEDA
DIARIA
PRÓLOGO POR RAVI ZACHARIAS
A. W. Tozer
Compilado y editado por James L. Snyder

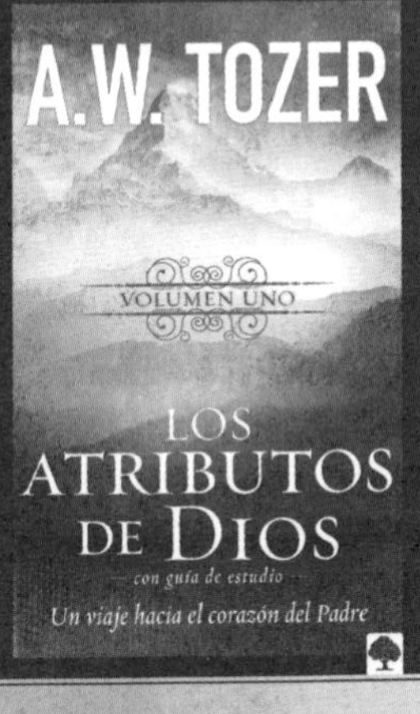
A.W. TOZER
VOLUMEN UNO
LOS
ATRIBUTOS
DE DIOS
con guía de estudio
Un viaje hacia el corazón del Padre

A.W. TOZER
VOLUMEN DOS
LOS
ATRIBUTOS
DE DIOS
con guía de estudio
Profundice en el corazón del Padre

A.W. TOZER
LA
BÚSQUEDA
DE DIOS
por el hombre
Comprenderás el misterio de la Trinidad
a través del poder del Espíritu Santo

CASA CREACIÓN
Para vivir la Palabra
www.casacreacion.com
/casacreacion

Un hermoso retrato
de la Deidad en el
Evangelio de Juan
CRISTO,
EL HIJO
ETERNO
A. W. Tozer

El camino espiritual
y la presencia
constante de Cristo
LA GUERRA
DEL
ESPÍRITU
A. W. Tozer

Doce sermones
relevantes de la
Carta a los Hebreos
JESÚS,
NUESTRO
HOMBRE
EN GLORIA
A. W. Tozer

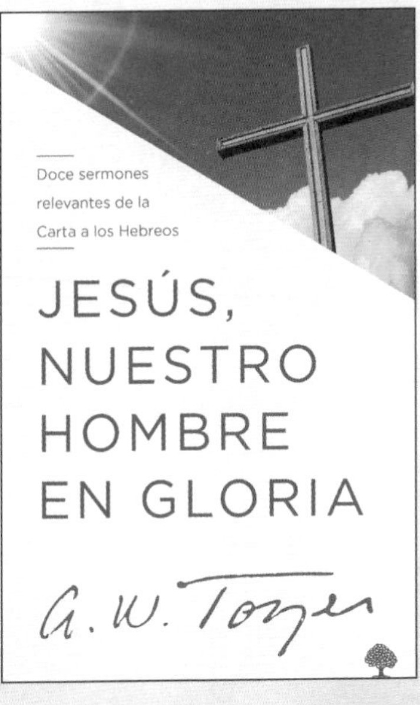
Doce sermones
relevantes de la
Carta a los Hebreos
JESÚS,
NUESTRO
HOMBRE
EN GLORIA
A. W. Tozer

Robert MORRIS

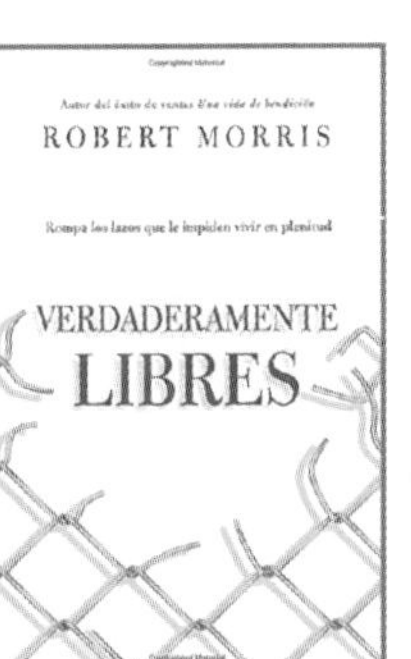

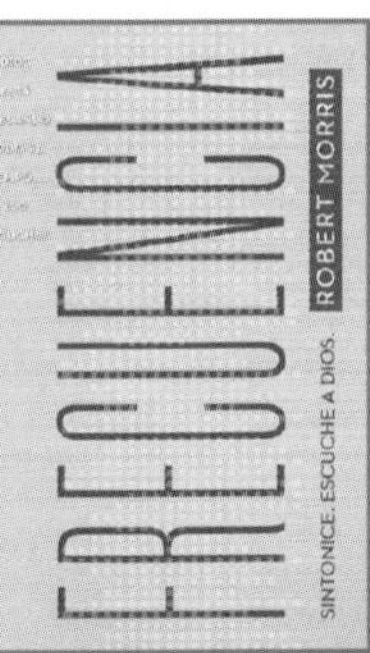

Te invitamos a que visites nuestra página web, donde podrás apreciar la pasión por la publicación de libros y Biblias:

www.casacreacion.com

@CASACREACION

@CASACREACION

@CASACREACION

Para vivir la Palabra